A melhor equipe vence

Adrian Gostick
e Chester Elton

A melhor equipe vence

**A NOVA
CIÊNCIA DO
ALTO DESEMPENHO**

Tradução de
Eduardo Ceschin Rieche

1ª edição

RIO DE JANEIRO – 2023

CIP-BRASIL. CATALOGAÇÃO NA PUBLICAÇÃO
SINDICATO NACIONAL DOS EDITORES DE LIVROS, RJ

G697m   Gostick, Adrian
           A melhor equipe vence: a nova ciência do alto desempenho / Adrian Gostick, Chester Elton ; tradução Eduardo Ceschin Rieche. – 1. ed. – Rio de janeiro : Best Business, 2023.

           Tradução de: The best team wins: the new science of high performance
           ISBN 978-85-6890-574-6

           1. Administração de empresas. 2. Grupo de trabalho. 3. Produtividade do trabalho. I. Elton, Chester. II. Rieche, Eduardo Ceschin. III. Título.

22-81844   CDD: 658.421
                            CDU: 005.342

Gabriela Faray Ferreira Lopes – Bibliotecária – CRB-7/6643

Título em inglês:
The best team wins: the new science of high performance

Copyright © 2018 by Gostick & Elton, IP, LLC

Texto revisado segundo o Acordo Ortográfico da Língua Portuguesa de 1990.

Todos os direitos reservados. Proibida a reprodução, armazenamento ou transmissão de partes deste livro, através de quaisquer meios, sem prévia autorização por escrito.

Direitos exclusivos de publicação em língua portuguesa para o Brasil
adquiridos pela
Best Business, um selo da Editora Best Seller Ltda.
Rua Argentina 171 – Rio de Janeiro, RJ – 20921-380 – Tel.: (21) 2585-2000,
que se reserva a propriedade literária desta tradução.

Impresso no Brasil

ISBN 978-85-6890-574-6

Seja um leitor preferencial Record.
Cadastre-se no site www.record.com.br
e receba informações sobre nossos
lançamentos e nossas promoções.

Atendimento e venda direta ao leitor:
sac@record.com.br

SUMÁRIO

Introdução: Solucionando os problemas modernos do trabalho em equipe 7
O que os melhores gestores da atualidade vêm fazendo de forma diferente

PARTE I: AS CINCO HABILIDADES DOS LÍDERES DE EQUIPE

1. Compreender as gerações 29
Como envolver os membros da geração milênio, da geração X
e da geração do baby-boom

2. Gerenciar de forma personalizada 73
Dê às pessoas o violão que elas querem

3. Acelerar a produtividade 109
Ajude os novos colaboradores e as novas equipes a trabalhar mais
rapidamente e com mais inteligência

4. Desafiar tudo 135
Estimule a inovação por meio da discordância saudável

5. Mas sem se esquecer dos seus clientes 163
Estimule a aproximação servindo-os

Conclusão: Quem deixou o portão aberto? 185
O que é possível aprender com a queda de Constantinopla

PARTE II: A CAIXA DE FERRAMENTAS DO LÍDER

Caixa de ferramentas: 101 maneiras de inspirar sua equipe   191
Pequenas ideias que geram grandes resultados

Agradecimentos   237
Notas   239

INTRODUÇÃO

SOLUCIONANDO OS PROBLEMAS MODERNOS DO TRABALHO EM EQUIPE

O que os melhores gestores da atualidade vêm fazendo de forma diferente

Chris Hadfield parece bombeiro, ou talvez professor de biologia do ensino médio. Mas não é nem uma coisa nem outra.[1] O esbelto e bigodudo canadense é astronauta, membro de um seleto grupo de apenas duzentas pessoas que já caminharam no espaço. A *Forbes* o considerou o astronauta mais famoso depois de Neil Armstrong. Durante o período de cinco meses em que comandou a Estação Espacial Internacional, certamente ele foi o mais sagaz usuário das mídias sociais. Todas as noites, Hadfield abria mão das primeiras horas de sono para poder navegar enviando mensagens no Facebook e no Twitter sobre coisas que parecem normais para a maioria dos astronautas, mas que todos nós achamos fascinante, como preparar um sanduíche na microgravidade, cortar o cabelo ou torcer uma toalha de rosto.

Milhões de pessoas acessaram as mensagens de Hadfield, e ele conseguiu despertar um interesse público por viagens espaciais maior do que qualquer outra pessoa em décadas. Mas talvez sua maior contribuição não esteja em seus tuítes e postagens, mas na forma como liderou sua diversificada equipe. Ele nos contou que, antes de assumir seu papel de comandante, sabia que a missão seria um desafio de gestão. Sua equipe era composta de norte-americanos e russos inteligentes e determinados

8 A MELHOR EQUIPE VENCE

— com uma diferença de duas décadas e meia entre os mais novos e os mais velhos. Não apenas as distâncias geracionais poderiam evoluir, como também as barreiras linguísticas e os mal-entendidos culturais poderiam gerar problemas. E aqui estava um jovem de Sarnia, Ontário — muito parecido com um instrutor de autoescola das atividades extracurriculares —, prestes a dizer aos seus comandados o que fazer 24 horas por dia.

Então, antes mesmo que aquelas pessoas pensassem em entrar em sua nave espacial, Hadfield precisava conhecê-las. Ele aprendeu a falar russo. Mudou-se para os Estados Unidos por um período e, posteriormente, para a Rússia, onde não morou em um hotel, mas em uma habitação mantida pelo Estado. Depois, reuniu sua equipe para compreender como conseguiriam se respeitar mutuamente e trabalhar melhor juntos. Os seis integrantes conheceram as famílias de seus colegas, ouviram as histórias pregressas de cada um, comeram Big Macs e beberam um pouco de vodca. Hadfield os fez até mesmo participar de um jogo de desempenho de papéis, simulando como eles apoiariam uns aos outros caso algum deles perdesse um ente querido enquanto estivesse no espaço, o que, surpreendentemente, acabou acontecendo com um dos astronautas durante a missão. O objetivo de Hadfield: quando saíssem da órbita, era preciso que eles fossem não apenas colegas de trabalho, mas uma equipe sistematizada e unida.

Sua missão foi extremamente bem-sucedida do ponto de vista científico e de relações públicas; porém, de forma ainda mais notável, durante seus cinco meses no espaço, Hadfield nos disse que os membros de sua equipe nunca tiveram uma única discussão mais acalorada. Nenhuma. Eles conseguiram trabalhar juntos perfeitamente.

Todos sabemos o quanto pode ser difícil fazer com que nossas equipes modernas, estressadas e diminutas funcionem em conjunto, quando elas só conseguem voltar para casa depois de oito ou nove horas de trabalho, e mais ainda quando se sentem tão apartadas do mundo. *O cara novo não está se esforçando. Ruth não responde minhas mensagens. Será que Sarah precisa mesmo enviar um e-mail sobre tudo? Steve está se preocupando com as coisas erradas!* Qual é o líder de equipe que não fica ouvindo essas

INTRODUÇÃO 9

ou outras queixas? A equipe global e multigeracional de Hadfield evitava tais discussões e operava em harmonia porque ele entendia que determinadas habilidades interpessoais podem ajudar a formar as melhores equipes da atualidade. Ao usar seu considerável talento para a liderança, ele concebeu maneiras engenhosas de criar vínculos de compreensão entre os membros de sua equipe que iam muito além das usuais regras de gestão em ambientes de trabalho.

No espaço, conforme ele nos explicou, há muitos regulamentos escritos: há livros *repletos* deles. Eles são importantes porque, quando os procedimentos não são seguidos, as coisas podem dar errado e então todos correriam o risco de morrer. Normalmente, a margem de erro é de alguns segundos. Na cena de abertura do filme *Gravidade*, uma astronauta, interpretada pela atriz Sandra Bullock, desobedece o controle da missão e seu líder (o ator George Clooney) por apenas um momento. Hadfield nos disse que isso nunca aconteceria na vida real. Os astronautas sempre seguem as regras. Elas são sacrossantas. Além disso, a equipe de Hadfield estava igualmente comprometida com uma regra *tácita*, elaborada coletivamente, e que se tornou tão importante quanto as regras formais: cada integrante da tripulação tinha de fazer alguma coisa espontânea e amável para todos os outros tripulantes todos os dias — durante cinco meses.

Hadfield disse que esses atos aleatórios de gentileza eram, muitas vezes, anônimos. Um astronauta poderia ajudar a preparar uma refeição fora de seu turno de trabalho, outro poderia arrumar o dormitório para um colega de tripulação compromissado com seus afazeres, outro poderia verificar um equipamento de apoio ou limpar um filtro para um membro da equipe que precisasse descansar um pouco. Tais ações tinham como foco o fato de cada pessoa servir às outras, e não a si mesma, e manter os ânimos sob controle e os egos no devido lugar. Esta prática simples teve um efeito profundo; na verdade, Hadfield acredita que foi *o* elemento de maior relevância para a união de sua equipe.

RECOMPENSAS EVIDENTES

Hoje em dia, mais do que nunca, as empresas precisam de grandes líderes de equipe como Chris Hadfield, pessoas com fortes habilidades para exercer a liderança de equipes. A atual era de mudanças sem precedentes no mundo dos negócios foi descrita por mais um acrônimo a ser adicionado ao nosso léxico: VUCA, que representa, em inglês, a volatilidade, a incerteza, a complexidade e a ambiguidade. E uma das maneiras pelas quais as organizações vêm buscando enfrentar os desafios de um mundo VUCA é executando mais tarefas baseadas no trabalho em equipe. Na verdade, se você ainda não se deu conta, estamos atravessando uma enorme mudança em direção a mais colaboração. Em uma empresa normal, praticamente 80% dos dias dos colaboradores são gastos com trabalho em equipe e, em uma pesquisa da Deloitte com 7 mil executivos seniores em 130 países, quase metade respondeu que suas empresas estavam em meio a uma reestruturação ou prestes a deslanchá-la, colocando mais ênfase no trabalho em equipe.[2]

A tendência para o trabalho em equipe é impulsionada pela evidência de possíveis recompensas, como a alta qualidade e a maior rapidez na resolução de problemas. Entre essas evidências, estão um fascinante estudo realizado por professores da Universidade da Flórida Central e a pesquisa de um psicólogo com o Exército dos EUA, que descobriu que as equipes mais efetivas possuem uma inteligência coletiva que lhes permite executar mais tarefas e detectar problemas mais rapidamente. Também descobrimos que, quando as pessoas sentem que fazem parte de um grupo de trabalho colaborativo e comunicativo, elas são mais felizes no trabalho, o que tende a tornar essas pessoas mais produtivas e mais eficientes. Todas essas são boas notícias. Os professores de Stanford e da Universidade de Michigan também demonstraram que quem circula em ambientes de equipe positivos está sujeito a menos acidentes e que os custos de atendimento de saúde são 50% inferiores aos de seus companheiros que não fazem parte de grandes equipes.[3]

INTRODUÇÃO **11**

Outra recompensa: a diversidade de conhecimento e experiência que as boas equipes agregam às atribuições permite que elas sejam mais sensíveis aos clientes — especialmente aqueles de diferentes idades e culturas, por exemplo. E já foi devidamente comprovado que a colaboração em equipe promove maior criatividade e, portanto, uma inovação mais rápida para os clientes, o que é vital no atual ambiente de negócios ultracompetitivo e em rápida evolução.[4] A necessidade de desenvolver produtos mais inteligentes que aproveitem, por exemplo, o potencial das novas tecnologias exige uma maior colaboração entre os departamentos — o que é alcançado mais facilmente por equipes multifuncionais.

Uma última recompensa: as organizações têm confiado cada vez mais nas equipes, pois elas permitem a tomada de decisão descentralizada e uma ação mais rápida, devido a menos camadas de burocracia. Portanto, isso significa que estamos evoluindo cada vez mais da antiquada hierarquia de comando e controle para uma abordagem de rede de equipes, que, como escreveu o general Stanley McChrystal em *Team of Teams*, permite flexibilidade organizacional, fazendo circular os talentos de forma mais transparente entre grupos de trabalho.

Todos esses benefícios parecem muito bons, não é mesmo? O problema é que quase todas as equipes que encontramos não conseguem ser tão eficazes quanto poderiam ser e, pior, muitas vezes são minadas por enormes tensões, quando não por uma absoluta discordância. Talvez você tenha feito parte de uma equipe disfuncional. Ora, todas as equipes podem passar por momentos em que as coisas não funcionam. Tal disfunção drena a energia, o entusiasmo e a criatividade dos colaboradores, em vez de alimentá-los. Uma pesquisa recente no ambiente de trabalho da Salesforce.com mostra que uma elevadíssima taxa de 96% dos executivos cita a colaboração e a comunicação precárias como as principais fontes de fracassos no ambiente de trabalho, e apenas 14% dos líderes (de acordo com um estudo da Deloitte/Facebook) estão completamente satisfeitos com a capacidade de suas equipes de colaborar e tomar decisões.[5] Caramba!

12 A MELHOR EQUIPE VENCE

Talvez a questão mais urgente que as empresas devam abordar seja a seguinte: como os gerentes podem liderar melhor suas equipes no sentido de melhorar o desempenho, tendo em conta todas as distrações e desafios que enfrentamos?

E é aqui que as nossas descobertas convergem. Uma pesquisa considerável sobre os fatores que impulsionam o sucesso das atuais equipes de trabalho de alto desempenho mostra que um conjunto de habilidades faz uma grande diferença. Esta pesquisa inclui uma série de recentes relatórios estratégicos, bem como nosso próprio estudo substancial sobre a liderança de equipe.

AS HABILIDADES INTERPESSOAIS SÃO AS MAIS DIFÍCEIS

Alguns anos atrás, o Google realizou um importante estudo sobre equipes, denominado Projeto Aristóteles.[6] A empresa reuniu alguns de seus melhores estatísticos e psicólogos organizacionais para investigar por que alguns de seus grupos de trabalho eram mais inovadores e produtivos do que outros. É uma excelente questão. Após meia década de análise, tendo avaliado mais de 250 atributos de 180 equipes da empresa, os pesquisadores concluíram que os principais fatores no desempenho superior das melhores equipes não era o fato de elas contarem com pessoas mais talentosas, nem com melhor tecnologia, nem com uma melhor combinação de habilidades; eles também descartaram o fato de que as melhores equipes seriam mais incentivadas ou lideradas por gestores mais experientes. Não, os cinco fatores que os pesquisadores identificaram eram muito simples. Os membros das melhores equipes: sentiam-se *psicologicamente seguros* uns com os outros, o que significava que eles se sentiam confortáveis sendo vulneráveis dentro do grupo e assumindo riscos, como compartilhar uma ideia que poderia ser percebida como absurda em outro lugar; sentiam que seus companheiros de equipe eram *confiáveis*, em outras palavras, eles confiavam uns nos outros; não tinham nenhuma dúvida sobre a *estrutura*

INTRODUÇÃO 13

da equipe e tinham *clareza* a respeito dos planos e objetivos; sentiam que seu trabalho tinha um *significado* pessoal; e acreditavam que seu trabalho teria um *impacto* positivo no mundo.

As descobertas do Google foram respaldadas por mais pesquisas. Outro estudo, realizado por pesquisadores do MIT e da Union College, analisou 192 equipes e descobriu que aquelas com maior inteligência e competência coletivas — medidas pelo desempenho das equipes em uma série de tarefas bastante abrangentes — tinham maior sensibilidade social.[7] Particularmente, conforme concluíram os doutores, os membros se mostravam mais *empáticos* diante do que os outros integrantes da equipe estavam pensando e sentindo.

O uso efetivo de habilidades interpessoais "faz com que as pessoas se sintam valorizadas e recompensadas, dá-lhes uma sensação mais clara de padrões elevados e as ajuda a se sentir mais motivadas", disse Rick Lash, diretor de liderança e talentos do Hay Group. A consultoria de gestão descobriu que os gestores que incorporam as habilidades interpessoais em sua abordagem de liderança são capazes de aumentar o desempenho de sua equipe em até 30%. O valor dessas habilidades também foi destacado por um grande estudo do mercado de trabalho norte-americano, realizado por David Deming, economista de Harvard, que descobriu que o aumento dos salários — mensurado em todos os setores — tem sido consideravelmente maior em ocupações nas quais os colaboradores conseguem desenvolver fortes habilidades interpessoais para complementar suas habilidades analíticas. Isso significa que os empregadores valorizam aqueles que conseguem conciliar as habilidades interpessoais com as analíticas.

Defendemos essa mesma ideia desenvolvendo nossa própria pesquisa. Um estudo com 300 mil pessoas feito pela Willis Towers Watson para o nosso livro *All In* descobriu que os gestores de alto desempenho se destacam em um grupo de habilidades interpessoais essenciais, tais como infundir uma missão clara, desenvolver mais agilidade nos membros de sua equipe, compartilhar informações de forma transparente e reconhecer as conquistas individuais e da equipe. O uso dessas habilidades interpes-

14 A MELHOR EQUIPE VENCE

soais foi correlacionado com grupos de trabalho que apresentam níveis mais sólidos de envolvimento dos colaboradores, assim como resultados de satisfação do cliente e rentabilidade da equipe significativamente mais elevados. Nada desprezível.

Poderíamos continuar listando as evidências. Mas não faremos isso. Em suma, a defesa do papel decisivo das habilidades interpessoais na gestão das melhores equipes da atualidade já está ganha. O problema é que, para a maioria dos gestores, as habilidades interpessoais são as coisas mais difíceis a serem conquistadas. Trabalhamos com líderes de equipes de todos os tamanhos — desde aqueles atuando em pequenas empresas até os de grandes multinacionais —, e a maioria nos conta que a tarefa de gerenciar pessoas no trabalho é, de longe, o aspecto mais difícil de seus empregos. É difícil liderar uma equipe e, apesar de todos os avanços que estamos fazendo com as ferramentas digitais e a ciência da liderança, está se tornando cada vez mais difícil.

Quase todas as semanas, conversamos com gestores atarefados, que vêm enfrentando provações cada vez mais urgentes, coisas que os livros mais populares sobre o trabalho em equipe simplesmente não abordam. Quase todos os líderes com quem conversamos descreveram algumas variações destes modernos desafios da liderança de equipe:

O SURGIMENTO DA GERAÇÃO MILÊNIO. O grupo de colaboradores mais jovens quer trabalhar e ser gerenciado de maneira diferente dos membros da equipe mais antigos e de como a maioria dos líderes de equipe aprendeu a gerenciar. Neste livro, vamos apresentar a você as descobertas de nosso banco de dados da pesquisa motivacional realizada com 50 mil pessoas, mostrando uma clara tendência de os colaboradores mais jovens *preferirem* trabalhar de forma colaborativa, o que é uma boa notícia, já que nossos ambientes de trabalho tradicionais evoluem para as estruturas de equipe. Os desafios que encontramos, porém, são que eles exigem muito mais treinamento e comentários, e têm um desejo consideravelmente mais forte de serem *valorizados* em seu trabalho por seus supervisores do que os colaboradores mais antigos. Eles também mostram uma rotatividade muito mais acentuada, mudando constantemente de um emprego para outro. A média de permanência dos membros da geração do baby-boom em seus empregos é de sete anos; os membros da geração X ficam, em média, cinco anos em cada emprego; enquanto os membros da geração milênio permanecem, em média, apenas de um ano e meio a dois anos (quase todos nós temos roupas íntimas que duram mais do que isso).[8] Os colaboradores mais jovens, portanto, não apenas requerem um estilo diferente de gestão, como também estão criando mais instabilidade nas equipes. Isso exige que os líderes garantam que seus grupos produzam um bom fluxo de trabalho, apesar de uma flutuação quase constante de talentos.

AUMENTO DA VELOCIDADE DAS MUDANÇAS. As empresas de todos os tipos estão evoluindo mais rapidamente, devido às velozes mudanças tecnológicas e à pressão para introduzir com mais presteza as inovações no mercado. Isso significa que as equipes devem ser mais ágeis e sua composição mais fluida; isto é, a equipe deve se rearrumar conforme as necessidades do mercado ou do cliente. Como afirmou o diretor-executivo da Cisco, John Chambers: "Hoje, competimos com as transições do mercado e não com concorrentes. As transições de produtos costumavam levar cinco ou sete anos; agora elas levam um ou dois."[9] Assim, fazer com que as pessoas acelerem é uma necessidade, não um luxo. E isso significa que os atuais líderes de equipe enfrentam a árdua tarefa de capacitar as pessoas mais rapidamente e de ajudá-las a entender seus papéis em uma fração do tempo que anteriormente lhes era concedido.

MAIS EQUIPES COM COLABORADORES GLOBAIS, VIRTUAIS E FREELANCERS. Com tantos negócios realizados globalmente hoje em dia — e com tantos colaboradores remotos e temporários —, muitas equipes, frequentemente, são constituídas por pessoas espalhadas por todo o planeta, que raramente se encontram pessoalmente. Considere que, hoje, 37% dos colaboradores trabalham virtualmente — seja de um local remoto

16 A MELHOR EQUIPE VENCE

ou de suas casas —[10] e 93% das empresas afirmam que costumam promover encontros regulares entre freelancers e colaboradores em tempo integral para trabalhar em projetos específicos.[11] Os atuais ambientes de trabalho também podem incluir colaboradores provenientes de diferentes culturas, com diversos estilos de trabalho e, por vezes, perspectivas diferentes sobre a abordagem adequada para executar o trabalho. Evidentemente, esses colaboradores também podem preferir diferentes estilos de gestão. A capacidade de gerenciar sem fronteiras está se tornando cada vez mais crítica para os líderes de equipe, mas nunca foi tão difícil criar um senso de cultura de equipe comum, fazer com que cada colaborador se sinta conectado e parte integrante do grupo, e facilitar a comunicação clara, inclusiva e constante entre os membros.

FRICÇÃO MULTIDISCIPLINAR. Ainda estamos para conhecer um líder que não queira construir pontes dentro de sua organização e integrar os departamentos. Certamente está na moda reunir equipes multidisciplinares para conduzir o desenvolvimento de produtos e a prestação de serviços de forma mais criativa e inclusiva. A desvantagem é que muitas dessas equipes acabam sendo extremamente ineficazes. Os pesquisadores da Universidade de Stanford descobriram que três quartos das equipes multidisciplinares podem ser classificados como disfuncionais.[12] Apesar das várias maneiras pelas quais as empresas tentaram facilitar a colaboração entre os departamentos, um estudo de 2016, feito pelo Hay Group, revelou que cerca de metade dos colaboradores afirma que suas equipes ainda não são adequadamente apoiadas pelas outras áreas da empresa.[13] É como se os Hatfield e os McCoy estivessem atuando, com membros da equipe provenientes de diferentes áreas funcionais envolvidas em guerras por território, alheios às sugestões de como realizar seu trabalho feitas por quem estivesse de fora, sem reconhecer os desafios dos outros e incapazes de entender a importante missão das tarefas realizadas pelas outras equipes.

INTRODUÇÃO 17

LIDERANDO EQUIPES EM UMA ERA DE MUDANÇAS SEM PRECEDENTES

As organizações tentaram resolver esses problemas modernos do trabalho em equipe de várias maneiras. Elas forneceram aos gestores melhores tecnologias de conectividade e colaboração. Atualmente, muitas equipes usam ferramentas virtuais de gestão de projetos, calendários compartilhados, sistemas de bate-papo internos, ferramentas de brainstorming e colaboração, plataformas de análise de envolvimento de colaboradores e sistemas de gerenciamento de aprendizagem. Embora este livro não se concentre nessas ferramentas, elas certamente podem aumentar a eficiência. Contudo, uma descoberta básica é a seguinte: sozinhas, as ferramentas não são capazes de melhorar a qualidade da gestão da equipe.

Outra prática comum destinada a melhorar o trabalho em equipe tem sido derrubar de forma sistemática e generalizada as paredes físicas que separam os colaboradores para construir ambientes de trabalho cooperativos. Cerca de 70% dos escritórios são, no momento, espaços abertos, teoricamente para que as pessoas conversem, se encontrem mais e compartilhem ideias.[14] Novamente, não há nada de errado nesse conceito. Sozinho, porém, ele não estimula o genuíno trabalho em equipe.

Esforços mais extremados para reestruturar radicalmente as organizações também foram tentados. A revendedora de calçados on-line Zappos experimentou uma organização mais horizontal e autogerenciada, por meio de uma estrutura à qual o diretor-executivo, Tony Hsieh, se refere como holacracia, em que a estrutura hierárquica tradicional de cima para baixo foi substituída por círculos de trabalho que não possuem gestores tradicionais.[15] Em seu lugar, foram instituídos vínculos de liderança, gestores nominais com pouca autoridade formal. Como seria de esperar, o sistema apresentou alguns desafios e, curiosamente, pela primeira vez em oito anos, após a implementação da abordagem, a Zappos foi retirada da lista da *Fortune* das Melhores Empresas para Trabalhar.

A conclusão é que, independentemente dos experimentos realizados por uma organização na estrutura operacional, nas ferramentas de cola-

18 A MELHOR EQUIPE VENCE

boração sofisticadas ou no ambiente físico, não há como contornar o fato de que as habilidades *interpessoais* de um gestor são vitais para gerar alto desempenho e um verdadeiro trabalho em equipe.

Nossa tarefa neste livro é ajudar os líderes a entender como gerenciar eficazmente pessoas em equipes nesta era de mudanças sem precedentes. Com base em uma grande quantidade de estudos, tanto aqueles conduzidos por nós mesmos como os realizados por outros pesquisadores, partimos em busca das respostas cientificamente mais bem fundamentadas que pudéssemos encontrar. As fontes das quais nos valemos incluem várias de nossas próprias pesquisas com mais de 850 mil pessoas; dados que nos ajudaram a identificar os traços dos gestores das mais bem-sucedidas equipes e isolar as habilidades de gestão que os colaboradores apontam como mais motivadoras.

Além disso, no fim de 2017, mais de 50 mil colaboradores de todas as idades e de todo o mundo responderam nossa Avaliação de Motivadores. Este é um teste científico de cem perguntas para determinar quais as características do trabalho — incluindo o estilo de gestão — que motivam mais fortemente a pessoa que está respondendo a avaliação. As pessoas que se submeteram ao teste trabalham tanto em pequenas empresas, com menos de dez pessoas, como em organizações enormes, com centenas de milhares de colaboradores. Elas trabalham em todos os setores, desde tecnologia da informação até medicina, hotelaria, organizações sem fins lucrativos, ensino básico e ensino superior, produtos farmacêuticos, energia, manufatura, mineração, mídia, bancos, restaurantes, empréstimos ao consumidor, serviços de consultoria, construção, telecomunicações, setor público e muito mais. Identificamos alguns padrões impressionantes em suas respostas, fornecendo uma sólida sustentação à importância dos métodos de liderança específicos que descreveremos.

Também entramos em ação. Realizamos visitas a ambientes de trabalho e entrevistas com uma série de líderes de equipe e colaboradores em organizações de alto envolvimento e alto desempenho ao redor do mundo. Acreditamos que essas visitas e entrevistas fornecem percepções inspira-

INTRODUÇÃO **19**

das sobre como gestores específicos, como o astronauta Chris Hadfield, implementam um conjunto fundamental de práticas que, conforme vimos, causam um profundo impacto no desempenho. As histórias que vamos contar nos permitem ressaltar essas práticas por meio de relatos de líderes de equipe contemporâneos em ação — de diretores-executivos de grandes corporações a empresários com um número reduzido de colaboradores (o que significa que você não precisa ser grande para se beneficiar dessas ideias). A título de exemplo, explicaremos como os líderes das equipes de vendas do time de basquete com os piores resultados na NBA mais do que quadruplicaram as vendas de ingressos para a temporada e estabeleceram inúmeros recordes na liga, concentrando-se na *atividade*, e não nas vendas. Contaremos como os gestores de uma empresa de ciência e tecnologia encontraram uma maneira de fazer com que os novos membros da equipe trabalhassem mais rapidamente, mantendo-os afastados de suas funções durante três meses inteiros. E mostraremos como um dos líderes de um octogenário fabricante de helicópteros concebeu algumas das mais inovadoras criações aéreas, aliando artistas de ficção científica de Hollywood com seus engenheiros aeroespaciais.

Embora tenhamos de basear nossas recomendações em dados concretos, também acreditamos bastante no uso das histórias de gestores reais em ação. Seus exemplos povoam os capítulos seguintes, e esperamos que você fique satisfeito em conhecê-los.

Também somos sensíveis ao quanto você é ocupado. Por isso, tentaremos oferecer soluções concisas, em vez de conselhos complexos ou demorados. Resumimos nossas descobertas do que funciona para os líderes de equipe de alto desempenho em cinco práticas que todos os gestores podem começar a implementar amanhã mesmo.

AS CINCO HABILIDADES DOS LÍDERES DE EQUIPE

A partir da pesquisa e de nosso trabalho prático com equipes em todo o mundo, identificamos o seguinte conjunto de características distintivas dos estilos de gestão dos melhores líderes nas equipes modernas:

20 A MELHOR EQUIPE VENCE

Habilidade 1: Compreender as gerações — Como envolver os membros da geração milênio, da geração X e da geração do baby-boom

É hora de aceitar que somos diferentes, afinal de contas. Os melhores gestores aprenderam a se adaptar para atender às demandas especiais dos colaboradores pertencentes à geração milênio e desenvolveram maneiras de atender melhor às suas necessidades, criando vínculos mais fortes entre todas as gerações. Nossa pesquisa descobriu inúmeras diferenças nos fatores motivadores de vários membros da geração milênio em comparação com seus colegas mais velhos — alguns dos quais frustram a sabedoria da liderança convencional. Talvez o mais impressionante seja a descoberta de que, embora a autonomia seja um dos motivadores mais fortes para os colaboradores da geração do baby-boom e da geração X, ela ocupa uma das últimas posições na tabela de classificação dos fatores motivadores da geração milênio. Outra informação impressionante é que merecer o reconhecimento de seus chefes e colegas de trabalho é muito mais importante para os membros da geração milênio do que para os colaboradores mais velhos. Embora essas diferenças possam causar um considerável atrito entre os jovens colaboradores e seus gestores e colegas mais velhos, mostraremos que elas, na verdade, podem fornecer uma base para criar vínculos mais sólidos entre as gerações e para a organização como um todo.

Habilidade 2: Gerenciar de forma personalizada — Dê às pessoas o violão que elas querem

A falta de progressão na carreira tornou-se a principal razão pela qual os colaboradores abandonam as organizações — uma mudança em comparação com apenas alguns anos atrás, quando o salário ocupava a primeira posição na lista.[16] A boa notícia: focar na progressão na carreira é uma maneira relativamente barata de manter as pessoas e mantê-las comprometidas, e é algo que está dentro do escopo de controle de um gestor. Apresentaremos nossas descobertas mostrando as consideráveis recompensas em termos de

INTRODUÇÃO **21**

aumento do comprometimento, da criatividade e, finalmente, da produtividade, mesmo quando os líderes usam pouquíssimo tempo para personalizar as responsabilidades com base nos fatores motivacionais individuais dos membros da equipe. Na maioria das equipes com alto envolvimento, descobrimos variações de uma prática que chamamos de *modelação do trabalho*, em que os gestores atribuem a cada colaborador alguma tarefa que lhe seja especialmente motivadora, enquanto alteram ou transferem outra tarefa que possa lhe parecer desmotivadora (se isso tudo for possível).

Habilidade 3: Acelerar a produtividade — Ajude os novos colaboradores e as novas equipes a trabalhar mais rapidamente e com mais inteligência

A composição fluida das equipes de hoje em dia e o rápido movimento das pessoas entre os empregos exigem que os gestores obtenham dos novos membros da equipe a plena produtividade em uma fração do tempo concedido até alguns anos atrás. Apresentaremos métodos específicos que vimos serem colocados em prática para a rápida integração de novas pessoas e equipes inteiras, e descreveremos o processo de três etapas que os gestores podem usar para criar segurança, contextualização e pertencimento.

Habilidade 4: Desafiar tudo — Estimule a inovação por meio da discordância saudável

Sentir-se confortável em expressar os próprios pontos de vista, assumir riscos inteligentes e dispor de um tempo praticamente igual para se manifestar são as características da segurança psicológica. As pesquisas mostram que promover essas características é vital para a resolução efetiva de problemas e para o pensamento inovador dentro de uma equipe em rápido movimento. Também apresentaremos o que chamamos de *o efeito radical* — a notável recompensa de ter pelo menos um membro da equipe que desafie regularmente os pressupostos e a abordagem adotada. No entanto, evitar que o debate progrida para a dissensão e a deslealdade,

22 A MELHOR EQUIPE VENCE

enquanto se garante que todos os membros da equipe possam ser ouvidos de um modo aproximadamente equivalente, é um desafio complicado; assim, vamos apresentar os métodos usados por grandes líderes de equipe para promover a discordância saudável.

Habilidade 5: Mas sem se esquecer dos seus clientes — Estimule a aproximação servindo-os

Nos ambientes de trabalho mais globais, diversificados e tecnologicamente orientados da história, todo gestor que não se dedicar a entender como trabalhar de forma mais colaborativa com outras áreas multidisciplinares ficará para trás. Acreditamos, porém, que o foco de todos os esforços da equipe deve ser mantido rigorosamente nos clientes, seja qual for o seu aspecto. Tendo isso como base, a consciência do território começa a diminuir e o propósito fica muito mais claro.

Há alguma recompensa para todas essas habilidades?

Os resultados de uma melhor liderança da equipe são enormes. Considere o fato de que os pesquisadores da Gallup descobriram que os comportamentos dos gestores explicam 70% da variação do envolvimento dos colaboradores no trabalho diário, e acadêmicos da Universidade de Stanford e da Universidade de Utah descobriram que equipes de nove pessoas lideradas por chefes envolventes são tão produtivas quanto equipes de dez pessoas lideradas por chefes médios ou fracos.[17] Nosso estudo com 300 mil pessoas para o livro *All In* descobriu que a rentabilidade era até três vezes superior nos grupos de trabalho nos quais os gestores geraram níveis mais altos de engajamento, capacitação e energia dos colaboradores.

O papel crucial do líder da equipe ficou claro para nós quando, há pouco tempo, conversamos com Gerard Johan "G.J." Hart, diretor-executivo da California Pizza Kitchen. A CPK é uma das três maiores empresas norte--americanas de restaurantes informais que oferecem refeições por cortesia — comparando as vendas das mesmas lojas com os índices do ano anterior —, e consegue isso sem grandes investimentos publicitários. Hart nos disse

INTRODUÇÃO 23

que o sucesso de sua empresa foi obtido construindo grandes culturas de equipe — uma coisa de cada vez. "Aonde o líder vai, o resto vai atrás", disse ele. "Quando converso com meus líderes de equipe, falo sobre a responsabilidade de desenvolver e cuidar das pessoas que eles lideram. Em nosso setor, estimulamos uma cultura de promover os operadores internamente; apesar de serem ótimos nas habilidades de administrar um restaurante, eles podem não ter experiência significativa no desenvolvimento e liderança de pessoas. Não importa se você se formou em Harvard ou fez apenas o jardim de infância, as pessoas o seguirão se você se importar com elas e se você for genuíno."

Com este objetivo, Hart pede aos seus líderes de equipe que pensem em si mesmos como operadores do 911. "Quando você liga para o 911, escuta alguém que se importa com você", disse ele. "Você sabe que eles resolverão seu problema e obterão a ajuda da qual você precisa. Isso é o que nossos gestores têm de fazer por seus subordinados — serem sensíveis e cuidadosos."

Mark Chapman é diretor de atendimento ao cliente da Tesco, a maior rede de supermercados do Reino Unido, contando com 425 mil colaboradores. Chapman nos fez sorrir com este relato verídico de um jovem gerente de loja de sua organização: "Ele era bom com os números e brilhante em dar a impressão de ser um grande líder, mas eu estava com um pressentimento de que ele não era tudo aquilo que dizia ser. Perguntei-lhe, um dia: 'Quem é a pessoa mais importante da sua loja?' Sem nenhuma hesitação, ele respondeu que era ele. Perguntei: 'Por que não os clientes ou os seus colaboradores?' Ele disse: 'Porque eu sou o responsável pelas vendas, pelos descontos, pelos salários.'"

Então, Chapman atribuiu ao gerente da loja uma tarefa. No dia seguinte, ele teria de pegar todos os responsáveis pela faxina da loja — as pessoas que limpavam pisos, poliam as caixas registradoras e esvaziavam as latas de lixo —, colocá-los em um micro-ônibus e levá-los até outra loja. O gerente teria de ficar trabalhando o dia inteiro ao lado deles enquanto eles realizavam a faxina.

24 A MELHOR EQUIPE VENCE

O gerente da loja riu, mas Chapman disse que estava falando sério. Não era brincadeira. Além disso, no fim do dia, ele queria que o ônibus levasse cada faxineiro em casa e que o gerente da loja agradecesse um a um conforme fossem descendo.

O jovem fez o que lhe foi solicitado. Chapman disse: "Na semana seguinte, perguntei àquele gerente: 'Quem é a pessoa mais importante da sua loja?' Ele respondeu: 'Os faxineiros!'"

Ora, o objetivo de Chapman não era convencer o líder daquela loja de que os faxineiros eram mais importantes do que um gerente geral, mas que todos de sua equipe deveriam se sentir estimados e valorizados — desde as pessoas que empunham vassouras até aquelas que atendem os pedidos de clientes; dos sujeitos que abastecem as prateleiras até aqueles que estão equilibrando as contas.

Basta pensar na diferença que você sente quando participa de uma equipe vibrante com um líder cuidadoso e atento, alguém que faz você se sentir incluído, confiável e valorizado. E, por outro lado, quem já não percebeu os efeitos corrosivos causados por chefes medíocres? (Isso para não mencionar a influência dos chefes verdadeiramente horríveis.)

Se você ainda não estiver convencido, esperamos que se convença até o fim deste livro. Muitas das melhores organizações da atualidade passaram a entender o quanto é importante mudar seus estilos de liderança de equipe para alcançar excelentes resultados. Considere o que aconteceu na Caterpillar, a fabricante de equipamentos pesados avaliada em US$ 47 bilhões e uma das marcas mais respeitadas do mundo. Depois de aprimorar as habilidades interpessoais dos gestores em apenas uma localidade, eles descobriram que o desempenho naquela equipe tinha dado um salto de surpreendentes 70%; a satisfação do cliente subira 34%; e o absenteísmo, a rotatividade e as horas extras também haviam caído — gerando uma economia anual de US$ 8,8 milhões. Como não eram ingênuos, os líderes da Caterpillar transformaram isso em uma prioridade de gestão em todos os níveis de sua sólida organização.[18] Você não faria o mesmo? Hoje, a empresa descobriu que seus melhores líderes de equipe administram unidades que atendem ou excedem as metas de desempenho 40% mais frequentemente do que outras unidades.

Como você perceberá, é possível fazer com que sua equipe alcance grandes melhorias também, independentemente do que você esteja querendo conquistar.

Basta ter algumas habilidades.

PARTE I

AS CINCO HABILIDADES DOS LÍDERES DE EQUIPE

1

COMPREENDER AS GERAÇÕES
*Como envolver os membros da geração milênio,
da geração X e da geração do baby-boom*

Joan Kuhl se descreve como o Cupido da Geração Milênio.[1] Ela é responsável pela consultoria Why Millennials Matter, assessorando empregadores, incluindo a Goldman Sachs, a Bristol-Myers Squibb e a Eli Lilly, na contratação e manutenção de recém-formados. Ela acredita que, embora a gestão dos membros da geração milênio apresente alguns desafios particulares — por exemplo, muitos não veem nada de errado no compartilhamento de informações sobre suas vidas (e vidas profissionais) nas mídias sociais —, também existem inúmeros aspectos positivos. "Tendemos a enfatizar os atos de rebeldia mais revoltantes", diz ela sobre a geração mais nova, acrescentando, porém, que "a maioria das pessoas com quem eu trabalho é muito centrada na missão e orientada por valores."

No entanto, até mesmo essa fã da geração mais nova sorri quando pensa no comportamento dos jovens em seu próprio escritório. Ela se lembra de um estagiário que comeu um sanduíche de atum durante uma reunião matinal com seus colegas seniores. Quando foi levemente repreendido depois, o estagiário respondeu: "Bem, você me disse para ser eu mesmo, e eu estava com fome."

Muito já foi escrito sobre esta geração milênio (também conhecida como geração Y). Supostamente, eles são narcisistas, preguiçosos, se consideram merecedores de direitos; enviam constantemente mensagens pelo Snapchat

30 A MELHOR EQUIPE VENCE

ou tuítes para a pessoa que está no cubículo ao lado. Não respeitam a autoridade, mas querem ser reconfortados e receber elogios. E estão prontos a pular para um novo emprego em um piscar de olhos. Uma matéria de capa da revista *Time* os chamou de "Geração Eu, Eu, Eu".[2]

Nossa intenção não é execrar a geração milênio. Pessoalmente, consideramos que esta geração tem as aptidões de criatividade, impulso e tecnologia para revolucionar nossos ambientes de trabalho, e seus membros *deveriam* se sentir totalmente valorizados e recompensados por suas contribuições. Observe, também, que entendemos que as generalizações sobre gerações sempre superestimam as diferenças, levando a caricaturas extremamente exageradas. Essa também não é nossa intenção. Não existe, naturalmente, algo como um típico membro da geração milênio, da geração do baby-boom, da geração X, ou mesmo da geração Z, que em breve irá surgir. As definições de quando cada geração começa e termina nem sequer são universalmente aceitas. A história não precisa isso muito bem para nós. Para nossos propósitos, aceitaremos os seguintes critérios como as delimitações mais comumente aceitas: os membros da geração do baby-boom nasceram entre 1946 e 1964; os membros da geração X entre 1965 e 1984.[3] Quanto aos membros da geração milênio, duas das principais autoridades em gerações, os pesquisadores Neil Howe e William Strauss, autores de *Generations: The History of America's Future*, dizem que o último membro da geração milênio nasceu em 2004 — e qualquer pessoa que tenha vindo a partir daí fará parte da geração Z. Talvez você encontre outras datas como o último marco da geração milênio — a partir de meados da década de 1990 —, com alguns afirmando que a geração Z (ou iGeração) já está integrada aos atuais ambientes de trabalho. Mas Howe e Strauss são amplamente considerados *os* especialistas em gerações, e não discutiremos com eles. Portanto, isso significa que os novos colaboradores que estão ingressando no mercado de trabalho serão membros da geração milênio por mais algum tempo (a menos que seu novo diretor de TI tenha 12 anos).

Dito isso, apesar de os membros da geração milênio poderem ter sido alvo de uma caricaturização injusta tal como as gerações que os precederam, eles exibem alguns pontos fortes em comum. Muitos destes são pontos fortes únicos que não havíamos identificado antes, enquanto outros vêm apresentando sérios desafios para os gestores. E a pior coisa que podemos fazer é ignorar as diferenças.

A NECESSIDADE DE MELHORES PRÁTICAS

Por que devemos nos preocupar com tudo isso? Por que temos de aprender a gerenciar membros da geração milênio de forma diferente? A primeira grande razão: chegamos a um ponto de inflexão. Os membros da geração milênio superaram os membros da geração do baby-boom e da geração X como a maior geração presente no mercado de trabalho; a estimativa para 2020 era que mais da metade dos adultos empregados em todo o mundo seria de membros da geração milênio.[4] Considere sua própria equipe: é um conjunto homogêneo de pessoas de mentalidade similar, de aparência semelhante, de idade semelhante, com origens e vieses idênticos, ou é um conjunto de pessoas diversas — algumas mais velhas, algumas mais jovens — que chegam ao trabalho com perspectivas diferentes? E, entre seus jovens colaboradores, você já notou algumas diferenças? Scott Harner sim.

Harner é gerente de equipe da Chip Ganassi Racing, que compete com carros bem-sucedidos na NASCAR, na IndyCar Series, no Campeonato SportsCar e no Campeonato Mundial de Endurance. Sua organização possui equipes de mecânicos que fazem com que os carros continuem circulando nas pistas, e ele observou que muitos membros da geração milênio revelam uma afinidade com a tecnologia que é fundamental nas corridas hoje em dia, mas também percebeu uma mudança na ética profissional em alguns jovens contratados. "Este é um trabalho árduo — doze horas diárias trabalhando em um carro que sofreu um acidente e, em seguida, entrar em um avião com destino a outra cidade. E fazemos isso seis meses seguidos. Grande parte desses jovens desiste muito rapidamente. Acho que é a forma como nós os criamos — um troféu de participação para tudo. Em nossa época, apenas o primeiro lugar recebia um troféu."

32 A MELHOR EQUIPE VENCE

Harner conseguiu ajudar os membros da geração milênio a perceber que eles faziam parte de uma equipe, e isso é bom, pois é algo que entusiasma muitos dos colaboradores mais jovens. "Nossa equipe é uma família", ele nos contou. "Então, se eles trabalham arduamente para recolocar um carro na pista, isso pode significar mais um ponto, o que pode levar a um campeonato para a equipe. Eles sabem que a equipe vai apoiá-los, e isso é realmente positivo. Por sua vez, eles precisam se dedicar ao máximo, a fim de que a equipe não seja prejudicada."

Em suma, embora a gestão de colaboradores mais jovens possa oferecer desafios únicos, Harner não pensa em desistir, porque quanto melhor ele se torna na gestão de membros da geração milênio no presente, mais retornos sua equipe colherá quando esses jovens vierem a dominar a força de trabalho.

O segundo grande motivo para dedicar atenção especial aos colaboradores mais jovens é que, generalizações à parte, os membros da geração milênio realmente *são* distintos em alguns aspectos importantes que os gestores precisam entender, e isso foi claramente revelado em nossa pesquisa (dica: vai além das barbas nos homens e das calças de yoga nas mulheres). Compreender esse conjunto de características distintivas sobre como os membros da geração milênio preferem trabalhar e o que eles esperam de seus gestores e de suas vidas profissionais é vital para garantir que eles trabalhem em harmonia com seus colegas de equipe. Este entendimento também pode levar a melhores práticas para inspirar o engajamento e a produtividade dos colaboradores pertencentes à geração milênio, convencendo-os, até mesmo, a permanecer na empresa por mais tempo. Isso é essencial, considerando a preocupante descoberta de que menos de um terço dos membros da geração milênio sente que suas organizações aproveitam plenamente suas habilidades e 66% esperam abandonar seus empregos nos próximos anos.[5]

Essa ameaça de deserção não é infundada. Os membros da geração milênio largam seus empregos muito mais rapidamente do que as gerações anteriores. Passamos a chamá-la de *geração dos inquilinos*. Os membros

COMPREENDER AS GERAÇÕES 33

da geração milênio tendem a alugar suas moradias em vez de assumir uma hipoteca (o desejo da casa própria está em acentuado declínio);[6] eles locam carros em vez de comprá-los. Eles alugam, até mesmo, namorados e namoradas. Não *daquela* forma, mas um número cada vez maior de jovens de vinte e poucos anos está se afastando do casamento tradicional e, inversamente, se envolvendo em múltiplos relacionamentos de curto prazo. Quando eles enfim se casam, quando eventualmente acontece, é muito mais tarde — hoje em dia, em média aos 30 anos para os homens e aos 27 para as mulheres, em comparação com as idades médias de 26 e 23 anos, respectivamente, apenas quinze anos atrás.[7] A Pew Research estima que um quarto dos membros da geração milênio nunca se casará;[8] quase metade, em uma recente pesquisa publicada na revista *Time*, afirmou que apoiaria um novo modelo de casamento que envolvesse um período de experiência de dois anos — um teste beta, digamos —, momento em que a união poderia ser formalizada ou dissolvida por qualquer um dos lados, sem divórcio nem a exigência de papelada.[9]

É importante entender que grande parte das pesquisas sobre os membros da geração milênio mostrou que eles desconfiam das instituições, sendo o casamento apenas uma delas. O número expressivo de rejeição ao modelo de casamento tradicional poderia muito bem ser atribuível à taxa de divórcio recorde de seus pais. Muitos deles experimentaram os efeitos de tais separações em suas famílias, e praticamente todos testemunharam esses efeitos sobre a vida de seus amigos.

Essa desconfiança nas instituições está se estendendo ao ambiente de trabalho. Muitos membros da geração milênio observaram seus pais enfrentarem alguns cortes de pessoal, reestruturação, reengenharia e fusões e aquisições, o que praticamente eliminou o conceito de segurança no emprego. Dessa forma, muitos colaboradores mais novos que ingressam atualmente em nossas equipes consideram que estão alugando seus empregos; eles não estão querendo comprar. Se as coisas não funcionarem, na verdade eles ficarão bastante satisfeitos de seguir em frente.

34 A MELHOR EQUIPE VENCE

Melissa Aquino, vice-presidente da gigante da ciência e tecnologia Danaher, considera os membros da geração milênio uma das maiores questões de diversidade enfrentadas por sua empresa de 62 mil colaboradores.[10] Embora acredite pessoalmente que essa mais recente geração seja o máximo e que tenha o potencial de ser a mais produtiva da história, ela reconhece que as organizações enfrentam um desafio para fazer com que alguns de seus integrantes se comprometam. "Os membros da geração milênio são, em grande parte, muito críticos em relação aos EUA corporativos. Eles não sabem se querem se engajar", nos disse ela. Falaremos mais sobre Aquino em breve.

Outra razão para a instabilidade dos membros da geração milênio: eles foram criados em uma era de gratificação imediata. Devemos considerar que esta é a primeira geração a ter crescido com coisas como a entrega expressa — sem precisar esperar uma semana para que o carteiro trouxesse um pacote — e os DVRs — eles ignoram completamente os irritantes comerciais de TV. A maioria nunca teve de fazer pesquisas escolares sem a Internet — sem precisar se arrastar para a biblioteca e investigar ponderadamente as informações. Claro, o fornecedor principal da gratificação instantânea é o smartphone. Quem não ama o próprio aparelho de telefone celular? Cerca de 83% dos membros da geração milênio relatam dormir com seus dispositivos ao seu alcance, para que não percam as mensagens durante a noite.[11] Mas muitos membros da geração milênio usam os telefones de maneiras distintas das gerações anteriores. Por exemplo, eles fazem muito menos chamadas de voz. Os colaboradores mais jovens nos contaram que acreditam que as chamadas telefônicas são um sinal de grosseria — como se eles estivessem exigindo o tempo de uma pessoa naquele exato momento. Além disso, conforme acrescentam, muitas vezes eles se sentem presos ao fazer uma ligação telefônica, tendo de dar toda sua atenção para uma forma glacialmente lenta de conversa sincronizada. Como um membro da geração milênio nos disse em uma entrevista: "Se eu pudesse desativar a função de telefone do meu telefone, eu faria isso" (paradoxalmente, essa conversa se deu quando ele trabalhava em uma loja de telefonia celular).

COMPREENDER AS GERAÇÕES **35**

O diretor-executivo da Skanska USA, Rich Cavallaro, explicou que a forma como a empresa despertou o interesse de pessoas criadas em um mundo de gratificação instantânea foi garantindo uma maior flexibilidade. "Não há dúvida de que você tem de administrar esta geração de forma diferente", disse ele. "Constatamos que 46% dos novos colaboradores recém-saídos da faculdade dizem que um ambiente de trabalho flexível é *a* coisa mais importante para eles." Contudo, admite ele, esse é um desafio em um negócio orientado por projetos, com 11 mil colaboradores, embora a empresa esteja se esforçando para que isso aconteça. "Pertenço a uma geração em que, se você não estivesse sentado em sua mesa, não estava trabalhando: doze horas por dia, seis dias por semana. Esse mundo acabou. Se acreditarmos que podemos dizer aos membros da geração milênio que fiquem sentados em sua mesa o dia todo, todos os dias, ficaremos aqui falando sozinhos."

Em função disso, a empresa lançou o Programa de Trabalho Flexível Skanska USA, visando encontrar maneiras de oferecer compartilhamento de tarefas, horário de trabalho flexível, trabalho remoto, uma semana de trabalho reduzida e emprego em tempo parcial. E, lembrando, trata-se de uma empresa de construção e desenvolvimento, que ajudou a construir a estação de trem Oculus em Nova York e está remodelando o Aeroporto LaGuardia.

Líderes como Cavallaro nos ensinam que não podemos mais tapar nossos ouvidos quando se trata de divergências geracionais. Isso é reforçado por um estudo da Society for Human Resource Management (SHRM), que revelou que quase três quartos dos profissionais de recursos humanos relataram não apenas diferenças, mas *conflitos* intergeracionais em suas organizações.[12] Ouvimos esse assunto o tempo todo em nosso trabalho de consultoria: gestores e colaboradores mais velhos queixam-se dos hábitos aparentemente estranhos de seus colegas mais jovens, incluindo a falta de comprometimento e o que eles percebem como demandas queixosas por treinamento, comentários e elogios. Os membros da geração milênio, por sua vez, têm muitas queixas sobre seus chefes e colegas mais velhos. Os

36 A MELHOR EQUIPE VENCE

profissionais de recursos humanos entrevistados pela SHRM descreveram as seguintes percepções negativas mais comuns:

AS TRÊS PRINCIPAIS QUEIXAS DOS MEMBROS DA GERAÇÃO MILÊNIO A RESPEITO DOS TRABALHADORES MAIS VELHOS

- Resistentes à mudança
- Não conseguem reconhecer os meus esforços
- Microgerenciam-me obsessivamente

AS TRÊS PRINCIPAIS QUEIXAS DOS TRABALHADORES MAIS VELHOS A RESPEITO DOS MEMBROS DA GERAÇÃO MILÊNIO

- Ética profissional pouco consistente
- Comportamento e linguagem informais
- Trajes inapropriados

Melissa Aquino dá risadas desta última queixa a respeito do vestuário, mas diz que é algo que ela levou em consideração ao administrar um braço operacional da Danaher. "Estando certos ou errados, os membros da geração milênio desconfiam de pessoas mais velhas que se vestem de forma muito sofisticada", disse ela. Então, como um sinal para ajudar seus colaboradores mais jovens a se sentir mais incluídos e para ajudar os colaboradores mais velhos a relaxar, ela ofereceu a todos eles agasalhos com capuzes personalizados com a marca da empresa. "Entreguei um para o cara do financeiro, de 64 anos de idade, que estava usando gravata. 'Isso é maravilhoso', disse ele. 'O que faço com isso?'"

Em geral, as boas notícias sobre a gestão dos membros da geração milênio são uma via de mão dupla. Em primeiro lugar, identificamos algumas diferenças principais naquilo que os motiva mais fortemente no trabalho, em comparação com os colaboradores mais velhos, e fornecemos métodos para administrar tais motivadores com táticas específicas de gestão, que podem impulsionar drasticamente seu engajamento. Descobrimos, também, que os membros da geração milênio compartilham um conjunto particular

COMPREENDER AS GERAÇÕES   37

de fortes motivadores com os colaboradores mais velhos. Na verdade, o conjunto dos três principais motivadores é bastante consistente em todas as faixas etárias, enquanto o conjunto de motivadores mais fracos também apresenta algumas semelhanças. Assim, por mais que as diferenças nas preferências e comportamentos dos membros da geração milênio sejam reais e devam ser abordadas, existe uma grande área comum na qual é possível gerenciar as equipes, de forma a vincular os colaboradores mais jovens e seus colegas mais velhos aos seus grupos, além de vinculá-los mais fortemente à organização em geral.

AS MAIORES DIFERENÇAS

Em um artigo recente, publicado em revista científica, concluiu-se que houve "poucas pesquisas para orientar os gestores sobre como incorporar melhor a geração milênio nos ambientes de trabalho".[13] Estamos contentes por poder contribuir. Vamos mergulhar um pouco mais em nosso banco de dados de 50 mil pessoas. Os entrevistados são colaboradores de todas as idades, provenientes dos Estados Unidos, Canadá, México, de vários lugares da Europa, América Central e do Sul, Ásia, Austrália, Oriente Médio e África. O banco de dados nos permite uma percepção sem precedentes sobre o que mais motiva as pessoas no trabalho e sobre o que as desmotiva. Nossa Avaliação de Motivadores classifica os 23 motivadores — segundo comprovado por nossa pesquisa, os mais decisivos para os colaboradores — em ordem decrescente, desde o mais forte até o mais fraco para cada pessoa. Desenvolvemos a Avaliação de Motivadores com os drs. Jean Greaves e Travis Bradberry, autores do livro campeão de vendas *Inteligência Emocional 2.0* e da avaliação que o acompanha. Esses psicólogos e sua equipe de cientistas comportamentais nos ajudaram a criar uma maneira cientificamente válida de avaliar as motivações subjacentes das pessoas nos ambientes de trabalho.

Para aqueles que estão curiosos a respeito de todo o conjunto dos 23 motivadores, aqui estão eles. Talvez você queira tentar adivinhar quais são

38 A MELHOR EQUIPE VENCE

os mais importantes para os membros da geração milênio, em comparação com as gerações mais velhas.

Autonomia	Dinheiro
Desafio	Propriedade
Criatividade	Pressão
Desenvolvimentos de pessoas	Prestígio
Empatia	Resolução de problemas
Superação	Propósito
Empolgação	Reconhecimento
Família	Serviço
Amizade	Responsabilidade social
Diversão	Trabalho em equipe
Impacto	Variedade
Aprendizagem	

Mas quais foram as maiores diferenças que descobrimos? Esse é o próximo ponto.

QUEM QUER TRABALHAR SOZINHO?

Embora a autonomia se encontre entre os principais motivadores das gerações mais velhas nos ambientes de trabalho, ela ocupa uma das últimas posições na lista de motivadores da maioria dos colaboradores mais jovens. De fato, quando combinamos todas as respostas dos entrevistados da geração milênio, descobrimos que a autonomia ficou em 21º lugar (de um total de 23 motivadores) para os participantes dessa faixa etária. No entanto, a autonomia foi o 8º conceito geral mais importante para os membros da geração do baby-boom e o 12º conceito mais importante para os membros da geração X. Essa é uma das maiores mudanças no banco de dados, e certamente contradiz o consenso de que todos os colaboradores prosperam quando podem contar com mais independência em seu trabalho. Esse era

COMPREENDER AS GERAÇÕES **39**

o argumento central do livro campeão de vendas de Dan Pink, *Motivação 3.0*, em que ele classificava a autonomia como *o* fator mais importante para motivar os colaboradores. O baixo desejo de autonomia por parte da grande maioria dos membros da geração milênio mostra que é hora de diferenciar o grau de independência que concedemos e esperamos de nossos colaboradores.

Esta discrepância, por si só, pode ser uma das principais fontes de atrito entre os membros da geração milênio e seus chefes e colegas mais velhos — e uma razão fundamental para que os colaboradores mais velhos possam considerar irritantes ou, no mínimo, contraditórias as solicitações dos mais jovens por mais direção, treinamento e inclusão. Não é incomum ouvir de alguns membros das gerações mais velhas que os colaboradores mais jovens estão agindo de forma imatura, esperando demasiadamente ser reconfortados. Mas os gestores devem entender que, para os membros da geração milênio, pode ser extremamente frustrante não dispor de orientação ou de tempo suficientes para trabalhar em estreita colaboração com as outras pessoas.

Alguns gestores ouvem isso e assumem que essa falta de autonomia é uma grave deficiência dos integrantes mais jovens de sua equipe — algo que eles precisam superar. A melhor maneira é encarar isso como uma ótima oportunidade para construir equipes mais fortes. Se pensamos nos membros da geração do baby-boom e da geração X em grande parte como *cowboys* — um grupo de individualistas —, os membros da geração milênio são *colaboradores*.[14] Como afirmou um membro da geração milênio: "Talvez faça parte de nosso desejo ser benquisto e ter muitos amigos, mas os membros da geração milênio são excelentes jogadores de equipe. Por meio de projetos escolares e jogos on-line de grandes proporções e colaborativos, ficamos tão confortáveis trabalhando com os outros que muitos de nós dizem que somos mais produtivos trabalhando em equipes do que por conta própria. Isso traz benefícios óbvios no ambiente de trabalho. Onde outras gerações teriam enxergado no trabalho em equipe o mero perigo de que seu árduo trabalho não fosse recompensado e um trabalho

40 A MELHOR EQUIPE VENCE

malfeito fosse atribuído a um bode expiatório, os membros da geração milênio prosperam ao fazer parte de uma equipe."

Tudo isso significa que existe uma mudança sísmica ocorrendo na força de trabalho, no modo como inúmeras pessoas desejam trabalhar, o que é um bom presságio para a transição em direção à abordagem da rede de equipes, em fase de evolução. Os líderes devem assumir que, hoje em dia, muitos de seus colaboradores valorizam ser parte de uma equipe significativa, mais do que trabalhar de forma independente. E uma grande consequência é que, se a equipe ao seu redor não estiver atendendo às suas necessidades de colaboração e conectividade, os membros da geração milênio procurarão essas necessidades em outros lugares.

Em uma de nossas oficinas, um gerente de equipe de quarenta e poucos anos nos disse que ficou surpreso ao descobrir que um de seus colaboradores da geração milênio estava recorrendo a sugestões colaborativas on-line de amigos para resolver problemas do trabalho. Digamos que um cliente importante não estivesse retornando as ligações do jovem; bem, o colaborador colocou isso como uma questão em sua rede e pediu conselhos. Em muitos casos, seus amigos respondiam em tempo real em seus sites de mídia social, e frequentemente com ideias viáveis. Ele não perguntou nada a seu chefe porque demoraria muito para marcar uma reunião, além de envolver um desconfortável encontro presencial. Este exemplo está em um relatório da Escola de Negócios Kenan-Flagler da Universidade da Carolina do Norte (UCN), onde os pesquisadores descobriram que muitos dos colaboradores de hoje em dia não veem seus gestores como especialistas em determinados assuntos, conforme acontecia com seus antecessores.[15] Por que perguntar ao chefe quando quase todas as informações de que você precisa estão disponíveis on-line? Em vez disso, de acordo com as descobertas dos pesquisadores da UCN, os jovens colaboradores querem que seus gestores sirvam mais como mentores e guias em meio à experiência corporativa.

Isso foi revelador para o chefe com quem conversamos. Ele percebeu que não era tão relevante para a experiência de seu jovem colaborador como

COMPREENDER AS GERAÇÕES **41**

deveria ser, e tampouco os colegas do colaborador eram tão importantes assim. O gestor não se opôs à ideia de que alguém precisasse consultar sua comunidade de apoio em busca de aconselhamento; na verdade, isso o impressionou, pois era um recurso bastante arrojado. Mas a confiança do colaborador em uma rede externa, em vez de confiar naqueles que estão ao seu redor no escritório, certamente não estava contribuindo para a lealdade à equipe ou à empresa.

VOCÊ VAI ME DIZER COMO ESTOU ME SAINDO? POR FAVOR!

A segunda grande diferença que descobrimos nos dados é que os colaboradores da geração milênio frequentemente se sentem muito mais motivados quando recebem reconhecimento por um trabalho bem executado. Na verdade, de modo geral, os dados indicam que os membros da geração milênio, como grupo, são quase *duas vezes* mais propensos a serem motivados pelo reconhecimento do que os membros da geração X e *três vezes e meia* mais do que os membros da geração do baby-boom. Isso pode explicar grande parte da irritação que os chefes e colegas mais velhos dizem sentir sobre as incessantes solicitações dos colaboradores mais jovens por comentários e elogios.

O fato é que a maioria dos membros da geração milênio foi criada com mais reconhecimento do que qualquer outra geração na história. Pais, professores, orientadores e outros responsáveis pela criação — somente nas últimas décadas — adotaram a prática de oferecer um fluxo de reforço contínuo. Apesar de os gestores pertencentes à geração do baby-boom e à geração X poderem achar que as reivindicações dos membros da geração milênio por reconhecimento e comentários sejam irritantes, é irônico que a maioria das pessoas mais velhas reconheça que teriam adorado ter recebido mais atenção de seus pais. Muitos também admitem, timidamente, que deram atenção demais aos seus filhos — ajudando a criar os viciados em reconhecimento que agora estão emergindo na força de trabalho. As pessoas

42 A MELHOR EQUIPE VENCE

mais jovens tiveram suas pinturas a dedo orgulhosamente penduradas na geladeira; colecionaram estrelas de ouro, prata e bronze em exercícios de ortografia; foram consideradas solistas na banda do ensino médio ou primeiras defensoras no softbol; tiveram um bom resultado em uma rodada de debates e levaram uma fita condecorativa para casa. Mesmo quando seu time de futebol perdia, elas comemoravam alegremente as medalhas de seus integrantes. Para elas, cunhou-se o apelido de Geração em que Todos Ganham um Troféu. A tecnologia também teve um papel importante. Os videogames fornecem até cem reforços positivos por minuto, enquanto os feeds das mídias sociais fornecem um fluxo constante de respostas de reforço para imagens e comentários.[16] Se uma jovem deseja saber se seus amigos acham que uma nova roupa está lhe caindo bem, ela pode postar uma selfie diretamente do vestiário, e sua tribo poderá se manifestar. Não é de admirar que membros da geração milênio apareçam para trabalhar esperando, pelo menos, um mínimo reconhecimento pelo seu trabalho. Quando um chefe diz: "Você ainda não conseguiu, mas vai conseguir. Vou avisá-lo se você estiver indo pelo caminho errado. Caso contrário, continue fazendo o que está fazendo!", isso soa como um abandono.

Então, com esses novos dados sobre o reconhecimento e as gerações, começamos a mostrar aos nossos clientes a ironia de estarem gastando a maior parte de seu tempo e de seu dinheiro comemorando as conquistas dos colaboradores mais antigos — aqueles que atingem grandes marcos na carreira ou fazem algo que supera as expectativas. Não é que essas celebrações não valham a pena, e tampouco que os líderes devam deixar de fazê-las, mas, se quisermos engajar e manter nossos colaboradores mais jovens, devemos encontrar formas de lhes proporcionar um reconhecimento mais significativo e mais frequente.

Ainda que essas diferenças nas expectativas dos membros da geração milênio sobre o trabalho tenham sido uma fonte de confusão ou frustração para muitos gestores e colegas mais velhos, o fato é que, em ambos os casos, elas podem conduzir as organizações para direções positivas. Quanto ao reconhecimento, embora os membros da geração milênio geralmente o

COMPREENDER AS GERAÇÕES   43

valorizem mais do que os colaboradores mais velhos, nossa pesquisa revela que o reconhecimento das as conquistas é um poderoso estimulador do engajamento e do comprometimento para quase todas as pessoas.

Dan Helfrich conseguiu perceber o poder do reconhecimento frequente e sincero como um dos atributos de uma saudável cultura de equipe. O líder de 8.500 pessoas empregadas no setor de serviços públicos federais da Deloitte nos contou que conduziu um experimento. "Eu sabia que nossos colaboradores estavam fazendo ótimas coisas uns para os outros todos os dias, e então enviei um e-mail pedindo que eles respondessem contando a história de alguém que tivesse lhes prestado ajuda, e que enviassem com cópia para aquela pessoa. Em uma semana, recebemos milhares de e-mails de reconhecimento. Eu me dei conta: 'Caramba, nossa cultura é bastante solidária.' Mas também percebi que tínhamos mobilizado uma série de pessoas que queriam agradecer mais e não estavam conseguindo fazê-lo."

Helfrich disse que ficou impressionado com "o enorme orgulho que nossos subordinados sentiam ao se deparar com um e-mail de três linhas, copiado para o líder global do negócio, dizendo: 'Robin fez algo incrível na semana passada.' Foi essa situação espontânea que deu início a uma excelente conversa em nossa equipe sobre o poder da gratidão".

A questão para nós é: o reconhecimento não apenas ajuda a reter e a engajar os membros da geração milênio, como também é revigorante para os colaboradores de todas as idades.

O mesmo se pode afirmar quanto ao estímulo à solução mais colaborativa e inclusiva de problemas, no lugar de enfatizar a autonomia. Embora a maior admiração em nossos ambientes de trabalho sempre tenha se voltado, de modo geral, para o herói solitário que resolve o problema, fecha um grande negócio e acalma o cliente irritado, as recompensas da colaboração são tão numerosas que é essencial promover a responsabilidade compartilhada e desenvolver melhores maneiras de trabalhar em conjunto.

Dessa forma, ao procurar gerenciar melhor os membros da geração milênio, os líderes de equipe têm uma oportunidade maravilhosa para mudar as perspectivas de como todos os membros da equipe deveriam trabalhar em termos globais.

44   A MELHOR EQUIPE VENCE

O que descobrimos logo depois é que os membros da geração milênio também estão conduzindo as equipes para direções positivas quando se trata dos principais motivadores que *compartilham* com os colaboradores mais velhos.

TIRANDO PROVEITO DAS COISAS EM COMUM

À medida que nossa equipe de pesquisa foi se aprofundando em nosso banco de dados, uma das descobertas mais marcantes foi a forma como as pessoas se assemelham no tocante aos motivadores mais e menos relevantes em todas as quatro gerações. Embora houvesse muita variação nos motivadores entre as posições quatro e vinte ao longo dos grupos etários, os três principais eram exatamente os mesmos para todos os grupos, até chegarmos aos tradicionalistas (os que nasceram antes de 1945). Os três fatores menos motivadores também se mostraram notavelmente semelhantes, mas com algumas exceções importantes.

Verifique este instantâneo dos três fatores mais e menos relevantes para cada geração:

Os três fatores mais motivadores

Geração milênio:	1. Impacto	2. Aprendizagem	3. Família
Geração X:	1. Impacto	2. Aprendizagem	3. Família
Geração do baby-boom:	1. Impacto	2. Aprendizagem	3. Família
Tradicionalistas:	1. Impacto	2. Aprendizagem	3. Criatividade

Os três fatores menos motivadores

Geração milênio:	21. Prestígio	22. Autonomia	23. Dinheiro
Geração X:	21. Diversão	22. Prestígio	23. Dinheiro
Geração do baby-boom:	21. Diversão	22. Prestígio	23. Dinheiro
Tradicionalistas:	21. Reconhecimento	22. Prestígio	23. Dinheiro

COMPREENDER AS GERAÇÕES **45**

Devemos fornecer uma pequena explicação sobre como nossa equipe de pesquisa definiu alguns desses motivadores. O desejo de *impacto* é a necessidade de saber que seu trabalho é importante e faz uma diferença positiva no mundo. Apenas para ressaltar o significado dessa ideia, é o motivador número um na classificação para todos os grupos etários, dos adolescentes da geração Z que se submeteram à avaliação até os adultos com idade superior a 70 anos.

Quanto ao desejo de *aprendizagem*, pode parecer bastante claro — é o desejo de continuar desenvolvendo nossos talentos e aumentando nosso conhecimento. Essa ideia apareceu em outras pesquisas realizadas por outros pesquisadores, mas fomos a fundo para descobrir que rótulos semelhantes podem mascarar diferenças importantes com base na idade. Muitas vezes, a aprendizagem mais eficaz para os membros da geração milênio é colaborativa e tecnológica. Para os membros da geração do baby-boom, a melhor aprendizagem geralmente se baseia em sua experiência e seu conhecimento (ao contrário de algo que lhes seja completamente novo). Tudo que é aprendido também deveria ser imediatamente aplicável ao seu trabalho. Para os colaboradores mais velhos, a aprendizagem também se manifesta por meio da variedade, e a variedade como um motivador cresce substancialmente em importância com o passar da idade. A variedade deixa de ocupar uma posição intermediária na lista dos membros da geração milênio (classificada em 11º lugar) para ser um dos motivadores mais fortes para as pessoas com mais tempo em suas carreiras (4º lugar para os membros da geração do baby-boom). Assim, para os colaboradores mais velhos — aos quais muitos líderes, infelizmente, não dão o devido valor —, uma maneira de desconectá-los é fazer com que seu trabalho se torne rotineiro.

Em seguida, com a *família*, nossa pesquisa mostra que as pessoas motivadas por esse conceito sentem que é importante equilibrar o tempo dedicado ao trabalho e à vida pessoal, e querem que seus entes queridos se orgulhem delas. Uma observação interessante: este motivador foi o número um para as mulheres pertencentes à geração milênio.

46 A MELHOR EQUIPE VENCE

De modo geral, os membros da geração milênio se destacam por serem especialmente ligados aos seus pais, em comparação com as gerações anteriores. Não está muito longe da realidade afirmar que a maioria dos membros da geração do baby-boom e da geração X preferiria viver em uma caixa de papelão a ter de voltar para a casa dos pais depois de terminar a faculdade, mas hoje em dia isso é um lugar-comum. Muitos membros da geração milênio aceitam que seus pais participem de seus mundos nas redes sociais, lhes enviem mensagens de texto e se comuniquem com eles de alguma forma, quase que diariamente. Mais uma vez, para mostrar como um rótulo semelhante pode mascarar diferenças geracionais: para os colaboradores mais velhos, família geralmente significa filhos e/ou cônjuge ou parceiro. Para muitos dos que pertencem às gerações mais antigas, mais importante do que o equilíbrio diário entre trabalho/vida é deixar um legado daquilo que eles valorizam para seus filhos.

Você não verá muitos outros estudos mostrando a mãe e o pai, o marido ou a esposa como fatores de produtividade ou motivação. Pode ser um pouco desconfortável considerar a família como um motivador em nossas tão conservadoras equipes de negócios, mas isso não é uma coisa ruim. De modo nenhum. Há um grande número de pesquisas sugerindo que ter colaboradores que trabalham por longas horas — subsequentemente, ignorando aqueles que são importantes para eles fora do trabalho, como a família — não é algo útil para as empresas. Não parece que isso produza mais resultados. Em um estudo fascinante realizado por Erin Reid, professora da Escola de Negócios Questrom da Universidade de Boston, os gestores não conseguiram distinguir a diferença de resultados entre os colaboradores que trabalharam oitenta horas por semana e aqueles que apenas fingiram trabalhar. E Reid não conseguiu encontrar quaisquer evidências de que os colaboradores que trabalhavam uma semana normal produzissem menos, nem qualquer sinal de que os colaboradores sobrecarregados produzissem mais.

Além disso, evidências consideráveis mostram que o excesso de trabalho simplesmente não é neutro; ele pode prejudicar os colaboradores

COMPREENDER AS GERAÇÕES **47**

e suas empresas. Marianna Virtanen, do Instituto Finlandês de Saúde Ocupacional, descobriu que o excesso de trabalho e o consequente estresse podem levar a problemas de saúde, incluindo distúrbios de sono, depressão, consumo excessivo de álcool, diabetes, prejuízos à memória e doença cardíaca.[17] Nada disso é bom para um colaborador ou para os resultados da empresa. Isso se manifesta no aumento do absenteísmo, dos atritos e dos custos do seguro de saúde. Mesmo os piores chefes, aqueles que não se importam com o bem-estar pessoal de seus colaboradores, deveriam encontrar alguns sinais convincentes de que há perdas orçamentárias reais quando os colaboradores ignoram suas vidas pessoais.

De forma geral, constatamos que, embora existam importantes percepções oriundas desses dados, muitos membros da geração milênio tendem a ser especialmente incisivos sobre seu desejo de causar impacto, de aprender e de ter tempo para a família; mas eles estão, de fato, expressando os desejos mais profundos de pessoas de todas as idades (talvez apenas mais incisivamente). A maioria dos colaboradores deseja as mesmas coisas. Assim, líderes que incorporam métodos para satisfazer as demandas dos membros da geração milênio também serão melhores gestores de todos os outros colaboradores.

Se aplicarmos o que aprendemos com esses dados, descobriremos que os membros da geração milênio ajudarão a conduzir as equipes para direções positivas. Fornecer oportunidades mais explicitamente orientadas para assumir desafios, tendo por objetivo crescer e se desenvolver; ajudar as pessoas a perceber o valor mais amplo do trabalho que estão realizando — e equilibrar o tempo com seus entes queridos — pode ser especialmente importante para os membros da geração milênio. Mas, ao fazer isso, também estaremos garantindo grandes recompensas no aumento do engajamento do restante da equipe.

Portanto, apresentamos aqui algumas estratégias-chave que, conforme descobrimos, motivam mais fortemente os colaboradores da geração milênio, mas, como mostra nossa pesquisa, também podem mobilizar pessoas de todas as idades. As estratégias são:

48 A MELHOR EQUIPE VENCE

- Adotar rituais simples de reconhecimento
- Instituir a transparência em relação aos desafios coletivos da equipe
- Promover diretamente a aprendizagem relevante
- Ressaltar claramente para a equipe o significado de seu trabalho

Vamos dar uma olhada em cada uma delas.

ESTRATÉGIA 1 DA GERAÇÃO MILÊNIO
Adotar rituais simples de reconhecimento

Não muito tempo atrás, estávamos realizando um treinamento em uma empresa de tecnologia do Vale do Silício. Quando explicamos que as pesquisas mostram que os membros da geração milênio mais engajados são aqueles que recebem reconhecimento com mais frequência, e que aquela pesquisa específica sobre o engajamento dos colaboradores da empresa mostrava que seus escores de reconhecimento eram, *hum-hum*, ligeiramente péssimos, um homem respondeu: "Meu primeiro chefe não dizia 'bom trabalho' com muita frequência, mas, quando dizia, sabíamos que ele estava falando sério." Perguntamos ao restante do grupo o que eles achavam, e uma mulher falou: "Isso pode ter funcionado para você, Rod, mas aja assim hoje em dia e seus programadores o abandonarão." Muitos dos que estavam presentes na sala fizeram um aceno com a cabeça, concordando. Podíamos afirmar, com base em sua expressão, que Rod não estava blefando, e talvez você também não esteja. Muitos gestores nos dizem que o reconhecimento não é um fator motivador para eles (e, por isso, assumem que também não seja para as pessoas sob seu comando); alguns estão ocupados demais para encontrar tempo para isso; outros estão preocupados com os ciúmes que podem surgir se uma pessoa for reconhecida e as outras não; alguns afirmam não saber o que oferecer em troca de cada conquista. São muitas as explicações. Permita-nos compartilhar com você alguns dados impactantes sobre o valor dessa ideia. A Deloitte descobriu que a produtividade, o desempenho e o engajamento dos colaboradores são, em média, 14% maiores em equipes nas quais os colaboradores se sentem regularmente

COMPREENDER AS GERAÇÕES   49

reconhecidos pelo seu trabalho.[18] Nosso estudo com 200 mil pessoas para nosso livro *O Princípio do Reconhecimento* mostrou que as organizações mais eficazes no reconhecimento da excelência eram três vezes mais lucrativas (mensuradas pela margem de lucro operacional) do que aquelas que davam pouca ou nenhuma importância ao reconhecimento.

Dito isso, vamos esclarecer uma coisa: um gestor jamais será perfeito no reconhecimento do trabalho de seus colaboradores. Você nunca contemplará todos, nunca dirá a coisa certa o tempo todo, nunca concederá os prêmios perfeitos. Mas a alternativa — ignorar por completo esse assunto — é o equivalente gerencial de apostar tudo na primeira e única tentativa (desperdiçando uma enorme oportunidade).

O reconhecimento, afinal, é mais do que expressar gratidão. É, talvez, a ferramenta de aprendizagem mais poderosa que um gestor tem à sua disposição. Uma das tarefas mais urgentes de um gestor é ficar atento aos problemas. O que descobrimos é que os gestores podem evitar que muitos assuntos se transformem em problemas, chamando a atenção para aquelas pequenas coisas que seus subordinados estão fazendo bem — orientando todos na direção correta, de forma positiva — e, especialmente, aquelas coisas mais significativas que as pessoas estão fazendo de forma excepcional, que vão muito além do usual. Cada momento de reconhecimento com um colaborador ou com a equipe é uma chance de comunicar informações vitais — para aqueles que recebem a recompensa e para aqueles ao seu redor. Isso é especialmente importante para ajudar os membros da geração milênio a saber que eles estão causando algum impacto.

Oferecer reconhecimento regularmente não precisa consumir muito tempo. Em nossos estudos, os gestores mais eficazes gastavam apenas cerca de uma hora por semana, em média, reconhecendo as realizações de seus subordinados — cerca de 2% de uma semana de trabalho de cinquenta horas. Ainda assim, eles chegaram a índices de comprometimento dos colaboradores significativamente maiores e muito menos atritos. Até mesmo rápidas expressões de apreço, quando realizadas com frequência, podem levar a ganhos extraordinários na satisfação e no comprometimento dos colaboradores.

50 A MELHOR EQUIPE VENCE

Assim, apresentamos abaixo nossas Sete Principais Maneiras de oferecer reconhecimento, selecionadas a partir de décadas prestando consultoria a organizações no tocante às suas estratégias de reconhecimento:

SETE MANEIRAS DE OFERECER RECONHECIMENTO INTELIGENTE

1. **APLAUDIR AS TENTATIVAS:** Bons jogadores de boliche não miram os pinos, mas as setas posicionadas na pista, a 4,5m da linha de falta. Isso se chama *boliche de mira*. Uma bola que rola sobre o ponto correto (ou seta) geralmente continuará seguindo uma linha reta e atingirá o pino correto. Em grandes equipes, os gestores procuram fazer com que seus subordinados mirem os marcos regulares e de pequena escala até chegar aos grandes, e elogiam cada passo positivo ao longo do caminho — incluindo esforços valorosos que não são bem-sucedidos (bolas fora no ambiente de trabalho, se você preferir chamar assim). Nas temporadas de 2013-17, a equipe de basquete Philadelphia 76ers apresentou um dos piores resultados da Associação Nacional de Basquete, mas, mesmo assim, a equipe de vendas registrou recordes na venda de ingressos para aquela temporada. Eles criaram um ambiente onde os companheiros de equipe eram constantemente elogiados e aplaudidos pelo que se intitulava *estatísticas de atividade* — não os dólares comprometidos com as reservas, mas todas as pequenas coisas que levavam a uma venda. Isso incluía tempo ao telefone, e-mails enviados, encontros pessoais com clientes, conexões on-line realizadas, treinamento de outros companheiros de equipe e assim por diante. Os colaboradores com mais pontos de atividade recebiam elogios públicos diante dos demais, tinham seus nomes projetados em telas planas ao redor do escritório e podiam receber prêmios irreverentes e divertidos da equipe — como cinturões rotativos de campeonatos de luta livre, botas douradas e estátuas de lobos de bronze — pelos seus esforços.

2. **FAZER AGORA:** Como uma espécie de leite esquecido fora da geladeira, o agradecimento não dura muito tempo. Quanto menos

COMPREENDER AS GERAÇÕES **51**

distância houver entre o reconhecimento e o comportamento que o motivou, mais o gestor reforça o comportamento e mais os colaboradores aprendem o que aquela equipe valoriza mais. Muitos líderes pensam que se recordarão das conquistas dos colaboradores, talvez acreditando que seja mais apropriado reforçá-las na próxima avaliação de desempenho, mas muitas vezes os atos são esquecidos e a chance de reforçá-los se perde — juntamente com o poder motivador para outros membros da equipe testemunharem os eventos comemorativos. O senso de oportunidade é especialmente importante para os membros da geração milênio, satisfazendo seu desejo de gratificação instantânea. Lance Trenary, diretor-executivo da Golden Corral, acredita piamente no senso de oportunidade do reconhecimento. Com esse objetivo, ele abasteceu o sistema com algumas pepitas de ouro, para serem distribuídas assim que os colegas de trabalho fossem flagrados realizando com excelência alguma tarefa. Os gestores podem adicionar algumas frases de gratidão a esses bilhetes de agradecimento disfarçados de pepitas de ouro, ou incluir, ainda, um alfinete de lapela dourado. Trenary acrescenta, no entanto, que, mesmo com ferramentas para facilitar a velocidade do reconhecimento, um gestor "precisa descobrir o que é importante para o indivíduo. Algumas pessoas gostam de elogios verbais, outras de uma pepita de ouro, outros querem meio dia de folga no verão para ficar com seus filhos".

3. **FAZER COM FREQUÊNCIA:** Descobrimos que os membros das equipes mais engajadas relataram receber alguma forma de reconhecimento de seus líderes ou companheiros de equipe cerca de uma vez por semana. No entanto, muitos líderes ficam preocupados com o fato de poder acabar oferecendo reconhecimento *demais*. Sério? Você já trabalhou em algum lugar que o valorizasse além da conta? O Royal Bank of Canada (RBC) possui um sistema on-line de premiação, no qual colaboradores e gestores podem publicar um reconhecimento eletrônico capaz de ser visualizado por toda a

52 A MELHOR EQUIPE VENCE

força de trabalho, composta por 80 mil pessoas. Pequenas e grandes vitórias são transmitidas para que todos possam ver e se deixar inspirar pelas histórias — e isso vem acontecendo várias vezes por dia no sistema bancário há vários anos. O RBC também incentiva os colegas de trabalho a adicionar um sinal eletrônico de aprovação ou um breve comentário de encorajamento. Esse fluxo constante de reconhecimento social está ajudando a construir uma cultura de gratidão frequente em todo o banco e reforça o conceito de que cada papel é importante se quisermos vencer como equipe.

4. **SER ESPECÍFICO:** O elogio genérico tem pouco ou nenhum significado para os colaboradores. Provavelmente, conhecemos um chefe que encheu o ambiente com platitudes sem sentido, como: "Bom trabalho, todo mundo." Ele pensou que estava sendo magnânimo, mas acabou transmitindo certa ignorância, como se não tivesse nenhuma ideia do que seus subordinados realmente estavam fazendo. A dura verdade é que alguns membros da equipe podem não ter feito um bom trabalho, enquanto outros fizeram contribuições verdadeiramente brilhantes. O resultado desse estilo de nivelamento de elogios pode levar ao cinismo. Um líder de uma equipe de projetos de engenharia nos disse que aprendeu isso da maneira mais difícil possível. Jennifer, disse ele, era, "de longe, minha designer mais inovadora e produtiva. E ela se dava bem com todo mundo, e isso nem sempre acontece com os melhores profissionais do nosso ramo". O problema era que o gestor não queria elogiar Jennifer demais na frente da equipe, porque ela era *sempre* a melhor. "Francamente, Jeff trabalhava bem ao lado de Jennifer, e eu não queria que ele se sentisse mal." O gestor resumiu: "Com o tempo, acho que Jennifer se sentiu subestimada. Faz algum tempo que ela nos deixou e foi trabalhar para uma concorrente." Quando perguntamos se Jeff ainda estava lá, o gestor assentiu. Claro. Jeff não iria a lugar algum. Uma lição aprendida.

COMPREENDER AS GERAÇÕES 53

5. **REFORÇAR CLARAMENTE OS VALORES MAIS IMPORTAN-TES:** As equipes mais eficazes normalmente operam com base em uma pequena lista de valores fundamentais ou princípios orientadores, e seus líderes estão constantemente atentos aos membros que conseguem demonstrá-los. Com o reconhecimento público, eles reforçam esses comportamentos para toda a equipe. Temos a chance de trabalhar com muitas organizações excelentes, e as melhores sempre têm valores nítidos. O lema da Johnson & Johnson está gravado em uma pedra calcária no saguão da sede — colocar os clientes no topo, os colaboradores em segundo lugar e os acionistas em último. Mas qualquer pessoa que possua ações da J&J por tempo suficiente sabe que a vivência desses valores, nesta exata ordem, propiciou um retorno fantástico. Na Tesco, a maior varejista da Europa, os valores essenciais podem ser facilmente encontrados em todas as lojas, caminhões e localizações on-line. Os membros da equipe não têm nenhuma dificuldade de recitar os três: "Ninguém se dedica tanto aos clientes como nós", "Tratamos as pessoas como elas querem ser tratadas" e "Cada pequena ajuda faz uma grande diferença". Esses conceitos são relembrados em reuniões de equipe antes da mudança de turnos, e quando os gestores reconhecem os colaboradores, as celebrações focam em um desses três comportamentos específicos.

6. **CELEBRAR FORMALMENTE OS RESULTADOS SIGNIFICA-TIVOS:** Quando uma grande meta é alcançada, pode ser desmotivador se um gestor oferecer apenas *palavras de estímulo*, como: "Você salvou nossa maior conta, Nadine. Aqui está um cartão da Starbucks. Diga-me se houver troco." Ótimos gestores sabem que devem *celebrar* os resultados com um prêmio e uma exposição que seja significativa para aquela pessoa. O prêmio pode ser algo intangível — desde a atribuição de um papel de liderança em um grande projeto até alguma folga para estar com amigos ou familiares — ou algo tangível, como uma recompensa formal. Depende, mais uma vez, da pessoa e do que ela valoriza. Na Rich Product Corporation,

54 A MELHOR EQUIPE VENCE

em Buffalo, a promessa da marca é tratar clientes, colaboradores e comunidades como família. Assim sendo, a empresa tem celebrado o sucesso de seus melhores colaboradores individuais e equipes com férias a bordo do jato da família Rich (esse é o tipo de família da qual queremos fazer parte). As viagens criaram embaixadores no interior das listas de colaboradores que passaram a divulgar o fato de que o bom trabalho é devidamente reconhecido. Logicamente, a maioria de nós é incapaz de oferecer passeios em nossos Gulfstreams particulares, mas não é tão difícil encontrar um prêmio que seja significativo para um indivíduo e, de algum modo, compatível com uma conquista.

7. **DAR UM PASSO:** Ao apresentar formalmente um prêmio, os gestores podem aumentar o impacto lembrando o acrônimo STEP (em inglês): contar uma História sobre a conquista, Juntar a equipe mais próxima para ouvir e adicionar comentários (o reconhecimento é sempre público, a crítica é privada), Enfatizar um valor central que tenha sido demonstrado e Personalizar o momento. Reconhecimento público como esse acontece regularmente nos Centros de Serviços da Tire Kingdom. Em apenas uma circunstância, um gerente distrital nos disse que havia reconhecido um de seus técnicos de serviços gerais. O gerente disse: "Ele executou o processo de inspeção corretamente e finalizou a inspeção dentro da regra do tempo, que é a chave para esse processo. Reuni imediatamente toda a equipe, agradeci por seu árduo trabalho e por manter limpa, todos os dias, a loja recém-inaugurada. Resumi o que o colaborador havia feito e por que aquilo era importante, e então o presenteei com um cartão de agradecimento e um vale presente de US$ 25." E, ainda assim, o momento mais emocionante para o gerente distrital veio cerca de trinta minutos depois, quando o colaborador lhe pediu para assinar e datar o cartão na parte da frente, pois ele queria colocá-lo em uma moldura. Por que esse simples ato foi tão poderoso? Porque os colegas do colaborador estavam reunidos e um gerente explicava exatamente

o motivo pelo qual ele estava sendo reconhecido. Os grandes líderes empresariais criam momentos semelhantes para seus subordinados, levando apenas alguns minutos para refletir sobre a melhor maneira de atribuir cada um dos prêmios.

ESTRATÉGIA 2 DA GERAÇÃO MILÊNIO
Instituir a transparência em relação aos desafios coletivos da equipe

Ser mais transparente com sua equipe sobre os problemas à medida que eles vão surgindo, sobre como a equipe pode melhorar, sobre quem é encarregado de fazer o quê e sobre a percepção dos superiores quanto ao desempenho da equipe é uma das formas mais poderosas de ajudar os colaboradores mais jovens a sentir que sua contribuição é valiosa e que eles fazem parte de um esforço coletivo. Com essa transparência, não apenas os membros da geração milênio, mas todos podem perceber melhor como a equipe se ajusta à operação mais ampla, isso sem mencionar a compreensão de como eles podem contribuir de forma mais impactante. Ser mais transparente capacita todos os membros de uma equipe.

Joe Badaracco, professor de ética empresarial da Escola de Negócios de Harvard, aconselha os gestores: "Se você percebe que está se comportando de forma dissimulada com muita frequência — editando muito do que diz antes de dizê-lo, ou sendo misterioso com as informações, escondendo coisas das pessoas —, eu daria um tempo e perguntaria o que realmente está acontecendo. Pode ser o momento de dar um passo atrás e fazer uma reflexão."[19] Se seus subordinados não sabem o que está dando errado, como eles podem ajudá-lo a corrigir essa situação?

A transparência é particularmente importante para os membros da geração milênio. A vice-presidente da Danaher, Melissa Aquino, nos contou que tentou implementar soluções com esse fim em sua equipe. Ela disse: "Os membros da geração do baby-boom querem ser homenageados por seu legado e seu conhecimento; os membros da geração milênio querem informação. Eles estão acostumados a viver em um mundo de informações perfeitas e, se isso não acontecer, muitas vezes eles não se sentem

56 A MELHOR EQUIPE VENCE

estimulados. Eu estimaria que esta geração possa render 20% a mais em produtividade do que qualquer geração, se dispuser da informação correta para começar."

Portanto, ela avisa aos seus novos contratados que não se sintam intimidados, mas que busquem conhecimento. "Dou a cada um dos novos membros da minha equipe uma lista de cinco pessoas que eles precisam conhecer e os conhecimentos essenciais que aquelas pessoas detêm. Eles devem organizar reuniões, promover encontros presenciais e entrevistá-las. Então, eles voltam e me apresentam um resumo do que aprenderam. Isso gerou algumas discussões bastante ricas."

Aquino é uma das líderes de equipe que conhecemos que vêm transformando seus ambientes de trabalho, passando da cultura do é-preciso-conhecer para a cultura do é-preciso-compartilhar, onde a privacidade está sendo substituída por uma permanente transparência. Em nossas vidas pessoais, provavelmente devido às mídias sociais, um número cada vez maior de pessoas está vivendo de forma mais exposta do que nunca, e isso está se transferindo rapidamente para o mundo do trabalho. O sigilo, antes considerado a norma aceita nos negócios, agora se tornou amplamente anacrônico. Quem teria acreditado que os colaboradores chegariam a avaliar seus chefes publicamente — coisa que eles podem fazer no Glassdoor e em outros sites — ou seus clientes — atividade incentivada em locais como a Airbnb e a Uber. Quem poderia ter previsto que a primeira exigência de um novo papa aos seus administradores do Vaticano seria a "transparência absoluta" (como vimos o papa Francisco fazer).[20]

Os membros da geração milênio cresceram com a crença de que têm um direito inalienável de participar, e os gestores inteligentes vêm encorajando esse aspecto. Como resultado, isso tem levado suas equipes a serem mais colaborativas. Participar na tomada de decisões tende a reduzir o estresse, aumentar a confiança e criar uma cultura onde as pessoas são mais propensas a assumir desafios e soluções. Instintivamente, sabemos o quanto é importante esse tipo de transparência em nossa vida pessoal. Não nos apaixonaríamos por uma pessoa se ela não conseguisse se revelar,

COMPREENDER AS GERAÇÕES **57**

conforme passamos a conhecê-la melhor. Por mais bonito que James Bond seja, a maioria das mulheres não aguentaria seu comportamento clandestino por muito tempo. Da mesma forma, em nossas vidas profissionais, não criamos uma conexão com um gestor que mantém tudo em segredo.

Existe uma tendência a pensar nessa ideia de transparência como alguma coisa a ser feita quando um erro tiver sido cometido. Embora seja uma parte importante do processo — confessar quando erramos —, estamos falando de uma transparência *proativa*. Considere, por exemplo, por que muitos restaurantes da moda, hoje em dia, permitem que os clientes vejam seus chefs trabalhando e que os chefs vejam seus clientes. Isso se deve, simplesmente, à intenção de se criar uma atmosfera mais agradável? Dificilmente. Um estudo realizado pelos pesquisadores da Escola de Negócios de Harvard constatou um aumento de 17% na satisfação do cliente com as refeições e um serviço 13% mais rápido nesses ambientes abertos.[21] Neste mundo literalmente transparente dos restaurantes, os clientes se sentem fazendo parte do processo criativo e os trabalhadores parecem ficar mais atentos e mais precisos sabendo que estão sendo observados.

A transparência sobre quem está executando quais tarefas e sobre como tudo está indo é fundamental se os membros da equipe desejam se ajudar mutuamente. Isso pode criar melhores conexões com os colaboradores mais jovens e seus colegas mais velhos. Afinal, os colaboradores com mais estabilidade tendem a ter mais conexões dentro da organização e maneiras de obter informações, e os colaboradores mais jovens geralmente podem oferecer ideias e soluções inovadoras, especialmente aquelas que se valem da tecnologia.

Eis algumas perguntas que um gestor pode fazer sobre a quantidade de transparência que ele está promovendo:

- Compartilho tudo sobre nossa equipe com meus colaboradores ou às vezes escondo algumas informações que não precisariam ser secretas?
- Temos uma maneira suficientemente clara de divulgar as metas de nossa equipe e os níveis de desempenho atuais para todos verem?

58 A MELHOR EQUIPE VENCE

- Estou sendo coerente com o envolvimento de meus subordinados na tomada de decisões em torno de problemas que afetam suas vidas profissionais?
- Meus colaboradores podem expressar suas opiniões em relação ao estabelecimento de metas importantes em seus empregos?
- Quais as vias que os membros da minha equipe têm para expressar suas ideias e preocupações?
- Como mostro aos meus colaboradores que suas opiniões e ideias são valorizadas?

Kim Cochran é gerente regional de vendas da Fluke Industrial Group, fabricante de ferramentas e softwares de testes eletrônicos. Ela assumiu a divisão administrativa de nove estados há três anos, em uma época em que a empresa estava perdendo muitos de seus valiosos vendedores técnicos. Um de seus primeiros passos como gestora foi analisar os resultados mais recentes da pesquisa de engajamento de sua nova equipe, e ela descobriu que metade de seus subordinados vinha procurando ativamente um outro emprego.

Avance três anos, e Cochran não perdeu um único colaborador sequer.

Ela credita a grande mudança em sua equipe à implementação de um extraordinário grau de transparência. Seus subordinados são todos remotos e viajam sem parar. Assim, seu objetivo é ajudá-los a se sentir incluídos e ouvidos, mas nunca sobrecarregados com informações. Por isso, ela classifica todas as mensagens recebidas em uma escala.

No nível mais baixo, ficam as coisas que ela pode cuidar independentemente de seus subordinados diretos, isto é, sem precisar incomodá-los. São coisas simples. Pronto, feito.

O próximo nível envolve informações que precisam, sim, da atenção de seus colaboradores, mas que não afetarão seus esforços de vendas — coisas como prazos de vencimento para inscrição em programas de benefícios ou o momento de informar sobre as previsões de vendas. Ela envia essas informações em um breve e-mail. Seus subordinados sabem que ela tenta fazer uma triagem das informações que eles recebem; portanto, um e-mail de Cochran merece alguma atenção. "O truque é não ficar insistindo", diz ela. "Isso pode ser frustrante para as pessoas que são ocupadas. As coisas acabam não sendo captadas por seus radares." O objetivo é fazer com que as pessoas cumpram seus cronogramas e cuidar delas.

Em seguida, a escala traz informações que ela classifica como assuntos sérios, aqueles itens que seus pares precisarão abordar com a devida atenção — mudanças no processo de trabalho, estrutura organizacional, plano de pagamento, preços ao consumidor e assim por diante. Durante a semana, ela compila esses itens em uma agenda administrativa e os aborda individualmente em sua ligação semanal no fórum aberto com toda a equipe. Essas ligações semanais podem se tornar muito acaloradas, e ela diz: "Há ocasiões em que eu tenho de dizer: 'Há mais coisas relacionadas a esse tópico, mas não estou autorizada a compartilhá-las agora' ou 'Sei que isso é um problema, e quero lhes garantir que isso está sendo analisado cuidadosamente.'"

Cochran afirma que tem tentado se esforçar para comunicar o *porquê* das decisões tomadas nos níveis hierárquicos superiores. "Se, por exemplo, lançarmos um novo processo de vendas, como gestora terei acesso a todos os porquês e comos. Mas eu apresentarei esse processo a pessoas da minha equipe que nunca ouviram falar disso. Eu tenho de explicar: 'Eis aqui *por que* estamos fazendo isso, eis aqui as estatísticas que mostram por que isso é importante', e não 'Isso é o que vamos fazer.'" Se houver alguma controvérsia, ela promete à sua equipe que levará as questões aos seus superiores e encontrará soluções, sempre que possível.

No nível mais alto em sua abordagem em escala estão as informações classificadas como urgentes — aqueles itens 911 que não podem aguardar nem um dia para serem compartilhados. Neste caso, Cochran fará uma teleconferência ao fim do dia (quando a maioria dos colaboradores estiver disponível). "Aprendi que isso não deveria ser usado nos temas cotidianos, já que coloca todos, constantemente, no modo de simulação de incêndio. Fiz parte de uma organização assim, e é horrível", disse ela.

60 A MELHOR EQUIPE VENCE

Uma das nossas histórias favoritas de transparência vem da Quicken Loans, onde alguns de seus 10 mil colaboradores casualmente ligam para Bill Emerson, diretor-executivo da empresa, todos os meses.[22] Ele não se importa. Ele forneceu seu número de telefone celular pessoal para cada um dos colaboradores e espera algumas chamadas fora de hora de vez em quando.

"É uma cultura aberta", diz ele. "Encorajo os líderes a serem facilmente encontrados porque isso produz uma cultura inclusiva." E, sendo o líder mais importante, Emerson percebe que deve servir de modelo de comportamento. O diretor-executivo recebe apenas algumas chamadas reais dos colaboradores a cada mês (até mesmo algumas de estagiários mais corajosos), e a maioria está relacionada às atividades regulares. Ele ainda não recebeu nenhum trote. Mesmo assim, ele se lembra de alguns momentos inusitados.

Durante uma nova sessão de orientação com os colaboradores, os recém--contratados receberam um questionário de atenção, distribuído pouco depois de Emerson e o fundador Dan Gilbert terem passado dez horas falando sobre as doutrinas (valores) e a cultura da Quicken. No questionário, uma das perguntas era: "De que cor são os olhos de Bill Emerson?" "Recebi cerca de seis telefonemas de pessoas perguntando se eu poderia responder essa pergunta para elas. E eu disse: 'Você está brincando comigo? Não posso responder isso; é um questionário *de atenção!*'"

Então, descobrimos, sorrindo, que nem sempre é bom ser muito transparente — até mesmo na mais transparente das culturas.

ESTRATÉGIA 3 DA GERAÇÃO MILÊNIO
Promover diretamente a aprendizagem relevante

Já falamos sobre a Skanska USA anteriormente neste capítulo. Os líderes desta empresa descobriram que devem criar experiências de aprendizagem regulares para os membros da geração milênio, e por isso eles começaram a promover a rotatividade dos novos e jovens contratados a cada seis meses, até eles encontrarem seu ponto ideal dentro desse gigante da construção. Durante as alternâncias, os colaboradores geralmente ocuparão funções

COMPREENDER AS GERAÇÕES 61

nos setores de segurança, de estimativas e de qualidade, e como superintendentes em vários projetos.

A empresa também mudou a forma como seus colaboradores aprendem — novamente, devido à influência da geração milênio. Como afirma o diretor-executivo, Rich Cavallaro: "Se as luzes traseiras do Jeep Cherokee 2012 da minha esposa se apagarem, como faço para consertar isso? Vejo um vídeo no YouTube e, em dez minutos, posso executar essa tarefa. Se eu não tivesse esse vídeo, precisaria de três horas para descobrir como remover todas as peças. É assim que as pessoas aprendem agora." E, sendo assim, o processo da Skanska para fazer as pessoas se atualizarem está muito mais baseado em vídeos, oferecidos em incrementos consistentes.

Mitch Snyder, diretor-executivo da Bell Helicopter, que emprega 7 mil pessoas, considera que os membros da geração milênio sob sua supervisão precisam de muito mais suporte em relação à progressão na carreira. "Quando comecei, anos atrás, conseguíamos uma promoção a cada dois anos — de associado a engenheiro, a engenheiro principal e a engenheiro sênior. Então, alguém decidiu que não: você é engenheiro e pronto. Mas os membros da geração milênio valorizam o aprimoramento e o constante engajamento de alto nível com seus líderes, além de ser desafiados e fazer a diferença. Eles precisam sentir que sua carreira tem um caminho a percorrer." Assim, a Bell se tornou mais transparente em relação à progressão na carreira e às oportunidades transversais e promocionais, incentivando sessões de orientação com gestores para ajudar os colaboradores a darem cada passo adiante.

Esse tipo de interação frequente com líderes está no cerne de como a maioria das pessoas aprende. De fato, uma fórmula comumente usada na profissão de treinamento é o chamado modelo 70:20:10.[23] Ele é usado para descrever as melhores fontes de aprendizado para os colaboradores, sustentando que os indivíduos obtêm aproximadamente 70% de seu conhecimento profissional a partir de experiências relacionadas ao trabalho, 20% a partir de interações com outras figuras influentes (como mentores e treinadores) e 10% a partir de eventos de educação formal.

62 A MELHOR EQUIPE VENCE

Os desenvolvedores do modelo 70:20:10 — Morgan McCall, Michael Lombardo e Robert Eichinger — eram pesquisadores do Centro de Liderança Criativa. Eles consideraram que a experiência prática (70%) é a mais benéfica para os colaboradores, porque permite que eles descubram e aperfeiçoem rapidamente suas habilidades relacionadas ao trabalho, compreendam melhor os clientes, tomem decisões e enfrentem desafios, observem como os produtos são feitos e interajam em tempo real com chefes e colegas de trabalho dentro das configurações reais do trabalho. Os indivíduos também podem aprender com seus erros e receber comentários imediatos sobre seu desempenho.

Os colaboradores aprendem com os outros (20%) por meio de uma variedade de atividades que incluem aprendizagem social, treinamento, orientação, aprendizagem colaborativa e outros métodos de interação com os colegas. O incentivo e os comentários são os principais benefícios desta valiosa abordagem de aprendizagem.

Recentemente, para ajudar a consumar esse tipo de aprendizagem, acompanhamos com interesse o movimento de dez líderes seniores da Michigan Medicine (anteriormente chamada de Sistema de Saúde da Universidade de Michigan), que lançaram algo denominado MicroMentors em sua organização. A ideia era fornecer aos líderes emergentes daquela organização de atendimento de saúde, com seus 26 mil colaboradores, uma maneira de passar até sessenta minutos recebendo atenção total de um líder sênior. Esses breves e únicos episódios de orientação ajudam os líderes emergentes a analisar os problemas com alguém experiente na área. Não se espera que haja um relacionamento de longo prazo. Os tópicos oferecidos incluem tudo, desde o comportamento disruptivo dos colaboradores até a melhor determinação das prioridades de sua equipe; do planejamento estratégico à negociação salarial; da formação de equipes de alto desempenho à gestão do estresse e ao equilíbrio entre o trabalho e a vida pessoal. As sessões de micro-orientação mais solicitadas giraram em torno da progressão na carreira — os líderes mais jovens perguntando aos seus micro-orientadores sobre a busca de uma formação adicional ou

COMPREENDER AS GERAÇÕES **63**

a tentativa de dar novos passos em suas carreiras. E, considerando que os executivos envolvidos estão interessados em manter esses colaboradores de alto potencial, geralmente eles conseguem apontar as oportunidades disponíveis com a permanência no emprego e o crescimento dentro da Michigan Medicine. É uma ótima ideia.

Finalmente, a fórmula 70:20:10 afirma que apenas cerca de um décimo do desenvolvimento profissional provém da formação tradicional e de eventos educativos, uma descoberta que normalmente surpreende aqueles com formação acadêmica (mas, literalmente, ninguém mais). Ora, dito isso, o treinamento formal ainda é fundamental para fornecer uma visão geral e essencial de conceitos oriundos de fontes comprovadas, apresentados de maneira criativa, que os colaboradores e os gestores podem começar a processar. As empresas investem muito em universidades corporativas, programas de aprendizagem e treinamento em desenvolvimento de liderança, e não há dúvida de que as equipes e líderes com quem trabalhamos estão sedentos por esses tipos de oportunidades. Mas descobrimos também que os líderes de equipe devem ser ativos na promoção da aprendizagem. Não se pode, simplesmente, enviar os colaboradores para uma aula e esperar que eles se tornem os colaboradores dos sonhos de que você precisa.

A equipe de vendas do Philadelphia 76ers, com 105 pessoas, é a maior da Associação Nacional de Basquete — e os membros da geração milênio compõem 99% do grupo. "Eles querem atravessar as paredes, querem mudar o mundo", afirmou o diretor-executivo, Scott O'Neil. A equipe de vendas usa um processo de imersão de duas semanas para familiarizar os novos e jovens profissionais com o processo de vendas do escritório, mas a aprendizagem não termina por aí.

"Em outros lugares, conduzi um treinamento por algumas semanas e, a partir daí, era a sobrevivência do mais apto", disse Evan Ostrosky, gerente de vendas internas. "Aqui, treinamos nossos representantes pelo menos uma ou duas vezes por semana em tudo e mais alguma coisa. Por exemplo, se um jogador se machucar, reunimos a equipe inteira e treinamos para que todos recebam a mesmíssima mensagem." Semanalmente, os gestores

64 A MELHOR EQUIPE VENCE

também submetem um grupo de representantes a encontros simulados, técnicas para descobrir sua voz e entender as necessidades do cliente, e como contar histórias de uma forma melhor. "Muitos membros da geração milênio abandonam o emprego por não se sentirem desafiados após um ano", disse Ostrosky. "Queremos que você se desenvolva durante todo o tempo em que estiver aqui. E não apenas na área de vendas; queremos fazê-lo crescer profissionalmente e como pessoa."

Outra empresa boa na criação de oportunidades relevantes e envolventes para serem aprendidas ao longo do período em que um colaborador está no emprego é a DreamWorks Pictures — criadora de sucessos animados como *Shrek, Como treinar o seu dragão* e *Kung fu panda*. O campus de 5 hectares da DreamWorks mais se assemelha a uma pequena faculdade de artes liberais do que a uma empresa, e muitos colaboradores parecem estudantes universitários. Quase um quarto dos 2.200 colaboradores tem menos de 30 anos, e o estúdio possui uma taxa de retenção de 97%. A estratégia aqui é: promover discussões espontâneas, incentivar a assunção de riscos, discutir abertamente os erros, compartilhar os sucessos e promover o desenvolvimento profissional. Como parte disso, todos os recém-contratados são encorajados a desenvolver e apresentar um argumento de um filme para os membros da equipe executiva. A empresa ainda oferece oficinas e orientação sobre como fazer para que esses lançamentos sejam bem-sucedidos. A DreamWorks também investiu em um robusto departamento de educação, oferecendo várias aulas para ajudar os colaboradores a desenvolver não apenas a perspicácia comercial, mas as habilidades artísticas, como fotografia, escultura, pintura, improvisação e direção; aulas que eles podem frequentar durante o expediente de trabalho.[24]

Embora este seja um ótimo exemplo de educação formal efetiva, novamente enfatizamos a importância do engajamento do gestor direto no processo de progressão na carreira. O formato que aconselhamos para esse fim é promover conversas regulares sobre as aspirações pessoais — tema que discutiremos no próximo capítulo —, breves discussões sobre a carreira com aqueles colaboradores que trabalham para você. Geralmente, ter

COMPREENDER AS GERAÇÕES **65**

uma dessas conversas uma vez por mês com subordinados diretos e pelo menos uma ou duas vezes por ano com colaboradores em outros níveis hierárquicos é o cenário ideal. Mas, em algumas indústrias de alto volume de negócios, como as de varejo ou as de serviços, as melhores práticas mostram que realizá-las semanalmente pode reduzir a rotatividade quase pela metade.

ESTRATÉGIA 4 DA GERAÇÃO MILÊNIO
Ressaltar claramente para a equipe o significado de seu trabalho

Atribui-se ao filósofo Frederick Nietzsche a frase: "Quem tem *por que* viver pode suportar quase qualquer *como*."[25] E, acrescentaríamos, pode suportar muito melhor os contratempos que inevitavelmente acontecerão (*que diabos!*). Theodore Seuss Geisel (dr. Seuss) foi rejeitado por 27 editoras antes de vender seu primeiro livro — e, na sequência, 600 milhões de cópias. Incapaz de gerar filhos, Seuss encontrou um grande senso de significado ajudando outras pessoas a criar seus filhos com tolerância e amor pela humanidade. Oprah Winfrey achava que queria ser apresentadora e se tornou coâncora de uma rede afiliada noturna em Baltimore, com apenas 22 anos de idade.[26] Ela foi demitida daquele trabalho, provavelmente porque — como ela recorda — seu coração não estava inteiro naquele ofício. Ela queria inspirar as pessoas a serem mais do que pensavam que jamais poderiam ser. Quando ela lançou seu programa de entrevistas, começou a cumprir sua missão pessoal.

O poder do *porquê* foi demonstrado de forma comovente no Campeonato Europeu de Futebol 2016, realizado na França. As melhores equipes nacionais masculinas de toda a Europa lutaram pelo título de melhor do continente e, após fase de grupos, a potente Inglaterra teve de enfrentar a Islândia na rodada eliminatória. Para colocar esta partida em perspectiva, a Islândia é um país de 330 mil habitantes, tem mais vulcões do que jogadores profissionais de futebol, e um de seus principais treinadores é dentista profissional. Toda a equipe nacional inglesa joga em clubes cujos nomes são familiares, como Manchester United, Arsenal e Liverpool. Enquanto isso,

66   A MELHOR EQUIPE VENCE

os jogadores da Islândia se preparam em lugares como Israel e Turquia, em clubes como Grasshoppers e Whalers. Os probabilistas previam que os britânicos venceriam por pelo menos quatro gols.

A Islândia, porém, jogava para levar orgulho e alegria ao pequeno país. Mais de 10% de toda a população viajaram até a França para assistir ao torneio e 98% dos que ficaram ligaram a televisão para acompanhar os jogos. E, conforme o time ia avançando com o decorrer das partidas, os jogadores e treinadores, ao término de cada jogo, faziam uma emocionante exibição de apreço por seus fãs. Em uníssono, às margens do campo, a equipe começava a bater palmas lentamente, sobre a cabeça, comandando seus torcedores nas arquibancadas. Eles chamavam isso de Aplauso do Trovão Viking e arrematavam com um "huh" gutural quando as mãos se juntavam. Lentamente, as palmas ganhavam impulso, até que milhares de vozes islandesas estivessem rugindo, as mãos aplaudindo de forma selvagem, criando uma cacofonia de sons que flutuava para além dos estádios e preenchia as ruas francesas. A menos que sua equipe tivesse acabado de perder para os islandeses, era impossível não se sentir tocado por aquela exibição.

Em seu jogo decisivo com a Inglaterra, a Islândia surpreendeu o mundo do futebol, ganhando por 2-1.

Reconhecemos que a defesa de um forte senso de significado — a clareza em torno de um *porquê* inspirador — tem sido um elemento básico dos livros de gestão mais recentes. Talvez você esteja imaginando que, a esta altura, a maioria dos gestores já esteja seguindo esse conselho. Aparentemente, não é tão fácil assim. Faça esta experiência com sua equipe. Sem avisar previamente qual é a resposta certa, peça a cada colaborador individualmente que escreva o que ele acredita ser o objetivo principal da sua equipe, respondendo às perguntas: "Por que a nossa equipe específica existe?" e "Por que acordamos e chegamos ao trabalho todos os dias?" Se todas as respostas forem praticamente as mesmas, e exatamente o que você gostaria que seus colaboradores respondessem, sua equipe terá passado no teste com louvor, e você poderá ignorar o resto deste capítulo. Mas

COMPREENDER AS GERAÇÕES **67**

fizemos este exercício com muitas, muitas equipes — mesmo aquelas que você imaginaria ter um propósito claro, como as equipes de organizações sem fins lucrativos —, e as respostas geralmente variaram drasticamente.

Não ser capaz de definir um *porquê* claro e convincente é desperdiçar uma oportunidade de ouro para criar um forte elo entre os membros da equipe, seja qual for a idade deles. Enfatizamos que esta é uma maneira fundamental de unir os colaboradores mais jovens e seus colegas mais velhos, superando as lacunas entre eles. Acreditar em uma causa nobre faz com que os colaboradores mais velhos fiquem mais dispostos a dedicar seu tempo à orientação dos membros mais jovens da equipe e mais disponíveis para o compartilhamento mútuo. Para os membros da geração milênio (à qual, muitas vezes, nos referimos como Geração Por Quê?), a clareza sobre as causas os ajuda a acreditar que, mesmo sendo jogadores iniciantes, eles estão contribuindo de forma significativa para uma missão importante.

Ora, compreendemos que ainda pode haver algum ceticismo sobre o valor de elaborar uma declaração de propósitos da equipe — *Ah, maternidade e torta de maçã*, afirmam alguns cínicos. E, em certos casos, os detratores não estão muito longe da verdade. Muitas declarações de propósitos da equipe tendem a ser muito genéricas e não ajudam muito: "Os clientes vêm primeiro." *É mesmo, de que forma?* Outras são incrivelmente sem graça, não causando nenhum efeito inspirador: "Temos o compromisso de criar excelentes soluções em engenharia e, ao mesmo tempo, promover o crescimento pessoal dos colaboradores." *Não é isso que todos devem fazer?* Por outro lado, algumas são tão complexas que chegam a confundir um astrofísico: "Divulgaremos soluções sem erros e nos esforçaremos para rentabilizar benefícios com base no desempenho, continuando a facilitar regularmente os metasserviços progressivos." *Tão comovente. Talvez tenhamos de pegar emprestado um lenço (snif).*

Caso você precise dar umas boas risadas, existem alguns geradores de declarações de missões na Internet. E vale a pena ouvir a canção de paródia "Declaração de Missão", de Weird Al Yankovic.

68 A MELHOR EQUIPE VENCE

Scott Weisberg, chefe de equipe da The Wendy's Company, admite que ele também já foi um pouco cínico: "Acho que vou soar um pouco como o Scrooge, mas sou um profissional de recursos humanos que não deu o devido valor ao uso de boa parte do tempo de um líder sênior para desenvolver uma 'visão'. Muitas vezes, isso acaba sendo desprezado ou revelando-se inútil. Dito isso, sempre acreditei que as pessoas deveriam entender o *propósito* de tudo o que fazem."

Assim sendo, a equipe executiva da Wendy se reuniu há pouco tempo para refletir sobre seu próprio propósito. A título de esclarecimento, a equipe de liderança sênior não estava tentando definir o propósito geral da Wendy, mas a razão da existência da equipe executiva. Que trabalho poderia ser executado por esse grupo de líderes seniores que ninguém mais poderia fazer? Duas palavras emergiram: alegria e oportunidade. Weisberg disse: "Percebemos que nosso trabalho é levar *alegria* à vida das pessoas através da experiência do cliente e proporcionar uma *oportunidade* para que os membros de nossa equipe cresçam."

A simplicidade pode ser brilhante quando é boa assim.

Para evitar a generalização, a complexidade ou a monotonia, existem alguns segredos que tornam o exercício da criação de uma declaração de propósitos da equipe mais significativo. O primeiro passo é incentivar as contribuições de sua equipe, o que significa "não faça isso sozinho". Dito isso, não recomendamos perguntar à sua equipe: "Qual é o nosso propósito?" Em vez disso, humanize a situação, perguntando: "Por que existimos como uma equipe?" ou "Qual o trabalho que fazemos para os clientes?" ou "O que o deixa ansioso para chegar aqui todos os dias?"

Ao responder essas perguntas, os colaboradores podem estar na mesma sala, mas devem elaborar suas respostas de forma independente. Trabalhar em conjunto em um primeiro rascunho normalmente acaba criando uma confusão sinérgica, em que a equipe "aproveita suas principais competências para *blá-blá-blá*". O processo funciona melhor desta maneira: façam um rascunho sozinhos e, depois, decidam juntos. Um bom facilitador, de fora do grupo (talvez da área de recursos humanos, aprendizagem e desen-

COMPREENDER AS GERAÇÕES **69**

volvimento, ou comunicações — se você tiver esses cargos), pode ajudar a selecionar as melhores ideias e, então, organizá-las em uma declaração atraente, porém curta.

Estávamos trabalhando com o departamento de TI de um grande banco, que tinha uma missão corporativa global de tornar mais bem-sucedida a vida financeira de seus clientes. As pesquisas mostraram, porém, que os membros da equipe de TI não tinham uma noção clara de como seu trabalho impactava aquela missão maior — já que nunca haviam visto ou conversado com clientes. Eles se reuniram como equipe e estabeleceram um propósito: "Nós *viabilizamos* grandes experiências aos clientes." Pode não parecer muito sedutor, mas a palavra "viabilizar" significava muito para aquele grupo de programadores, arquitetos de sistemas e membros da equipe do serviço de informações. Os colaboradores de TI desenvolveram, então, uma lista de "viabilizadores" — comportamentos específicos que esperavam uns dos outros. Isso incluía coisas como: "Antecipamo-nos e agimos com presteza", "Capacitamos as pessoas a agir" e "Somos corajosos". Finalmente, sob cada viabilizador, eles apresentaram definições e exemplos específicos para ajudar os colaboradores a entender "qual é o panorama" e "o que eu posso fazer hoje". Assim, por exemplo, sob o viabilizador "Somos corajosos", os colaboradores poderiam ler, nas definições e exemplos, que era admissível, e até esperado, que eles fizessem perguntas difíceis uns aos outros e a seus gestores; que defendessem fortemente seus clientes e que desafiassem o *status quo* em processos e projetos.

Esse nível de especificidade ajudou aqueles profissionais da tecnologia da informação a entender melhor seus papéis únicos, como eles poderiam melhorar ainda mais o banco e realmente ajudar a vida financeira dos clientes por meio de seu trabalho nos bastidores, criando códigos, consertando computadores e gerenciando a rede.

Realizamos esse tipo de exercício de propósitos com centenas de equipes. Um de nossos casos favoritos foi trabalhar com o dr. John Charpie, diretor do Centro de Doenças Cardíacas Congênitas da Michigan Medicine, e sua equipe, que engloba algumas dúzias de enfermeiros, médicos,

70 A MELHOR EQUIPE VENCE

pesquisadores, técnicos e ambientalistas que cuidam de crianças cardíacas bastante enfermas. A declaração de propósitos que Charpie obteve de sua equipe foi: "Nosso trabalho é transformar o pior dia de nossos pacientes e de suas famílias em seu melhor dia." Hoje, essa é uma fonte de unidade e inspiração.

Outro excelente exemplo que encontramos foi na TCC Wireless, o maior revendedor da Verizon dos EUA. A empresa tem centenas de lojas em todo o país, com 2.900 colaboradores — 85% dos quais são membros da geração milênio. Mas a rotatividade da TCC é 20% inferior à média nacional dos varejistas, e o engajamento dos colaboradores alcançou níveis recordes, assim como os lucros.

Ryan McCarty era pastor quando a TCC o contratou para criar uma iniciativa de responsabilidade social que pudesse ajudar os jovens colaboradores a sentir que a empresa estava retribuindo sua dedicação. Eles acabaram chamando isso de *Cultura do Bem*. McCarty a explicou da seguinte maneira: "Queríamos criar um lugar onde os colaboradores fossem trabalhar todos os dias e pudessem se transformar em uma força para o bem; que, trabalhando em conjunto com seus clientes e comunidades, pudessem realmente mudar o mundo." Amém, pastor!

Eles começaram com mochilas. No primeiro outono, McCarty e a equipe da TCC encheram 60 mil mochilas com materiais escolares de primeira necessidade e distribuíram os pacotes aos colaboradores em 28 estados. McCarty pediu aos membros da equipe que se empenhassem em encontrar crianças necessitadas e entregassem a elas as mochilas. Note que este pedido não foi feito apenas aos gerentes das lojas, mas a todos.

O ex-pastor afirmou: "Quando começaram a falar sobre as mochilas que nossos colaboradores estavam distribuindo, as pessoas necessitadas foram aparecendo. As crianças abraçavam os colaboradores; os pais choravam de gratidão." Como você acha que a força de trabalho da TCC se sentia ao acordar no dia seguinte? Para eles, não havia botão soneca.

Hoje, a Cultura do Bem conduz atividades trimestrais — e cada loja é independente para fazer o que seus colaboradores acreditam que vá produzir o maior bem para suas comunidades. Os colaboradores também ganham dezesseis horas por ano de folga remunerada para fazer o bem por conta própria. E, em todo o mundo, o Backpack Giveaway é, atualmente, uma tradição anual. Hoje, eles distribuem (com a ajuda de outros parceiros corporativos) cerca de 300 mil mochilas.

E qual o resultado de um foco maior no significado? Cerca de 70% dos colaboradores acreditam que a Cultura do Bem trouxe novos clientes para a empresa. Mas, mais importante ainda, todos acreditam, sinceramente, que essa seja a coisa certa a fazer.

McCarty afirmou: "Não estamos tentando transformar nossa empresa em uma organização sem fins lucrativos. Queremos ser bem-sucedidos para que possamos oferecer *mais* aos que realmente necessitam."

Quem não gostaria de se unir em torno de uma missão como essa?

2

GERENCIAR DE FORMA PERSONALIZADA
Dê às pessoas o violão que elas querem

Em 2016, dentro de uma arena esportiva, Chester estava se preparando para fazer um discurso para os 9 mil gestores da Tesco, a maior rede de supermercados do Reino Unido. Dizer que a comissão organizadora da empresa estava ansiosa seria um eufemismo. Esperando que a sessão focasse na união da empresa em torno do propósito e dos valores, os organizadores queriam que tudo saísse perfeito. Assim, eles passaram os slides de Chester meia dúzia de vezes, revisaram e melhoraram seu conteúdo, mas também retiraram grande parte da descontração que procuramos injetar em nossas apresentações. Finalmente, o diretor da conferência, Karl James — o consultor contratado para realizar o evento — puxou os organizadores da empresa para um canto e, gentilmente, lhes disse: "Imaginem que vocês trouxeram Bruce Springsteen para a cidade, mas vocês dizem que ele não pode tocar seu violão, não pode cantar seus maiores sucessos e não pode deixar ninguém dançar no palco. Vocês contrataram Chester Elton por uma razão; deem ao homem o seu violão."

Os membros da comissão riram, respiraram fundo e concordaram graciosamente. Naquela noite, quando Chester desceu do palco, o organizador principal exclamou: "Brilhante!" Contamos esta história não porque Chester adore ser comparado com o "Chefe" — ele adora, é claro, mas não é maluco. Ele nem toca violão. A questão é: assim como os líderes podem melhorar o desempenho da equipe abordando as diferenças geracionais entre seus respectivos membros, muitos dos melhores gestores que estudamos também enxergam grandes recompensas à produtividade da equipe quando decidem adaptar a gestão de seus subordinados diretos procurando explorar os talentos e as motivações únicas de seu pessoal da melhor forma possível e aprimorando a progressão da carreira de cada colaborador.

Nós chamamos isso de gerenciar de forma personalizada.

Hoje, teríamos dificuldades em encontrar uma pessoa da área de negócios que não reconheça que a personalização se tornou o modelo de excelência para produtos e serviços ao consumidor. Provavelmente, a Netflix conhece suas preferências de visualização melhor do que a sua cara-metade. Cada um de seus 100 milhões de assinantes recebe uma oferta de uma experiência única cada vez que se conecta. A Pandora e o Spotify mudaram a forma como as pessoas ouvem música, fornecendo estações de rádio personalizadas. O Google e o Facebook lucram bilhões personalizando os anúncios exibidos aos usuários. Bem, está na hora de a personalização ser reconhecida como o modelo de excelência para a gestão de pessoas, exatamente do mesmo modo que a personalização estimula o entusiasmo e a lealdade do cliente. As pessoas querem ter um relacionamento autêntico com seus gestores e ser encorajadas a buscar várias de suas paixões particulares.

O senso comum tem assumido que todos os membros de uma equipe devem ser tratados da mesma forma, pois isso garante uma gestão justa. Com todo o respeito: *Buahaha!* Esse é um pensamento da velha escola, evitando que os líderes aperfeiçoem a atribuição de responsabilidades entre os membros da equipe de acordo com suas motivações e habilidades específicas. Isso também significa negligenciar as recompensas que podem ser colhidas quando as pessoas recebem oportunidades de enfrentar os desafios que realmente lhes interessam.

Reconhecemos, contudo, que dizer a um gestor atarefado que ele precisa levar em conta a variedade de estilos de trabalho e necessidades específicas de cada um de seus colaboradores pode parecer um fardo indevido. Sendo

GERENCIAR DE FORMA PERSONALIZADA **75**

bastante franco, talvez ele se sinta ameaçado em sua sensação de onipotência. A melhor maneira de valorizar o desafio das diferenças dos membros da equipe é considerá-lo uma oportunidade de ouro para construir uma equipe heterogênea, onde as várias paixões e habilidades das pessoas aumentam a inteligência coletiva e a produtividade do grupo.

Muitos líderes pensam sobre a diversidade da equipe em termos bastante restritos: gênero, etnia, religião, orientação sexual e idade. Mas há outro tipo de diversidade que pode ser igualmente poderosa: diferenças nos estilos de trabalho ou nas formas como as pessoas pensam, organizam e executam as tarefas. "Quando todos os membros de uma equipe têm o mesmo estilo, você terá problemas rapidamente", disse Carson Tate, especialista em produtividade e autora de *Work Simply*. "Por exemplo, se todos tiverem uma abordagem linear, analítica e planejada para o trabalho, e não gostarem de rupturas, (então) o desenvolvimento inovador de novos produtos ficaria impossível."[1] Em outras palavras: *alguém* precisa abalar as estruturas.

Em uma conversa recente com Greg Piper, diretor mundial de aprimoramento contínuo da Becton, Dickinson & Co. — uma empresa de tecnologia médica, com 51 mil colaboradores —, ele nos disse: "Não quero um bando de pessoas como eu na minha equipe; quero diferentes conjuntos de habilidades, diferentes formas de pensar. Ora, logicamente, isso pode ser uma verdadeira dor de cabeça para um líder. Significa que você tem de trabalhar mais arduamente, porque nem todos pensam como você, mas, de forma geral, você terá uma equipe melhor."

É irônico que, embora a personalização em ofertas e serviços ao consumidor tenha sido vastamente facilitada pelos avanços tecnológicos, a tecnologia tenha reduzido o tempo presencial entre gestores e colaboradores. A enorme quantidade de comunicação que costumava ser conduzida pessoalmente é feita, hoje em dia, por compartilhamento de arquivos, e-mail e programas de gestão de projetos. E, embora a tecnologia tenha dado aos gestores maneiras poderosas de rastrear e avaliar o desempenho individual, ela não consegue substituir as conversas individuais para

76 A MELHOR EQUIPE VENCE

descobrir o que move as pessoas ou, igualmente importante, o que as desmotiva em seu trabalho.

O problema mais frequente relacionado a este tópico, é claro, gira em torno do tempo. Como um líder de equipe atarefado será capaz de adaptar sua gestão a cada indivíduo de sua equipe? Não há dúvida de que os gestores são terrivelmente pressionados. E, com a insistência na adoção de estruturas de gestão mais horizontalizadas e mais autogestão por parte das equipes — para não mencionar a expectativa de que os líderes produzam seus próprios produtos devido à diminuição dos grupos de trabalho —, o conceito de gastar mais tempo qualitativo com os colaboradores pode parecer contraditório diante da prática corrente. Bem, vamos conhecer John Pray. Ele é general de brigada aposentado da Força Aérea dos EUA e, atualmente, ocupa os cargos de presidente e diretor-executivo da Operation Homefront, uma instituição beneficente que ajuda as famílias de militares a prosperar nas comunidades em que eles serviram e protegeram arduamente. Embora os generais não sejam conhecidos como um grupo caloroso e indistinto, o estilo de liderança de Pray tem tudo a ver com a conexão com cada indivíduo de sua equipe.

"Não posso pagar às pessoas o que elas valem no setor privado, então eu preciso encontrar outras maneiras de engajar os membros da minha equipe", disse ele. "Minha esposa me ensinou que todos têm uma história. Ao aprender a história de cada um, descubro do que eles se orgulham e compreendo suas aspirações. Tenho 120 pessoas na minha incrível organização e, apesar de a maior parte delas trabalhar em outras regiões do país, me empenho em descobrir o que as motiva, como elas esperam progredir em suas carreiras, o que lhes parece uma sobrecarga e o que as frustra. Não é uma coisa pontual. É necessário um comprometimento de longo prazo para construir os laços essenciais de confiança enquanto trabalhamos juntos para ajudá-las a crescer."

Se Pray consegue realizar uma gestão personalizada com 120 pessoas, não pareceria possível fazê-lo com as equipes menores que a maioria dos líderes supervisiona e com as quais interage mais diretamente?

GERENCIAR DE FORMA PERSONALIZADA   77

Talvez o argumento mais convincente seja que custa muito mais caro recrutar novos talentos — algumas estimativas chegam a até 150% do salário anual de um colaborador — do que aprimorar as habilidades dos atuais colaboradores. "Investir no desenvolvimento dos talentos é vital para os empregadores, porque isso afeta diretamente a retenção, a motivação, o engajamento e a produtividade dos colaboradores", afirma Sarah Perez, diretora dos programas executivos de MBA da Universidade da Carolina do Norte. "Os colaboradores pertencentes à geração milênio, em particular, estão interessados em aprender e sinalizaram que, provavelmente, procurarão outro lugar se seus empregadores não conseguirem lhes dar oportunidades de aprender e adquirir novas habilidades."[2]

A boa notícia é que o aprimoramento de pessoas não precisa consumir uma grande dose de tempo de um gestor. Muitos líderes de equipe usam algumas das boas práticas a seguir. Elas podem ser aprendidas e são relativamente fáceis de implementar. Os conceitos são: modelar o trabalho, substituir a avaliação de desempenho pela avaliação contínua e promover conversas aspiracionais frequentes e breves para analisar o progresso nos objetivos de aprimoramento e discutir questões relacionadas à carreira. Vamos abordá-los um de cada vez.

APERFEIÇOANDO OS CARGOS — UM A UM

Os bons gestores vêm tentando encontrar maneiras de tornar o trabalho mais gratificante desde tempos imemoriais. Quando conhecemos esses tipos de líderes, muitos nos dizem que é apenas uma questão de bom senso se reunir regularmente com cada um de seus subordinados e trabalhar em prol da progressão da carreira. Afinal, essa é uma das poucas coisas que eles *efetivamente* controlam. Normalmente, são necessários anos até que a remuneração de um colaborador se altere de forma significativa, e não é possível conceder privilégios ou benefícios melhores, mesmo quando um colaborador se destaca (*Vou lhe oferecer um plano dental melhor, Johnson; observei seus filhos e eles estão péssimos*). Não, o que os gestores podem

78 A MELHOR EQUIPE VENCE

fazer é ajudar seus subordinados a se aprimorar profissionalmente. Como disse Eric Clayberg, gerente de engenharia de software do Google: "Os engenheiros odeiam ser microgerenciados no aspecto técnico, mas gostam de ser gerenciados de perto no aspecto da carreira."[3] Todos nós, não é?

Ora, esta prática tem um nome: chamamos de *modelação do trabalho*. O que ela envolve? É a arte de forjar uma trajetória personalizada da carreira para ajudar os colaboradores a fazer um pouco mais daquilo que os motiva e um pouco menos do que os frustra — aumentando suas chances, como empregador, de reter e engajar as pessoas talentosas. Embora, às vezes, a modelação possa envolver mudanças substanciais nas responsabilidades e possa até, eventualmente, significar propiciar a mudança de um membro da equipe para uma nova função em outra equipe, descobrimos que esses casos são raros. Na maioria das vezes, mudanças relativamente pequenas em responsabilidades ou em situações de trabalho criam grandes benefícios na produtividade e na lealdade dos membros da equipe.

A verdade simples, porém profunda, na modelação do trabalho é que quando os empregos das pessoas lhes dão a oportunidade de fazer mais vezes as coisas que satisfazem suas principais motivações, elas ficarão mais felizes e mais envolvidas em seu trabalho. Parece lógico, certo? Mas há uma noção prevalente de que, se as pessoas não estiverem satisfeitas com seus empregos, será necessário um esforço hercúleo para mudar as coisas, e talvez elas se sintam impelidas a sair para encontrar o emprego dos sonhos. Para a grande maioria das pessoas, isso é apenas uma tolice. A maioria não precisa dar um salto arriscado; elas só precisam fazer pequenas mudanças em suas vidas profissionais. As pessoas mais felizes com as quais conversamos não encontraram sua felicidade adotando um novo caminho; elas fizeram correções de rota no caminho em que já estavam. E os gestores desempenham um papel fundamental neste processo.

Jose Maria Zas é presidente de serviços globais de cartões da American Express na Argentina, Brasil, México e América Latina. Ele nos disse: "Os melhores resultados que consigo são quando gasto algum tempo criando 'perfis' individuais de cada membro da equipe, incluindo seus pontos

GERENCIAR DE FORMA PERSONALIZADA 79

fortes profissionais e oportunidades de aprimoramento, juntamente com suas motivações pessoais. Acabo conhecendo não apenas as metas de sua carreira, mas seus objetivos de vida. Usando essa análise, posso construir equipes que irão complementar e estimular umas às outras."

Aprendemos mais uma lição com James Waldroop, que atuou como codiretor do MBA em Programa de Progressão na Carreira da Escola de Negócios de Harvard por dezenove anos, e Timothy Butler, o atual diretor do programa. Eles descobriram que os mestres em administração lançados no mercado por Harvard mostram-se mais propensos a permanecer em seus empregos e a permanecer comprometidos quando o trabalho corresponde a seus interesses de vida profundamente arraigados. Não estamos falando de passatempos ou de interesses pessoais, mas de suas paixões no trabalho. "Os interesses de vida profundamente arraigados não determinam em que as pessoas são boas — eles controlam os tipos de atividades que as deixam felizes. No trabalho, essa felicidade, muitas vezes, se traduz em comprometimento. Isso mantém as pessoas engajadas, e isso as impede de desistir", disseram eles.[4]

Os dois doutores argumentam que os líderes podem ganhar uma vantagem competitiva por meio desse processo — não apenas na retenção e no engajamento dos talentos, mas também ao deixar claro, durante o recrutamento, que o desenvolvimento pessoal é uma prioridade em seus ambientes de trabalho. Waldroop e Butler notaram, por exemplo, que as empresas que recrutam seus alunos têm uma vantagem significativa sobre os concorrentes ao enfatizar o compromisso de ajudar seus profissionais a pensar e a gerenciar suas carreiras — um fato que muitos de seus mestrandos citam como decisivo na escolha de uma empresa em detrimento de outra.

Mas depois, é claro, os gestores precisam cumprir a promessa. Como?

É preciso um pouco de persistência e um pouco de desenvoltura. Um vendedor com uma paixão por análise quantitativa pode receber, por exemplo, uma tarefa extra para trabalhar com pesquisa de mercado, mesmo sem abandonar a área de vendas. Um engenheiro que anseia ser mais

80 A MELHOR EQUIPE VENCE

criativo pode ajudar a equipe de comunicação a conceber novos materiais de suporte de vendas ou manuais de usuário — novamente, mantendo sua função principal na engenharia.

John Lowery, diretor-executivo da empresa Applied Imaging, de Michigan, que emprega trezentas pessoas, diz que este processo significa prestar atenção às pequenas coisas ouvidas de seus subordinados: "Temos um especialista técnico que adora fotografia, então pedimos que ele tirasse fotos de nossos eventos corporativos. Ele leva todo o equipamento que se possa imaginar e se mostra bastante envolvido. Temos uma moça na recepção que é especialista em língua inglesa. Perguntamos se ela se importaria de revisar os folhetos da nossa empresa antes de enviarmos à gráfica. Ela respondeu: 'Eu adoraria fazer isso.' Ela costuma fazer comentários excelentes e sempre se sente valorizada!"

Waldroop e Butler, de Harvard, citam o exemplo de Carolyn, uma prestigiada analista que conheceram em uma renomada empresa de Wall Street, muito talentosa na concepção de sofisticadas abordagens quantitativas. Os executivos tentaram garantir a lealdade de Carolyn dando-lhe aumentos salariais e bônus acima da média. Porém, sem o conhecimento deles, ela estava pensando em abandonar o emprego. Embora gostasse da análise e da matemática presentes em seu trabalho, ela queria ter mais impacto na tomada de decisões e no direcionamento do grupo — dar opiniões sobre quem o grupo contratava, como a equipe era estruturada e como eles poderiam interagir melhor com outras áreas da empresa. Em suma, ela se sentia motivada pelo desenvolvimento de pessoas e por estar no comando (o que chamamos de *propriedade*).

A história teve um final feliz. Carolyn e seu chefe se reuniram e chegaram à conclusão de que ela ocuparia um papel de jogadora-treinadora, como coordenadora de pesquisa. Ela continuou a fazer seu trabalho como analista, mas também assumiu um papel de liderança em uma série de equipes multidisciplinares. Eles a envolveram em decisões de contratação e promoção, e ela foi convidada a acompanhar as reuniões em que a equipe executiva refletia sobre o direcionamento estratégico. Um ano depois, os

GERENCIAR DE FORMA PERSONALIZADA   81

líderes afirmaram que o grupo de pesquisa nunca havia sido mais produtivo, e Carolyn se sentiu feliz e engajada.

Deve-se dizer que esse tipo de abordagem personalizada envolve pessoas fazendo coisas que realmente precisam ser feitas, e não apenas aquelas que elas *gostariam* de fazer mais. Só porque um colaborador gosta de fazer uma atividade não significa que ele *deva* fazê-la mais ou que sua equipe *precise* se dedicar mais a isso. Em alguns casos, também devemos aceitar a ideia de que a pessoa talvez não seja *boa* no que ela gosta de fazer. A atividade deve ser não apenas motivadora, mas também uma força para a pessoa, ou algo em que ela possa se aprimorar de forma realista, empregando tempo e esforço. Trabalhar não significa pessoas buscando suas meras paixões. Se assim fosse, teríamos um excesso de provadores de chocolate profissionais e agentes secretos. Não importa o quanto tentemos, nunca iremos jogar hóquei profissional ou ganhar o *The Voice*. As coisas pelas quais somos apaixonados, mas nas quais não somos muito bons, são o que chamamos de passatempos.

Então, como os gestores podem personalizar os cargos para otimizar um pouco mais o entusiasmo e os talentos de seus subordinados, tudo dentro dos limites do melhor para a equipe e para o exercício de seus desempenhos?

Dan Helfrich, da Deloitte, costuma perguntar aos seus subordinados: "Em que vocês querem melhorar?", para ajudar a determinar seus principais motivadores. "Quero descobrir qual é o desafio que eles se sentem prontos para assumir, mas que não tiveram a chance de executar em outra equipe. Então, à medida que o tempo avança, vai surgindo um alinhamento quando lhes atribuímos pequenas tarefas ou oportunidades que se casam com o que eles compartilharam conosco."

Helfrich nos deu o seguinte exemplo: um dos membros de sua equipe era o centro de coordenação de múltiplos fluxos de trabalho. A mulher estava a par de tudo o que acontecia na equipe. "Mas", disse ele, "ela nos confessou que estava começando a se sentir como um mecanismo de informação; ela não estava tendo a chance de pensar de forma criativa ou estratégica. Ela possuía o conjunto de habilidades de supervisora, algo altamente valorizado, mas que, de algum modo, a limitava." Assim, Helfrich atribuiu à mulher a liderança de um novo projeto, permitindo que

82 A MELHOR EQUIPE VENCE

ela trabalhasse com carta branca e liderasse o processo criativo, em vez de assumir os planos das outras pessoas e dar um sentido àquilo. "Esse movimento desbloqueou a progressão na carreira, o que, provavelmente, não teria acontecido antes", acrescentou ele.

Apresentamos abaixo algumas outras questões que podem ajudar neste processo de modo informal. Esta não é uma lista exaustiva, mas algumas perguntas a serem propostas a cada colaborador para despertar o raciocínio:

Liste as atividades que você mais anseia fazer no trabalho:

_____

_____

_____

O que há nessas atividades que mais o impulsiona?

_____

_____

_____

Liste as atividades que o deixam frustrado:

_____

_____

_____

O que essas atividades têm de desmotivantes?

_____

_____

_____

GERENCIAR DE FORMA PERSONALIZADA 83

Se você pudesse ter três desejos para sua carreira, quais seriam eles?

_____

_____

_____

São perguntas simples, é certo, mas que servem como ponto de partida para descobrir o que motiva seus colaboradores. Outra maneira de fazer isso é usar uma avaliação, comumente (e, quase sempre, infelizmente) chamada de "teste de personalidade". Talvez a mais conhecida delas seja o Indicador Tipológico de Myers-Briggs, desenvolvido por duas intrépidas donas de casa durante a Segunda Guerra Mundial para alinhar as mulheres que estavam adentrando o mercado de trabalho com empregos que se adequassem às suas personalidades. Mais tarde, o psicólogo Robert Hogan desenvolveu sua própria maneira de ajudar os líderes a compreender as personalidades de quem eles empregam e como os indivíduos abordam a resolução de problemas e as situações difíceis. O DiSC — baseado no trabalho do psicólogo William Moulton Marston — fornece um sistema de perfil de personalidade que se concentra nos traços comportamentais de dominância, indução, submissão e conformidade. Existem também vários testes populares que determinam os pontos fortes dos colegas de equipe, incluindo StrengthsFinder e CoreStrengths. E existem algumas boas avaliações para aprimorar a capacidade de uma equipe de reconhecer suas próprias emoções e as dos outros, como aquelas encontradas em *Inteligência Emocional 2.0.*

Se você mudou de emprego nos últimos anos, é provável que tenha preenchido um desses testes — talvez prendendo a respiração, torcendo para que seus resultados fossem considerados *normais*, de modo que a empresa não voltasse atrás na oferta da vaga. Atualmente, cerca de 60% a 70% dos empregadores relatam utilizar alguma forma de avaliação antes de admitir novos membros em suas organizações.[5]

84 A MELHOR EQUIPE VENCE

Muitos de nossos clientes usam essas ferramentas, e eles viram benefícios reais em sua implementação. O interessante, porém, é o quanto as organizações ficam aficionadas e inflexíveis em relação à determinada avaliação que costumam usar, como se aquela fosse a única avaliação *verdadeira*. Não estamos condenando nenhuma ferramenta específica. Os gestores podem se beneficiar enormemente ao fazer com que os membros da equipe se envolvam com cada uma delas. Nem estamos sugerindo que os líderes sujeitem seus subordinados a dezenas de testes. Por favor, não. Nossa posição é que cada um desses instrumentos mede coisas diferentes. Testes de personalidade medem quem as pessoas são em sua essência e como elas podem se comportar em várias situações; testes de força medem dons naturais; testes de inteligência emocional determinam o quanto as pessoas entendem e demonstram empatia pelos outros.

Entramos no mundo das avaliações alguns anos atrás, quando percebemos que não havia nenhuma maneira científica de identificar o que *motiva* as pessoas ou o que as desmotiva. Em suma, não sabíamos como ajudar nossos clientes a entender o que faz com que seus subordinados se entusiasmem com seu trabalho e o que os faz prevaricar.

Começamos a ajudar os gestores a modelar o trabalho depois de desenvolvermos a Avaliação de Motivadores. Descobrimos que ela fornecia uma maneira de diagnosticar como as tarefas específicas de cada equipe estão (ou não estão) alinhadas com suas motivações, além de ajudar os líderes das equipes a detectar mudanças frequentemente de menor importância, mas que poderiam levar a melhorias na disposição e nos resultados. Um benefício adicional, que não esperávamos, é que quando as avaliações são compartilhadas com outras pessoas da equipe, elas podem ajudar os colegas a entender as causas do conflito e a melhorar suas relações de trabalho. Compreender as diferenças nos principais motivadores das pessoas permite que os colaboradores *entendam* uns aos outros de forma muito mais reflexiva e, assim, trabalhem mais colaborativa e empaticamente.

Dito isso, nunca afirmaríamos que a Avaliação de Motivadores é o único teste do qual uma equipe precisará; ela é, simplesmente, uma ferra-

GERENCIAR DE FORMA PERSONALIZADA 85

menta que ajuda a medir algo que não havia sido medido antes — o que as pessoas *adoram* fazer.

Discutimos, no Capítulo 1, a extensão dos resultados das dezenas de milhares de Avaliações de Motivadores a que as pessoas foram submetidas e como esses resultados foram divididos por grupos geracionais. Considerando-as individualmente, descobrimos que cada pessoa tem o que poderíamos chamar de *impressão digital de motivação*, uma combinação única dos 23 fatores motivadores. Algumas podem ser mais estimuladas pelo trabalho em equipe e pelo desafio; outras mais pela aprendizagem e pelos serviços; e outras ajudando os colegas a desenvolver seus talentos. Algumas pessoas prosperam no reconhecimento, enquanto outras se sentem desconfortáveis quando são escolhidas para receber um elogio público. Algumas são fortemente impulsionadas pelo desejo de ganhar muito dinheiro, enquanto outras prosperam muito mais com o entusiasmo e a criatividade. Algumas pessoas precisam de mais treinamento, enquanto outras acharão essa ajuda enfadonha.

Quando os membros da equipe e seus gestores têm uma compreensão mais refinada de todos os vários perfis de motivação de uma equipe, eles podem trabalhar juntos para promover algumas alterações na alocação de tarefas e, espera-se, fornecer aos membros, com um pouco mais de frequência, novas oportunidades de perseguir suas paixões individuais. Eles também podem se tornar mais empáticos com os estilos de trabalho uns dos outros, o que ajuda as pessoas a trabalhar com mais harmonia.

Vamos descrever como esse processo pode ser conduzido usando o caso de uma equipe de marketing com a qual trabalhamos. Alteramos os nomes dos membros da equipe para manter sua confidencialidade, mas na tabela adiante apresentada assinalamos os resultados da Avaliação de Motivadores de três colaboradores da equipe ampliada. Selecionamos este triunvirato não apenas porque cada um de seus cargos acabou sendo moldado para melhor se adequar às suas motivações, mas também porque eles estavam tendo problemas para trabalhar uns com os outros. Agora, vamos conhecer Monique, Craig e Erin.

86 A MELHOR EQUIPE VENCE

Em uma reunião com esta equipe, apresentamos a todos os membros uma tabela igual a essa (mas que incluía toda a equipe), exibindo os motivadores mais fortes e mais fracos de cada um. Esperamos algum tempo para que eles absorvessem os dados e pedimos que procurassem os sete principais motivadores que compartilhavam entre si. Estas são as *semelhanças*. Neste caso, você notará que a variedade aparece em cada uma das três pessoas que estamos observando. O líder poderia analisar esses resultados e perceber que, para manter este grupo motivado, ele precisa acrescentar, de vez em quando, algumas tarefas diversificadas ao conjunto. Essa foi uma boa e importante aprendizagem.

		MONIQUE	**CRAIG**	**ERIN**
7 MOTIVADORES MAIS FORTES	1.	Amizade	Variedade	Criatividade
	2.	Serviços	Impacto	Família
	3.	Variedade	Aprendizagem	Aprendizagem
	4.	Diversão	Serviços	Autonomia
	5.	Empatia	Superação	Dinheiro
	6.	Impacto	Família	Propriedade
	7.	Trabalho em equipe	Resolução de problemas	Variedade
3 MOTIVADORES MAIS FRACOS	21.	Prestígio	Desenvolvimento de pessoas	Trabalho em equipe
	22.	Responsabilidade social	Diversão	Empatia
	23.	Dinheiro	Dinheiro	Responsabilidade social

Em seguida, pedimos que a equipe procurasse entre os sete principais motivadores os que fossem específicos de cada pessoa, o que chamamos de *únicos*. O grupo observou, por exemplo, que Monique era a única que tinha amizade, diversão e empatia em suas sete primeiras posições. E, de fato, Monique e a equipe concordaram prontamente que ela era impulsionada por esses conceitos. Ora, se fôssemos os gestores deste grupo e tivéssemos de enviar alguém para um evento de socialização para estabelecer relacionamentos, quem escolheríamos? Obviamente faria muito sentido pedir à Monique. Provavelmente ela retornaria com algumas grandes pistas para elaborar nossos negócios, e ela ficaria entusiasmada fazendo isso.

O grupo, então, passou a observar os resultados de Craig. Seus motivadores únicos eram superação e resolução de problemas. De fato, Craig e a equipe confirmaram entusiasticamente essa avaliação. Então, dito isso, se fôssemos os gestores, a quem pediríamos para enfrentar o próximo e espinhoso problema com um cliente? Craig, é claro, seria ideal. E a equipe foi unânime em dizer que não havia ninguém mais entusiasmado do que ele para perseguir ou enfrentar um desafio.

Por fim, chegamos a Erin. Seus motivadores únicos eram criatividade, autonomia, dinheiro e propriedade. Perguntamos a quem o grupo atribuiria a tarefa de apresentar a próxima grande ideia, e todos concordaram que seria Erin, sem dúvida. Dê a ela um senso de propriedade, algum tempo e um pouco de espaço, e veja o que acontece.

Em seguida, instruímos a equipe a examinar o que chamamos de *precauções*, termo usado para nos referir a alertas a respeito de como os motivadores das pessoas podem causar problemas em relação às tarefas atribuídas ou ao funcionamento da equipe. Existem fontes de atrito entre os membros da equipe devido a diferenças em seus perfis, talvez porque um motivador seja excessivo para uma pessoa e insignificante para outra? Com esses três tópicos, a discussão tornou-se intensa.

Como um efeito colateral, uma das descobertas que emergiram foi que o plano traçado pelo gestor de Craig para sua carreira não era o ideal. Craig estava sendo preparado para substituir a gestora se ela fosse promovida ou transferida para outra função (o que não era incomum no caso de pessoas em seu nível). O problema era que o desenvolvimento de pessoas ocupava um lugar de pouca importância na lista de motivadores de Craig, aparecendo na antepenúltima posição entre os motivadores mais fracos. Mais tarde, em uma reunião privada, perguntamos para sua gestora se Craig realmente *gostava* de administrar pessoas. A chefe hesitou. Ela não

88 A MELHOR EQUIPE VENCE

sabia. Incluímos Craig na conversa. Ele sabia que estava prestes a assumir o posto da gestora. O dinheiro podia ser o seu último motivador, mas ele não estava disposto a negar um aumento. E, conforme ele supunha, uma promoção era o caminho natural dentro da progressão na carreira. Quando pressionado, porém, ele admitiu que gerenciar pessoas era desgastante, e até mesmo frustrante. Quando lhe pedimos que descrevesse seus *piores* dias no trabalho, as tarefas com as quais ele se via mais frequentemente envolvido eram orientar os colaboradores mais jovens sobre seus papéis nos projetos que ele conduzia e auxiliar uma de suas equipes de projeto a resolver problemas complicados e conflitos interpessoais. Aqueles eram seus dias ruins. Mas quando perguntamos sobre seus *melhores* dias, ele se animou. Essa pergunta era fácil de responder. Eram os dias em que, de modo geral, ele estava fora do ambiente de trabalho, lidando com os clientes, resolvendo seus problemas e parecendo um herói. Ele gostava de fazer essas coisas e era bom nisso.

Sendo assim, Craig poderia ser um bom gestor? Possivelmente. Ele poderia ser *capaz* de fazê-lo. Mas, conforme dissemos à sua atual gestora, havia grandes chances de Craig se sentir infeliz, o que poderia levar a uma síndrome de esgotamento. Também poderia ficar bastante claro para seus colaboradores, e de forma muito rápida, que ele não estava plenamente envolvido com aquele papel. Então, quando nos reunimos com Craig e a gestora, perguntamos se seria possível ele permanecer como colaborador independente (onde vinha fazendo um excelente trabalho), mas, ainda assim, continuar progredindo em sua carreira. Será que ele poderia se encarregar de outras tarefas, ampliar seu alcance, assumir mais respon-sabilidades, ganhar mais dinheiro e não gerenciar outras pessoas? Depois de algumas hesitações e divergências iniciais, a gestora reconheceu que Craig poderia, afinal de contas, ampliar o escopo de sua atuação. Talvez ele pudesse assumir algumas das funções de mídia social que, atualmente, estavam sendo terceirizadas para contratados. Isso significaria aprender novas habilidades (o que Craig estava ansioso por fazer; a aprendizagem está em terceiro lugar em sua lista). Durante a conversa, Craig não poderia ter se mostrado mais engajado. As ideias começaram a fluir e, em pouco tempo, alguns compromissos foram firmados. Àquela altura, os dois ainda estavam apurando informações, explorando ideias e fazendo sugestões, mas o colaborador sentia que tinha sido ouvido, e a gestora estava disposta a buscar opções, porque sabia que poderia haver ali um benefício para sua equipe e a organização de modo geral.

Alguns meses depois, quando retornamos, o conjunto de habilidades de Craig tinha começado a se expandir, e ele e sua gestora haviam tido mais algumas conversas vibrantes sobre a carreira. Com o tempo, o supervisor sentiu-se confiante de que suas responsabilidades e seu salário poderiam aumentar, à medida que ele também ia progredindo.

Voltando à reunião do grupo ampliado, outras precauções que a equipe descobriu sobre os três ajudaram Erin, Craig e Monique a entender por que eles não vinham se dando bem. Todos respeitavam o trabalho uns dos outros, mas às vezes eles se achavam mutuamente irritantes. No entanto, eles não conseguiram articular exatamente *por quê*. Os resultados da avaliação esclareceram os motivos dos problemas.

A primeira coisa que eles notaram foi que diversão era um motivador forte para Monique, ocupando a posição de número quatro, ao passo que era o penúltimo motivador na lista de Craig, ocupando a posição de número 22. Os dois perceberam que isso vinha sendo fonte de algum desgaste entre eles. Em reuniões em que os dois estavam presentes, Monique fazia piadas, contava histórias e perguntava sobre a vida particular das pessoas (afinal, amizade é o número um para ela, e empatia é o número cinco). No entanto, durante o tempo todo em que ela estava sendo divertida, sociável e empática, Craig tamborilava os dedos sobre a mesa da sala de conferências. *Será que já podemos voltar ao trabalho?*

Quando nos encontramos com ambos em nossa reunião de acompanhamento alguns meses depois, seu relacionamento havia melhorado. Ao compreender os motivadores de Craig, Monique percebeu que, sempre que estiver em reunião com ele, ela precisa estar mais concentrada nas tarefas em questão, ou ele se frustrará. Quanto a Craig, ele nos disse que realmente quer que Monique participe de seus projetos — ela conhece todo mundo e tem muitas ideias —, e, portanto, ele começou a reservar um tempo para relaxar e se desinibir. Dessa forma, ela ficará mais engajada. Esses entendimentos simples ajudaram consideravelmente a situação. Talvez eles nunca terminem como melhores amigos de infância, mas agora eles se entendem e aceitam o fato de que cada um apresenta motivações e habilidades diversas, mas importantes para a equipe.

Uma última precaução discutida foi sobre o motivador dinheiro. Na lista de Erin, o dinheiro foi colocado na posição número cinco. Nós dissemos a ela e à equipe que isso não era ruim, de forma alguma. Por sua vez, ela compartilhou seu histórico: por ter sido criada em circunstâncias humildes, o dinheiro significava segurança. Conforme os outros observaram, talvez isso explicasse o fato de ela ser a única na equipe que se preocupava com cada centavo gasto.

Isto chamou nossa atenção: o dinheiro era um grande motivador para Erin, mas a equipe não estava usando esse dado.

Considerando que Craig executava muitos projetos, ele vinha gerenciando grande parte do orçamento — e, francamente, a equipe estava gastando como se fosse um adolescente de Beverly Hills com o cartão de crédito da mãe. Observando novamente os motivadores de Craig, você verá que o dinheiro estava esquecido na última posição. Não é que Craig não gostasse de dinheiro ou que quisesse mais — ele não *conseguia* ganhar dinheiro. Não queremos ser cruéis, sugerindo que Craig fosse ignorante. Pelo contrário, ele era um cara brilhante. Só que ele não passava muito tempo se preocupando com dinheiro. Ele nos contou que, em sua vida pessoal, era sua esposa quem conferia o talão de cheques e pagava os impostos. Quando debatemos em nossa reunião presencial com sua gestora o princípio de crescer em sua carreira sem a necessidade de gerenciar pessoas, ele tinha apenas uma vaga noção de quanto dinheiro ganhava anualmente. De forma ainda mais relevante para esta discussão, talvez Craig não tivesse nenhuma noção real de quanto restava no orçamento da equipe em determinado momento, e, muito menos, de algo mais complexo — por exemplo, se a equipe obtinha lucro em cada um dos projetos.

GERENCIAR DE FORMA PERSONALIZADA 91

Em suma, ele provavelmente não era o cara para cuidar do orçamento. Você notará que o dinheiro também era o último dos motivadores para Monique. Quando perguntamos ao grupo se ela seria adequada para lidar com o orçamento, ninguém acreditou que fosse uma boa ideia. A amizade era um motivador tão grande que ela, normalmente, queria usar as pessoas que conhecia em projetos externos — independentemente do quanto isso custasse. Monique sorriu e concordou timidamente. De qualquer maneira, ela não queria aquela tarefa. Não lhe atraía nem um pouco.

Então, por fim, a equipe se voltou para Erin. Parecia muito óbvio àquela altura. Enquanto eles conversavam sobre isso, perceberam que se Erin fosse incumbida de tal tarefa, ela cuidaria de todas as despesas como se o dinheiro fosse seu; receberia múltiplas ofertas pelos projetos para assegurar o melhor preço e garantiria que o orçamento não estourasse em nenhuma rubrica. De fato, em uma verificação posterior, os gastos já haviam sido reduzidos. Quanto a Craig, ele agora tinha mais tempo para se concentrar no que gostava de fazer — servir os clientes —, e Erin sentia que estava contribuindo de forma importante para o sucesso da equipe.

Sem dúvida, acabamos de fazer o processo de aprimoramento da equipe parecer simples. Honestamente, foi apenas neste caso. Eram três pessoas muito inteligentes, estavam abertas a aprender e ansiosas pela mudança, para fazer com que a equipe e elas mesmas progredissem. Infelizmente, muitos grupos podem ser mais resistentes. No entanto, como disse Theodore Roosevelt certa vez: "A melhor coisa que você pode fazer é a coisa certa, a próxima melhor coisa é a coisa errada, e a pior coisa que você pode fazer é nada." Em suma, você deve tentar.

Descobrimos que um processo de diagnóstico como este pode ser extraordinariamente capacitador para todos os tipos de equipes. Ele não apenas ajuda os gestores a pensar em como ajustar sua gestão às motivações de seus subordinados diretos individuais e quais tarefas poderiam ser redistribuídas, incluindo novas oportunidades que poderiam ser oferecidas aos colaboradores, como também ajuda os membros da equipe a assumir uma maior responsabilidade por suas próprias carreiras e dar atenção às coisas específicas que os ajudarão a se engajar mais no trabalho. Certamente, propicia uma linguagem única, que pode tornar mais objetiva a discussão sobre potenciais mudanças com seus chefes.

Uma gestora que se beneficiou com o processo foi Diane Weed, vice-presidente da divisão da The Wendy's Company em Denver. Quando seu professor de terceira série lhe disse que ela era uma líder natural, ela acreditou nisso e foi em frente. Hoje, Weed tem oito subordinados diretos que supervisionam todos os restaurantes e os milhares de colaboradores da Wendy's na área das Montanhas Rochosas. Ela montou uma tabela (como a que acabamos de ver) exibindo, lado a lado, seus próprios resultados na Avaliação de Motivadores e os dos membros de sua equipe, e examinou as semelhanças, os conceitos únicos e as precauções.

"Agora sou capaz de refletir sobre como meus motivadores podem afetar os outros de maneiras positivas e negativas", disse ela. "Por exemplo, a 'pressão' é um grande motivador para mim; eu rendo mais com prazos apertados e com descarga de adrenalina, mas tenho uma subordinada para quem a pressão ocupa o último lugar entre os fatores motivadores. Agora sei que devo ser sensível a isso quando interajo com ela, caso queira obter o máximo desempenho. Aprendi que ela prefere ter mais tempo para atender às demandas. Quando peço as coisas de uma hora para outra, ou aumento a tensão exercida pela minha liderança com uma 'solicitação' específica, isso significa estresse e pressão adicionais sobre ela. Ela não produz seu melhor trabalho."

De fato, quando conhecemos a equipe de Weed, a integrante para quem a pressão era um dos motivadores mais fracos nos disse que aquele insight "salvou minha carreira".

Outra revelação, acrescentou Weed, foi que sete dos oito membros de sua equipe consideravam a "aprendizagem" um dos motivadores mais fortes, fator que, para ela, ocupava uma das três últimas posições. "Precisei me conscientizar mais disso ao preparar as pautas das reuniões, ideias de desenvolvimento pessoal e assim por diante, para garantir o oferecimento

GERENCIAR DE FORMA PERSONALIZADA **93**

de oportunidades de aprendizagem e crescimento aos meus subordinados", disse ela. "Agora, facilito discussões formais em torno de livros específicos e artigos de negócios, e também reservo um tempo para que a equipe interaja mais casualmente entre si — fornecendo-lhes um formato por meio do qual possam aprender com as experiências de cada um. Um resultado positivo foi ver a equipe evoluir como indivíduos *e* parceiros de negócios."[6]

Quer gerenciemos uma equipe de refeições rápidas, de alta tecnologia ou de assistência médica, precisamos reconhecer que nossos ativos mais importantes podem ir embora a qualquer momento e começar a trabalhar para um concorrente. Para reter pessoas boas, devemos aprender o que as impulsiona e assumir a tarefa de modelar o trabalho para beneficiar tanto os colaboradores quanto a organização.

A AVALIAÇÃO DE DESEMPENHO SE TRANSFORMA EM AVALIAÇÃO CONTÍNUA

O gerenciamento personalizado não significa abordar apenas as paixões dos membros individuais da equipe em seu trabalho cotidiano, mas avaliar também o desempenho de cada pessoa em sua função e ajudar a melhorá--lo por meio de conversas contínuas. As pesquisas comprovaram que as equipes têm melhor desempenho quando cada membro acredita que as pessoas ao seu redor são competentes e trabalham em um nível de excelência. Faz sentido. E essa confiança é reforçada quando os colegas sabem que o desempenho de todos os membros de equipe está sendo cuidadosamente avaliado. Como diz Richard Clark, professor da Universidade do Sul da Califórnia: "Quando as pessoas duvidam da competência de um ou mais membros da equipe e acreditam que as capacidades dos outros membros são necessárias para executar o trabalho, a motivação é afetada drasticamente."[7] As descobertas de Clark são respaldadas pelo estudo Projeto Aristóteles do Google, que encontrou um fator central nas equipes com melhor desempenho: os membros confiavam uns nos outros para cumprir as promessas assumidas e realizar seus trabalhos.

94 A MELHOR EQUIPE VENCE

Encontramos um efeito desmotivante quando os colaboradores não conseguem se apoiar mutuamente. Se um membro da equipe (ou vários) não estiver apresentando um bom desempenho, normalmente isso significa que os outros terão de preencher aquela lacuna, e o desempenho geral da equipe poderá sofrer consequências. Isso prejudica coisas como a reputação da equipe perante outros grupos de trabalho e seus líderes, bem como resultados tangíveis, limitando, por exemplo, os valores de bônus e os aumentos de salários. Quem não acharia tais resultados desanimadores? E qual gestor gostaria que os membros de sua equipe se sentissem confortáveis com esse tipo de situação? É por isso que os melhores líderes de equipe estão rigorosamente atentos às questões de desempenho individuais e fazem ajustes rapidamente, avaliando cuidadosamente as causas do problema e orientando de perto o aprimoramento, de uma maneira solidária e compassiva, mas eficiente.

Greg Piper, da Becton, Dickinson & Co., realiza sessões individuais de avaliação de desempenho com sua equipe a cada duas semanas, durante trinta minutos — embora todos os seus subordinados sejam remotos, espalhados pelos Estados Unidos, México e Reino Unido. "'Sobre o que vocês querem falar?' é sempre a primeira pergunta que eu faço", disse Piper.

Um incrível volume de dados sobre o valor dessas verificações frequentes provém da empresa de gestão de desempenho BetterWorks.[8] Pesquisas conduzidas pela empresa descobriram que colaboradores que se encontram *semanalmente* com seus gestores e discutem o progresso em relação às metas têm uma probabilidade até 24 vezes maior de alcançar tais metas. Pense no quanto essa descoberta é extraordinária. Mesmo que você percebesse apenas uma fração dessa melhoria, o retorno sobre o investimento do seu tempo seria impressionante. Digamos, por puro divertimento, que os pesquisadores tenham feito cálculos errados por um fator de dez. Os colaboradores que foram submetidos às verificações semanais ainda estariam mais de duas vezes propensos a atingir suas metas. Isso não seria um motivo suficiente para aumentar a frequência de sua interação presencial com cada pessoa de sua equipe?

GERENCIAR DE FORMA PERSONALIZADA 95

Se os gestores não adotarem essa abordagem proativa, os efeitos sobre a disposição da equipe e, portanto, sobre o desempenho ao longo do tempo serão quase sempre corrosivos. As pessoas tendem a se queixar umas das outras, e os ressentimentos podem se transformar em relações de equipe disfuncionais. Alguns, de forma até mesmo consciente, se descuidam em seu próprio trabalho, já que os outros também parecem estar sendo negligentes. Clark aconselha que, por estas razões, "um suporte fundamental para a motivação da equipe é informar aos membros da equipe que a organização avaliará as contribuições individuais de cada membro de cada equipe, em vez de apenas avaliar as conquistas da equipe como um todo". E isso significa utilizar o procedimento padrão para avaliar o desempenho individual: a avaliação anual de desempenho. Certo?

No passado, quando bem aplicadas, as avaliações formais ajudaram a promover o aprimoramento dos colaboradores. Mas grande parte dependia do espírito com o qual elas eram conduzidas e do quanto as avaliações de desempenho dos colaboradores eram construtivas e bem fundamentadas. O objetivo de oferecer um retorno às pessoas e estabelecer etapas de ação específicas a serem adotadas no ano seguinte é, inquestionavelmente, louvável. Se o processo for usado para identificar maneiras pelas quais os colaboradores podem desenvolver suas habilidades e experiências de modo a ajudá-los a progredir, então essa missão só poderia contar com nosso apoio irrestrito. Porém — e trata-se de um grande porém —, há muitos problemas nessa prática, e nos últimos anos ela foi alvo de várias críticas. Muitas empresas proeminentes, incluindo GE, Adobe, Microsoft, Price Waterhouse Cooper, Gap, Accenture, Deloitte e Netflix, para citar apenas algumas, decidiram alterar substancialmente a avaliação anual de desempenho ou abandonar inteiramente a prática — substituindo-a por outros processos de avaliação e aprimoramento de colaboradores mais oportunos, frequentes e sob o controle do supervisor imediato.

Chamamos isso de *avaliação contínua*.

O principal motivo para a mudança: no atual ambiente de negócios, em constante evolução, uma avaliação anual (ou semestral, nesse caso) simplesmente não é responsiva o suficiente para abarcar as mudanças enfrentadas pelas equipes e ajudar as pessoas a reagir. Para navegar neste mundo volátil, incerto, complexo e ambíguo, as pessoas precisam receber acompanhamento e orientação com muito mais regularidade — especialmente os colaboradores mais jovens, que não estão dispostos a esperar um ano inteiro para se conscientizar de seus pontos fortes ou das áreas que requerem aprimoramento.

O processo de avaliação de desempenho não apenas é muito infrequente, como, muitas vezes, é mal executado. Quantos de nós, tanto os avaliadores quanto os avaliados, não percebemos que ele pode ter efeitos adversos? Especialista em processos de avaliação, o professor Kevin Murphy, da Universidade de Chicago, afirma que, de forma geral, as avaliações são uma fonte de ansiedade e aborrecimento, em vez de uma fonte de informações úteis. O professor Peter Cappelli, de Wharton, faz uma observação ponderada sobre como os comentários realizados nessas avaliações, mesmo que sejam justos e equilibrados, são, muitas vezes, mal recebidos pelos colaboradores, ressaltando: "Os seres humanos estão programados para focar nas coisas negativas. Portanto, o comentário 'equilibrado' sempre nos faz ficar concentrados nas partes ruins." Os funcionários de recursos humanos também podem ser críticos. Uma pesquisa realizada pela Sibson Consulting descobriu que, entre os executivos de recursos humanos entrevistados, 58% atribuíram aos sistemas de avaliação de desempenho de sua própria organização um grau C ou inferior.

A *Fast Company* fez uma avaliação particularmente condenatória do processo, citando Laszlo Bock, vice-presidente sênior de operação de pessoal do Google, que deixou bastante claro que a avaliação anual é "um processo burocrático baseado em regras, existindo como um fim em si mesmo, em vez de ser efetivamente uma maneira de moldar o desempenho. Os colaboradores odeiam isso. Os gestores odeiam isso. Até mesmo os departamentos de recursos humanos odeiam isso". A última palavra é do pesquisador da UCLA, Samuel Culbert, que escreveu um livro sobre a abolição do processo de avaliação de desempenho. Ele chama isso de "uma maldição dos EUA corporativos".

GERENCIAR DE FORMA PERSONALIZADA **97**

Logicamente, se sua empresa conduz essas avaliações anuais ou semestrais, você não tem a opção de simplesmente abandonar o processo. O que você pode fazer é torná-lo tão construtivo quanto possível, mas o mais importante é implementar suas próprias reuniões de avaliação contínua, frequentes e presenciais, com os membros de sua equipe, nas quais você discutirá semanalmente o desempenho e as atribuições no trabalho.

Além disso, recomendamos outras reuniões regulares para discutir as metas de progressão na carreira de cada pessoa. Essas reuniões parecem mais fluidas e menos formais — evocando menos ansiedade —, mas, na realidade, são bem estruturadas.

CONVERSAS ASPIRACIONAIS

As conversas aspiracionais são reuniões breves, porém regulares, com os membros de uma equipe, para discutir sobre a carreira. Sabemos que a ideia de conduzir tais conversas com cada pessoa de sua equipe pode parecer um enorme desperdício de tempo. Isso pode acontecer se as reuniões não forem estruturadas ou focadas. Primeiro, entenda que elas não precisam ser longas. A maioria dos gestores as limita entre quinze e trinta minutos, no máximo — dependendo das necessidades da pessoa. Se surgir um problema sério, elas podem demorar um pouco mais, mas isso tende a ser raro, já que essas conversas não pretendem ser disciplinadoras, nem servirem para atualizar projetos ou planejar reuniões. É apenas um encontro que você terá, cujo propósito único é construir a carreira de um colaborador — e qual colaborador não compareceria totalmente motivado a esse encontro?

De forma geral, descobrimos que é melhor realizar essas conversas aspiracionais uma vez por mês com subordinados diretos e uma ou duas vezes por ano com colaboradores em outros níveis hierárquicos — as pessoas que trabalham para os gestores que trabalham para você. Em algumas indústrias de alto volume de negócios, como varejo, hotelaria, serviços de alimentação, atendimento ao cliente ou assistência médica, nossa experiência mostrou que se essas reuniões forem realizadas com

98 A MELHOR EQUIPE VENCE

periodicidade semanal com os subordinados diretos, isso pode reduzir drasticamente a rotatividade.

Conversas aspiracionais não estão relacionadas à avaliação de desempenho do dia a dia e ao cumprimento de metas; elas estão focadas na progressão na carreira, proporcionando oportunidades regulares para que você ouça as ambições dos colaboradores quanto à aprendizagem e ao crescimento, e os aconselhe sobre seu progresso. Chamá-las de conversas aspiracionais (ou algo assim) ajuda a mostrar aos colaboradores que a finalidade das reuniões não é vigiá-los para microgerenciar ou criticar os comportamentos cotidianos, mas sair da rotina diária e ajudá-los a olhar para o futuro, descontrair um pouco e estabelecer um percurso para seu progresso pessoal.

Esse encontro não é nem uma recompensa nem uma punição. Pelo contrário, é um processo para facilitar o desenvolvimento individual metódico. Embora não lhe reste alternativa a não ser atribuir notas em uma avaliação de desempenho, nessas conversas você pode levantar questões sem que os colaboradores temam receber uma eventual pontuação que possa ser utilizada contra eles. Quando essas reuniões de carreira são conduzidas em um espírito de verdadeira conversa — de trocas e reflexões —, acreditamos que as pessoas também tendam a ser muito mais francas sobre suas dificuldades, motivações, fontes de frustração e problemas por elas observados durante as operações da equipe. Vale ressaltar que, embora tenhamos visto esta prática ser altamente apreciada pelos colaboradores em todos os níveis, é provável que ela seja especialmente frutífera para motivar e aprimorar os membros da geração milênio integrantes da equipe.

Um dos líderes inspiradores com quem discutimos esta prática é o diretor-executivo da California Pizza Kitchen, G.J. Hart, que nos disse: "O que diferencia os melhores líderes da nossa empresa é que eles se concentram em ajudar cada membro da equipe a superar suas próprias expectativas." Como parte desse processo, Hart aconselha seus diretores gerais e outros gestores a escutar atentamente e a tentar entender por que as coisas são da maneira que são no universo de seus colaboradores — seus

GERENCIAR DE FORMA PERSONALIZADA **99**

desafios, mas também suas metas profissionais. Assim sendo, ele defende que os gestores "conversem com seus subordinados sobre o caminho à sua frente e qual o aspecto que esse caminho pode assumir". Ele observa que, por vezes, essas conversas poderão auxiliar um gestor a fazer correções de rota, caso um colaborador tenha expectativas irrealistas que possam gerar frustração. "Os gestores podem ajudar os membros da equipe a entender por que talvez não seja possível obter tudo o que eles querem neste exato momento", disse ele.

Por outro lado, conversas sobre a carreira com colegas de equipe podem ajudar a identificar os obstáculos que os gestores estão aptos a remover. Hart afirmou: "Um passo importante é pensar se existem coisas que estejam retendo os indivíduos, de modo que, por assim dizer, eles possam se libertar das amarras. Quando cheguei à CPK, foi muito importante encorajar nossos colaboradores a sonhar alto e permitir que eles fizessem a diferença em suas funções. Nosso chefe de culinária estava aqui há vinte anos e tinha ajudado a montar o cardápio. Nós o capacitamos para que ele perseguisse sua paixão individual pela inspiração e inovação culinárias, e isso foi muito motivador para ele. O resultado disso tudo é surpreendente." O que emergiu foi uma total remodelação do cardápio da CPK, incluindo um compromisso renovado com as pizzas artesanais feitas com massa preparada e esticada à mão; novos elementos como prato principal, incluindo linguado e bife; e drinques artesanais feitos com ingredientes sazonais frescos. Tudo isso ajudou a transformar a CPK em um restaurante que está novamente entre os melhores da alta gastronomia, muito mais divertido para os colaboradores trabalharem e muito mais próspero para as partes interessadas.

ESCLARECENDO O PLANO DE JOGO

Para garantir que o espírito construtivo dessas reuniões focadas na carreira seja compreendido pelos colaboradores e que cada conversa aspiracional seja o mais produtiva possível, é vital discutir o propósito do processo e estabele-

100 A MELHOR EQUIPE VENCE

cer regras básicas desde o primeiro dia. Na primeira dessas reuniões, deixe claro para os colaboradores que você adotará uma abordagem equilibrada — prestando atenção à progressão em suas carreiras *e* às necessidades da equipe/organização. Os gestores também devem enfatizar que eles se envolverão ativamente com os colaboradores neste processo de aprimoramento, mas que, em última análise, os colaboradores são responsáveis por seu crescimento pessoal e planejamento de carreira. Consequentemente, os colaboradores devem estar cientes de que, nessas conversas, será preciso compartilhar abertamente suas aspirações. E, em todos os momentos, eles devem buscar oportunidades e recursos que possam ajudá-los a se aprimorar. Dessa forma, eles devem estar em uma constante busca de crescimento — e não apenas esperando que seus gestores proponham ideias.

Quanto ao gestor, ele se compromete a ajudar seus colaboradores a encontrar oportunidades de treinamento que façam sentido, tarefas que possam ajudar seus subordinados a ampliar seus horizontes, além de conexões com outras pessoas dentro da organização que possam estender suas redes de socialização. Ele também fornecerá um senso de direcionamento futuro da organização e ajudará a identificar oportunidades para o tipo de habilidades que talvez sejam necessárias no futuro. E, com o passar do tempo, ele monitora eventuais mudanças na visão do colaborador sobre sua carreira.

É importante explicar claramente que essas conversas serão um fórum de retorno contínuo, o que significa que as coisas podem ficar um pouco desconfortáveis de vez em quando, à medida que certas questões de aprimoramento, um pouco mais difíceis de ouvir, forem abordadas. É obrigação do gestor esclarecer ao colaborador que sempre levantará tais questões em um espírito construtivo de discussão e resolução de problemas. Informar ao colaborador desde o começo que ele deve ser receptivo tanto às coisas ruins quanto às coisas boas ajuda a calibrar as expectativas e a criar confiança na experiência toda.

Susan Reilly Salgado, sócia-gerente do Hospitality Quotient, disse: "Há muitos anos, em minha primeira reunião com um chefe fantástico, sua

GERENCIAR DE FORMA PERSONALIZADA 101

primeira pergunta foi: 'Como você gosta de receber os comentários?' Sua pergunta me permitiu formatar um aspecto fundamental de nossas interações, com base no que eu achava que funcionaria melhor para mim, e abriu uma linha de comunicação que possibilitou que eu me revelasse — que eu compartilhasse minhas preferências e inseguranças. A partir daquele momento, receber seus comentários foi muito fácil para mim e para ele, e, com o passar do tempo, eu pude, inclusive, lhe perguntar: 'Como *você* gosta de receber os comentários?' Construímos uma base de confiança que tem sido a pedra angular do nosso relacionamento até hoje."[9]

Entretanto, se um colaborador for muito sensível — e isso não é incomum —, então o processo pode parecer um pouco menos direto e se estender um pouco mais. Isso não significa que a pessoa não possa progredir em sua carreira; significa apenas que um gestor talvez tenha de tomar mais cuidado — aprendendo, por exemplo, o que aciona a sensibilidade daquela pessoa. Mas, independentemente da sensibilidade ou da insensibilidade dos colaboradores, ainda é válido demonstrar empatia por qualquer pessoa que venha a receber comentários difíceis de ouvir. Oferecer algumas palavras encorajadoras simples, como "Posso imaginar que você esteja se sentindo um pouco frustrado ao me ouvir dizer isso. Não é?", pode ser bastante produtivo para ajudar a aliviar a tensão. Mais importante ainda, um gestor deve incentivar o colaborador a se tornar parte integrante na resolução de um problema, fazendo perguntas como "Quais são as suas ideias sobre esse assunto?"

Por fim, depois de uma desafiadora sessão de aprimoramento, descobrimos que duas perguntas finais podem causar um profundo impacto. São elas: "Você acredita ter sido tratado *injustamente* de alguma forma hoje?" e "Eu disse alguma coisa que o levou a se sentir desvalorizado como parte importante da equipe?" Se o colaborador responder que sim, então você tem a chance de lidar com a situação antes que ela se agrave.

FLUIDO E OPORTUNO NÃO SIGNIFICA DESREGRADO

Para garantir que as conversas aspiracionais permaneçam no caminho certo, recomendamos definir uma estrutura simples e um dia fixo, como a primeira terça-feira de cada mês. Logicamente, um gestor pode elaborar tais reuniões à sua maneira, mas descobrimos que um bom formato básico é:

PREPARAR-SE COM ANTECEDÊNCIA. No dia anterior, envie aos colaboradores um e-mail com uma lista rápida de coisas que você acha que deveria abordar e depois pergunte o que eles gostariam de debater. Além disso, reveja as anotações que você fez no último encontro, para não gastar os primeiros cinco ou dez minutos colocando-se a par e parecendo não dominar o assunto — e, pior, parecendo que você não se deixa afetar pelo que é importante para eles. E lembre-se de que cancelar regularmente essas reuniões mina sua utilidade e pode prejudicar os colaboradores.

MARCAR AS REUNIÕES NO LOCAL PREFERIDO DOS COLABORADORES. É a reunião sobre a carreira deles, não sobre a sua, então pergunte se eles preferem tomar um refrigerante ou um café na cafeteria, dar uma volta, se encontrar em seu escritório ou no deles, ou em uma sala de conferências. Evite, apenas, sair para beber após o expediente de trabalho. Porém, encontre-se pessoalmente sempre que possível. Se um colaborador estiver trabalhando remotamente, use um bate-papo por vídeo, não um telefonema.

ESTABELECER EXPECTATIVAS. Se você estiver apenas começando a fazer esses tipos de reuniões e não tiver muita clareza sobre seu propósito, alguns colaboradores podem esperar o pior (ou seja, eu vou ser repreendido). Permita que eles saibam que essas reuniões são sobre sua carreira e a trajetória que pretendem seguir. Se você já tiver feito alguma reunião antes, nos primeiros minutos recapitule rapidamente o que foi discutido no último encontro e, em seguida, juntos, estabeleçam uma breve agenda para o tempo disponível. Certifique-se de que a reunião não soe ameaçadora e seja positiva. Se você precisar repreender um colaborador, reserve alguns momentos dessa conversa para discutir separadamente tais problemas.

USAR UM PLANO DE APRIMORAMENTO INDIVIDUAL. Tenha um roteiro a seguir. O roteiro não precisa ser extravagante, com gráficos circulares e de barras, apenas uma página para ajudá-lo a acompanhar as metas de cada colaborador e em quais projetos de desenvolvimento eles estão envolvidos (abordaremos este assunto mais detalhadamente nas próximas páginas). Quando você for analisar suas metas e oportunidades, comece com as de curto prazo e, em seguida, parta para o horizonte mais amplo.

FALAR MENOS. Se você terminar falando sozinho sobre qualquer assunto, então esta será a sua reunião, e não a deles. Você deve fazer perguntas, ajudar a estabelecer expectativas de carreira realistas e fornecer uma orientação breve. Talvez você precise dar o estímulo inicial em conversas com colaboradores mais silenciosos, mas o objetivo é que eles se abram e se sintam ouvidos, e não que estejam recebendo lições.

ELIMINAR AS INTERRUPÇÕES. Faça com que seus colaboradores sintam que você está dando total atenção para a reunião como um todo. Isso significa fechar sua porta e desligar seu telefone. Um ator que é nosso amigo nos contou sobre uma cena que ele fez com o excelente Anthony Hopkins. Segundo ele, a coisa mais notável sobre Hopkins era a absoluta atenção que ele dava a qualquer pessoa com quem estivesse conversando — dos iluminadores aos figurantes. Se um diretor ou produtor tentasse interromper Hopkins, ele pediria educadamente para esperar, enquanto terminava de ouvir a pessoa com quem estava conversando. Foi uma ótima lição sobre respeito, e nosso amigo jamais a esqueceu.

NÃO TERMINAR COM UM TOM NEGATIVO. Talvez os colaboradores ainda se lembrem da crítica construtiva (a ruim) que você lhes fez durante uma dessas reuniões — é a natureza humana, afinal —, mas se você terminar as conversas com um tom positivo, há uma chance maior de que eles ainda se sintam bem ao sair desses encontros.

ACOMPANHAR. Envie um e-mail curto sobre o que foi discutido, as decisões tomadas e qualquer comentário construtivo que você tenha pedido para eles levarem em consideração. Você pode anexar um plano de aprimoramento individual atualizado. Essas observações têm de ser curtas e positivas.

APRIMORE-ME

Neste processo, há o risco de se perder de vista a floresta da progressão na carreira a longo prazo e transformar essas reuniões apenas em discussões sobre metas de curto prazo e questões de trabalho do dia a dia (as árvores). Não é essa a intenção aqui, e é aí que um plano de aprimoramento individual (IDP, na sigla em inglês) pode ajudá-lo a se manter focado nas aspirações de um colaborador, ao mesmo tempo que vincula o progresso às metas da equipe e da organização ampliada.

Os IDPs não precisam ser extravagantes. De modo geral, os melhores ocupam apenas uma página e incluem:

Motivações/pontos fortes que a pessoa gostaria de utilizar mais em seu cargo:

_____

_____

GERENCIAR DE FORMA PERSONALIZADA **105**

Metas e aspirações da carreira:

_____

_____

Habilidades, formação, experiências ou assistência de que eles precisarão para atingir suas metas:

_____

_____

Duas ou três ações de aprimoramento com prazos e pessoas que eles precisarão envolver:

_____

_____

Um gestor pode imprimir o IDP de cada pessoa com antecedência e usá-lo como um guia para a discussão em cada conversa aspiracional. O IDP pode, então, ser atualizado e enviado por e-mail para o colaborador após cada uma dessas reuniões mensais.[10]

NÃO PULE OS NÍVEIS HIERÁRQUICOS

Quanto às reuniões com pessoas de diferentes níveis hierárquicos, é muito importante ter claro por que a instituição está promovendo um encontro potencialmente assustador com o chefe do chefe. Você deve se concentrar em oferecer às pessoas estímulos relativos ao seu aprimoramento profissional, mais do que tarefas do dia a dia das quais, talvez, você não tenha uma ideia tão nítida. Normalmente, você também não fará tantos comentários construtivos quanto poderia fazer a subordinados diretos, limitando-se a palavras de encorajamento e proposição de ideias — além de uma visão

106 A MELHOR EQUIPE VENCE

geral do direcionamento da organização, para ajudá-las a entender onde suas habilidades podem ser benéficas no futuro. E, claro, o líder sênior ouvirá ativamente.

É importante certificar-se de que o gestor do colaborador saiba que você vai conduzir a reunião, bem como obter alguns comentários daquele gestor antes do encontro. Um líder sênior não pretende prejudicar o supervisor direto do colaborador. Certa vez, quando ainda atuávamos no mundo corporativo, um líder sênior acabou fazendo isso com um de nossos subordinados diretos durante uma reunião entre diferentes níveis hierárquicos, e a culpa foi essencialmente nossa. Na reunião, nosso colaborador se queixou ao líder sênior sobre um plano de aprimoramento que havíamos lhe apresentado, e o grande chefe disse: "Bem, não se preocupe com isso, lembre-se de que você trabalha para mim, não para Chester e Adrian." Obviamente, em teoria, todos trabalhamos para o líder sênior, mas éramos nós que gerenciávamos aquele sujeito diariamente e, muitas vezes, seus companheiros de equipe se sentiam frustrados, porque nem sempre ele cumpria seus compromissos. Ele também passava horas, todos os dias, bajulando os executivos em seus escritórios, o que era uma coisa muito estranha. Estávamos tentando orientar o colaborador e, erroneamente, escondemos isso do líder sênior, para não prejudicar a reputação do rapaz. Cometemos um equívoco ao não divulgar o plano de aprimoramento e, na sequência, o grande chefe cometeu outro erro, dando a impressão de que o colaborador estava imune à nossa supervisão direta — o que também não ajudava em nada o caso.

Agora, com isso estabelecido, certamente os pontos positivos das reuniões entre pessoas de diferentes níveis hierárquicos compensam quaisquer potenciais pontos negativos. De fato, os benefícios de uma gestão personalizada desse tipo são tão valiosos que os gestores de níveis superiores deveriam se esforçar para encontrar um tempo para realizar, pelo menos, uma ou duas reuniões diretas anuais com colaboradores de diferentes níveis hierárquicos. Uma gestora que faz isso muito bem é Catherine Cole, diretora do grupo executivo de atendimento ao cliente da American Express, na Flórida.[11] Ela admite que essas reuniões podem ser intimidadoras para alguns colaboradores que, provavelmente, têm apenas um contato pouco frequente com o chefe de seu chefe. Por isso, ela faz um grande número de perguntas para estruturar as conversas e fazer as pessoas se sentirem confortáveis ao se expor: "Fale sobre sua jornada até aqui na American Express"; "A sua experiência no último ano foi benéfica para seu crescimento e seu progresso?"; "Cite uma ou duas coisas que o animam a vir trabalhar todos os dias?"; "O que faz você querer pressionar o botão soneca?" No fim da reunião, ela promete acompanhar todas as questões levantadas e ajudar no que estiver ao seu alcance.

Os colaboradores de Cole (e os seus superiores na hierarquia corporativa) estão entre os afortunados — aqueles que contam com um gestor que dedica um tempo para tomar conhecimento de suas conquistas e suas frustrações, que realmente quer promover a progressão na carreira e ajudar seus subordinados a crescer. Isso é gerenciar de forma personalizada no melhor estilo.

3

ACELERAR A PRODUTIVIDADE
Ajude os novos colaboradores e as novas equipes a trabalhar mais rapidamente e com mais inteligência

Em um episódio de *Seinfeld*, George Costanza fez uma entrevista para um emprego. Quando o responsável pela contratação diz que ficará fora da cidade por uma semana e tomará uma decisão quando retornar, o neurótico George é acometido por um de seus surtos ocasionais de excesso de confiança e decide aparecer na empresa enquanto o sujeito está ausente. O problema: George não tem a menor ideia de quais são suas atribuições e, ao receber o "Arquivo Penske", se limita a enfiá-lo dentro de uma pasta sanfonada. Essa história não termina bem.

Como era típico no programa, George causava seus próprios problemas. Mas muitas pessoas com quem conversamos relatam experiências insatisfatórias ao ingressar em equipes. Espera-se que elas fiquem a par das coisas rapidamente, mas muitas vezes elas são mal informadas sobre suas responsabilidades e não são apresentadas às pessoas-chave com as quais deverão trabalhar.

Em uma recente pesquisa sobre novas contratações, apenas 39% dos entrevistados relataram acreditar ter uma boa compreensão das atribuições inerentes a seu cargo após o primeiro dia e, três meses depois, apenas pouco mais da metade informava ter clareza sobre o que se esperava deles.[1] Caramba! A mesma pesquisa indicou que, frequentemente, não se dá a devida atenção aos preparativos mais básicos para os novos colegas

110 A MELHOR EQUIPE VENCE

da equipe, com cerca de uma em cada cinco pessoas recém-contratadas relatando não haver nenhuma mesa de trabalho no primeiro dia, um quarto afirmando não haver computador e um terço dizendo não contar com nenhuma linha de telefone. Conversamos com uma gestora de nível intermediário recentemente contratada, que afirmou ter perguntado ao executivo a quem ela se reportava se seria possível obter uma lista que enumerasse a equipe por departamentos e cargos, e ele respondeu com franqueza: "Por que você precisaria disso?" Nossa!

Os efeitos da incerteza são drásticos sobre a rotatividade. Várias tentativas de quantificá-los estimam que o preço de apenas uma contratação fracassada esteja entre 100% e 300% do salário do colaborador.

Que pessoa nova não chega a um emprego acreditando que impactará positivamente a qualidade dos produtos e serviços de sua nova organização? No entanto, ao fim de seis meses, 86% dos colaboradores nem sequer têm certeza de que permanecerão em suas novas empresas, muito menos de que impactarão positivamente qualquer coisa.[2] Trata-se de uma grande oscilação.

Fred Steckler, diretor administrativo do Escritório de Marcas e Patentes dos Estados Unidos, nos disse: "No primeiro dia de trabalho, todos se mostram envolvidos; o trabalho do gestor é não atrapalhar isso!" Bem dito.

O desafio de incorporar com sucesso os novos membros da equipe está se tornando ainda mais crônico com as crescentes necessidades de produtividade que as organizações vêm enfrentando, isso para não mencionar o movimento em direção a equipes mais flexíveis. O senso comum dizia que era preciso um ano até que os novos colaboradores aprendessem os macetes, mais um ano até que eles alcançassem o ponto de equilíbrio e, finalmente, em seu terceiro ano, eles deveriam se mostrar lucrativos. Obviamente, isso já está ultrapassado. Hoje, esperamos que as pessoas recém-contratadas aprendam todos os aspectos de seus empregos em cerca de um mês (às vezes, menos); se paguem no segundo mês; e, caso não se mostrem produtivas e rentáveis em seu terceiro mês, nós admitimos nosso erro e "as disponibilizamos para o mercado", como dizem algumas pessoas da área de recursos humanos.[3]

ACELERAR A PRODUTIVIDADE   111

Entretanto, os problemas de incorporação de novos membros da equipe não se limitam a quem é novo em uma organização. Se no passado a maioria das equipes permanecia junta por anos, às vezes décadas, hoje em dia a configuração de uma equipe pode mudar várias vezes no mesmo ano civil — com pessoas entrando e saindo. Os benefícios estão em uma alocação mais eficaz de talentos para impulsionar a rápida inovação e atender às demandas do fluxo de trabalho. Mas todas essas mudanças ultrarrápidas na composição da equipe podem levar a distorções. Qual equipe não precisa de algum tempo para aprender a trabalhar melhor em conjunto? Um exemplo impressionante são as tripulações de cabine de companhias aéreas. Os pilotos de hoje são soberbamente bem treinados e seguem protocolos rigorosos, o que permitiu montar equipes extremamente flexíveis que, de modo geral, se encontram para realizar um único voo. Às vezes, os pilotos trabalham em duas ou três aeronaves com equipes diferentes no mesmo dia. Embora isso tenha permitido o aprimoramento da alocação de tarefas da tripulação, há um preocupante efeito colateral: o Departamento Nacional da Segurança dos Transportes (NTSB, na sigla em inglês) descobriu que 73% dos incidentes de voo ocorrem no primeiro dia em que a tripulação está trabalhando junta.[4]

Certo, mas existem notícias boas? Existem muitas. Em um extenso estudo sobre como os colaboradores podem ser incorporados da melhor forma em equipes modernas, conduzido pelo professor Keith Rollag e seus colegas do Babson College, os pesquisadores revelaram: "Ao comparar as experiências de admissão rápida versus lenta de novos membros, nosso estudo descobriu que a papelada e o treinamento nunca eram os fatores diferenciadores."[5] Em linguagem simples, os acadêmicos descobriram que as coisas mais importantes que um gestor poderia fazer com uma pessoa nova em sua equipe era passar algum tempo esclarecendo sua função e construindo relacionamentos fortes com os membros da equipe imediata e outros profissionais dentro da empresa. As habilidades interpessoais do gestor, novamente, fizeram a maior diferença.

112 A MELHOR EQUIPE VENCE

Esta pesquisa e uma série de outros estudos inovadores nos ajudaram a identificar os fatores mais importantes para aumentar a produtividade de novas pessoas e novas equipes, de forma rápida e bem-sucedida. As soluções são simples o suficiente para que todos os líderes de equipe possam implementá-las; e, conforme descreveremos, observamos muitas delas em ação.

Os três fatores fundamentais a serem enfocados são: segurança, contexto e integração.

SEGURANÇA: SUPERANDO O FATOR MEDO

Se um colaborador for um novo contratado, ou se tiver sido convidado a se transferir para a sua equipe tendo saído de outro grupo de trabalho, juntar-se a uma equipe já estabelecida pode causar ansiedade tanto para o novo membro quanto para a equipe à qual ele está se integrando. Até mesmo os mais autoconfiantes podem se surpreender, perguntando a si mesmos: *A equipe será receptiva a mim, meu trabalho será valorizado, eu serei competente, será que eu vou gostar?* Por sua vez, com muita frequência, os atuais membros de uma equipe formulam suas próprias perguntas. Eles podem demonstrar ambivalência ou, pior, hostilidade em relação a um novo membro: talvez um amigo tenha deixado a equipe (ou tenha sido despachado) e o novo membro esteja tomando o lugar daquela pessoa. Talvez a nova contratação seja vista como uma ameaça, o que é possível se ela tiver experiência ou habilidades que os outros membros da equipe não tenham. Trazer um novo membro para a equipe também pode diminuir a produtividade por um tempo, até a pessoa ficar a par das coisas. Em suma, quando a composição de uma equipe muda, isso pode se tornar uma placa de Petri repleta de ansiedade.

Muitos gestores assumem que o desconforto é apenas um sintoma de novidade, uma condição natural que cuidará de si mesma com o passar do tempo. Considere o seguinte, porém: Vijay Govindarajan, professor de Dartmouth, e Hylke Faber, diretor-executivo da Growth Leaders

ACELERAR A PRODUTIVIDADE   113

Network, descobriram que gerenciar mudanças fundamentais de forma bem-sucedida — incluindo o fluxo dentro das equipes — tem muito a ver com a gestão do medo.[6] Na busca do sucesso da equipe, os líderes precisam garantir que as pessoas se sintam *seguras*. "Quando somos controlados por nossos medos, ficamos pelo menos 25 vezes menos inteligentes do que quando estamos em nossa melhor forma, (...) [que é] quando nosso cérebro mais primitivo, ou 'crocodiliano', programado para a sobrevivência, assume o controle", escreveram os pesquisadores. "Quando nossos crocodilos estão ativos, somos resistentes à mudança e operamos a partir do medo da sobrevivência. Nossos crocodilos estão tentando nos manter seguros, ao custo da inovação e da mudança."

Normalmente, você incorpora pessoas novas porque acredita que elas são talentosas e podem contribuir com a dinâmica do seu grupo. Você deseja que elas se ajustem à cultura, mas que também melhorem as coisas. A última coisa de que você precisa é que um novo colaborador se sinta inibido em relação ao exercício de seus talentos, mas é exatamente isso que muitas pessoas sentem.

Várias práticas podem ajudar a melhorar a sensação de segurança.

A. Contrate alguém que vai se ajustar à sua cultura

Antes de mais nada, traga as pessoas certas para a sua equipe. Vamos falar um pouco sobre Frank. Quando o conhecemos em uma viagem de negócios, ficamos com vontade de contratá-lo imediatamente. Levamos Frank à sede da empresa, para que ele fosse entrevistado por nossa equipe; na verdade, uma mera formalidade. Ficamos chocados quando a equipe pareceu não aprovar o seu nome. Um membro da equipe, Scott, implorou--nos para não contratar o rapaz. Ele tinha estudado mais profundamente as qualificações de Frank durante a entrevista e as habilidades declaradas foram ficando cada vez mais frágeis.

Mas o que Scott sabia? Havíamos passado muito mais tempo com Frank. Nós o contratamos.

114   A MELHOR EQUIPE VENCE

Frank se revelou um desastre, e levamos anos para nos desvencilhar de sua influência. A lição que aprendemos: para garantir a melhor adequação entre os atuais membros da equipe *e* as novas pessoas que estão sendo integradas, ouça sua equipe. Sua primeira entrevista com um candidato é apenas um passo e sua primeira impressão *pode* estar errada. Grandes líderes enviam candidatos para conhecer a equipe, seu chefe e uma ou duas pessoas na organização que não tenham interesse pessoal naquele cargo. É importante ouvir atentamente; seus especialistas no assunto, nomeadamente, podem ajudá-lo a investigar mais.

Neste processo de alinhamento com a cultura, também é importante perguntar aos candidatos *por quê*. Em algum momento da entrevista, seu candidato vai contar uma história sobre uma situação de trabalho difícil que ele superou. Ele parecerá um herói da mitologia grega. Para empregar o método socrático, é vital, portanto, perguntar *por quê?* e, depois, *por quê?* novamente, para determinar sua personalidade real e sua possibilidade de se ajustar à sua equipe. Por exemplo, "Por que você adotou esse caminho e não o outro?", "O que aconteceria se você tivesse ido para o outro lado?", "Por que seu sistema de valores o levou a fazer o que você fez naquele momento?"

B. Comece a orientar as pessoas antes de seu primeiro dia

Muitas vezes, os novos membros da equipe sentem uma estranha e chocante desconexão entre a demonstração de amor durante o processo de contratação e seu primeiro dia no trabalho. Suponhamos que, antes de entrarem pela porta, sua ansiedade comece a aumentar — *O que se espera de mim? Como posso causar uma boa impressão?* Uma maneira de assegurar às pessoas recém-contratadas que você está comprometido é começar o processo de aculturação antes mesmo de elas começarem a trabalhar. Isso pode ser tão simples quanto enviar, antecipadamente, uma carta de boas-vindas à sua casa, junto com algum histórico sobre a organização e quaisquer documentos que elas precisem assinar — o que, geralmente, consome boa parte de seu primeiro dia, de qualquer maneira.

ACELERAR A PRODUTIVIDADE **115**

Para informar a sua equipe sobre quem está sendo admitido, envie uma apresentação sobre a pessoa, discuta claramente por que ela foi escolhida em detrimento dos outros candidatos e descreva por que o conjunto de habilidades daquela pessoa ajudará a equipe a ser bem-sucedida. Para cargos particularmente importantes, você pode considerar colocar o novo colaborador em contato com alguns elementos-chave da equipe antes de seu primeiro dia de trabalho; colaboradores seniores podem ajudar a ensinar--lhe coisas específicas, das quais talvez nem mesmo você esteja ciente.

A vantagem de começar com antecedência talvez seja mais impressionantemente demonstrada pela Cultura Corporativa da Netflix, um conjunto de 124 slides que os colaboradores analisam antes de se integrar à empresa. Os slides perpassam os nove comportamentos valorizados pela empresa e oferecem muitos exemplos cristalinos e lógicos de como vivenciá-los. Apesar da extensão da plataforma — sério, são 124 páginas —, na realidade é uma leitura rápida, com apenas algumas palavras por slide. Os nove comportamentos são conceitos simples, como altruísmo e honestidade, e os exemplos são de fácil aplicação, como "Arrumar tempo para ajudar os colegas" e "Só dizer coisas sobre os colegas de trabalho que você diria a eles pessoalmente". A plataforma foi baixada mais de 17 milhões de vezes, e a diretora de operações do Facebook, Sheryl Sandberg, disse que "talvez seja o documento mais importante a emergir do Vale [do Silício]". Um elogio e tanto.

Dificilmente nos lembramos que a Netflix, que hoje em dia oferece sucessos vencedores do Emmy, como *Making a Murderer* e *Orange Is the New Black*, começou como uma casa que revendia DVDs pelo correio, pouco mais do que um irritante cão mordiscando os calcanhares da gigante da indústria Blockbuster, com seus 60 mil colaboradores (uma empresa cujas lojas foram convertidas em filiais da Cinnabon e Anytime Fitness). Em sua curta vida, a Netflix passou por várias transformações importantes. Então, por que preparar os slides e publicá-los on-line para os novos contratados? Porque expressar a cultura ajuda a fazer a iniciação dos novatos antes mesmo de eles entrarem pela porta; e, com seu rápido

116 A MELHOR EQUIPE VENCE

crescimento e desenvolvimento de novas tecnologias, a Netflix precisou incorporar muitas pessoas novas, *rapidamente.*

A expressão da cultura da empresa tem sido tão eficaz no esclarecimento de como os colaboradores devem se comportar que isso já pôs fim a diversas políticas. Não há, por exemplo, nenhuma política de férias nem regras de vestuário (a não ser "nós não trabalhamos nus"). O processo de reembolso de despesas tem apenas cinco palavras: "Aja em benefício da Netflix."[7]

C. Antecipe-se e enxergue o panorama geral

Quando Melissa Aquino recebeu uma oferta de emprego para comandar o Sistema de Negócios Danaher no posto de vice-presidente da sede corporativa, ela quis entrar preparada. "Antes de aceitar qualquer trabalho, quero saber quem são os meus stakeholders e o que significa ter sucesso para eles." Assim sendo, ela entrevistou alguns executivos da empresa e lhes fez três perguntas: "Do que você gosta na equipe à qual estou me integrando agora; o que ela faz corretamente?", "Do que você *não* gosta?" e "Que conselho você me daria?" Ela resumiu as descobertas para o diretor-executivo e sua equipe executiva, e montou um plano estratégico com três iniciativas principais. "Consegui dizer o que os stakeholders da equipe desejavam, qual a sua concepção de sucesso e qual a estratégia que poderia ser usada para alcançá-lo."

Doug Soo Hoo, ex-diretor de aprendizagem e desenvolvimento da Johnson & Johnson, explica que os gestores podem encorajar seus recém-contratados a aderir a esse tipo de processo, além de ser "uma boa maneira de sair do 'modo afundar ou mergulhar' e um investimento na empresa, que também denota um cuidado pelo sucesso do indivíduo", disse ele.[8]

D. Invista na qualidade do tempo no primeiro dia

Os gestores mais eficazes que conhecemos entendem que precisam passar uma boa quantidade de tempo com as pessoas novas no primeiro dia — cumprimentando-as pessoalmente, apresentando-as à equipe e mostrando-

ACELERAR A PRODUTIVIDADE **117**

-lhes o ambiente de trabalho. Já ouvimos muitas histórias de pessoas que tiveram pouco ou nenhum contato com seu gestor na primeira semana, e muito menos no primeiro dia.

Quando novos colaboradores de vendas se integram ao Philadelphia 76ers, o primeiro dia, de fato, é uma coisa muito importante. "Se você olhasse para isso a uma distância de 3 mil metros, pensaria se tratar de uma enorme estupidez", disse Braden Moore, diretor de perspectivas e análises. "Reunimos toda a equipe e pedimos que a pessoa nova diga de onde ela vem e conte um fato divertido sobre si mesma. Depois, pedimos que ela percorra um túnel de pessoas que a saúdam e atire uma bola de basquete (que nada mais é do que uma bola de Nerf atirada a uma cesta situada a 1,80m do chão). Queremos que você baixe sua guarda e aprenda a se sentir confortável, mesmo diante do desconforto."

Jill Snodgrass, vice-presidente de serviços e operações, acrescentou: "Como gestores, orientamos nossos recém-contratados para que seu fato divertido seja realmente divertido, que realmente faça acontecer. Então, na etapa de perguntas e respostas, nossos representantes perguntarão aos recém-contratados: 'Qual é a sua refeição favorita?'; 'Contra o que você preferiria lutar: um pato do tamanho de um cavalo ou cem cavalos do tamanho de um pato?' São coisas ridículas, mas que fazem as pessoas se soltarem e se mostrarem vulneráveis."

Todas as conversas realizadas no primeiro dia de trabalho devem incluir, explicitamente, a afirmação de que você está firmemente empenhado em ajudar os novos colaboradores a ter sucesso. Adoramos a forma como Ki-mArie Yowell, diretora sênior de desenvolvimento de talentos da Quicken Loans, explicou como seus líderes transmitem esse compromisso a cada pessoa nova: "Nossa cultura é única — somos uma organização divertida e barulhenta que odeia a burocracia corporativa. Para alguns, isso pode significar uma afronta ao sistema. Sabendo disso, nossos líderes de equipe passam algum tempo com cada novo contratado, independentemente de ele se envolver e abraçar imediatamente a cultura da empresa ou parecer que vai demorar um pouco mais para se familiarizar. Esteja você conosco

118 A MELHOR EQUIPE VENCE

há dez anos ou dez minutos, estamos comprometidos com seu sucesso. Você se comprometeu a vir trabalhar conosco, provavelmente abriu mão de muitas coisas, e nós levamos isso muito a sério. Você agora faz parte da nossa família."

Além do processo formal de admissão da Quicken Loans, cada equipe elaborou seu próprio programa de treinamento para novos colaboradores, exclusivo para aquelas funções específicas. Desenvolver sentimentos de colaboração e conexão é uma prioridade; o que significa que, sempre que possível, os novos integrantes da equipe ficarão bem no meio do grupo ou perto do líder, para que não apenas tenham acesso instantâneo a apoio, mas também sejam literalmente circundados por ele.

E. Facilite a orientação oferecida por outros membros da equipe

Temos certeza de que todos os que começaram em um novo emprego recordam vividamente o desconforto de ter de fazer mais uma pergunta para um chefe ou um colega. *Ah, meu Deus, lá vou eu de novo pela décima segunda vez hoje!* Alguns se lembram de ter sido destratados, recebendo respostas rudes daqueles que precisavam cuidar de suas próprias tarefas e não queriam ser mais uma vez interrompidos pelo sujeito recém-chegado. Isso exige um esforço conjunto dos líderes de equipes, enfatizando a todos os integrantes que as perguntas devem ser estimuladas e respondidas de forma integral, pacientemente e *sem* revirar os olhos.

Uma das melhores maneiras de garantir que os novos contratados realmente se sintam à vontade para fazer todas as perguntas desejadas é designar um membro da equipe para lhes servir de guia. No Instituto de Tecnologia de Massachusetts (MIT), que emprega 12 mil pessoas na área de Boston, os recém-contratados são recepcionados por um sujeito que fica de plantão na área de trabalho do novo colaborador durante o primeiro dia, se apresenta e organiza almoços conjuntos durante a primeira semana. O trabalho desse sujeito é levar o colaborador para conhecer as instalações do MIT, colocá-lo em contato com outros departamentos e estar disponível para responder perguntas. Ao longo dos meses seguintes, eles se encontrarão algumas vezes

ACELERAR A PRODUTIVIDADE **119**

para tomar um café ou um refrigerante, e ele convidará o novo contratado para reuniões de negócios e eventos sociais dentro do campus. Não se espera que o sujeito seja um especialista no assunto, mas um Grilo Falante capaz de oferecer conselhos práticos sobre o sucesso nesse ambiente cujo ritmo é acelerado.[9]

F. Estabeleça um código de conduta da equipe

Uma das questões mais difíceis no processo de integração a qualquer grupo de trabalho é detectar a cultura da equipe. Nos últimos tempos, uma das práticas que mais temos observado é a enunciação de um conjunto explícito de regras operacionais pelos líderes. As listas não devem ser extensas, abrangendo todas as possíveis ideias positivas. É sério: Moisés tinha apenas dez mandamentos e a maioria das pessoas não se lembra nem da metade. De modo geral, deve ser um conjunto simples de três ou quatro conceitos básicos, incluindo diretrizes sobre como interagimos uns com os outros.

Um excelente exemplo foi compartilhado por Tanner Elton, diretor de publicidade de entretenimento do varejista on-line Amazon. Sua equipe em rápida expansão conta com 25 subordinados diretos e outros 50 colaboradores de apoio — espalhados entre Los Angeles, Nova York, Seattle e Chicago. Com a diversidade de funções e locais, ele e os gestores assistentes passam um tempo extra ajudando os novos contratados a entender o que ele chama de Regra de Três, os princípios orientadores da equipe.

O número um é Não Dar Desculpas. "Porque as desculpas, mesmo quando válidas, nunca são admiráveis", disse o executivo da Amazon. "Deixamos claro que não somos uma cultura de equipe preocupada em explicar por que as coisas não funcionaram, ou por que algo não funcionará, mas uma cultura que encontra maneiras de resolver as situações."

O número dois é Fracassar Avançando. "Isso significa que queremos que você arrisque, seja inovador, promova uma transformação importante, e, se quebrar a cara, comemoraremos isso. Vamos cumprimentá-lo por um fracasso porque todos aprenderemos com ele, e isso nos levará ao sucesso final."

120   A MELHOR EQUIPE VENCE

A terceira regra é Fazer. "Ela se baseia na premissa de que podemos nos sentar em uma sala, lançar ideias e refletir para encontrar meios de melhorar a cultura ou fechar um negócio, mas temos de agir, agora", disse Elton. "Talvez alguém me diga: 'Sabe quem é incrível? O John. Ele fez um excelente trabalho naquela negociação.' Então eu respondo: 'Converse com ele. Mande um bilhete para ele antes que você esqueça. Agora mesmo. Eu espero.' Nós agimos agora, totalmente empenhados em promover um senso de urgência."

Elton nos contou sobre uma representante de contas recém-contratada, que levava essas regras muito a sério. Sua equipe na Amazon ainda era nova e estava apenas começando a ter algum sucesso, mas ainda apresentava falhas e frustrações suficientes para gerar algum ceticismo interno em relação ao futuro da publicidade de entretenimento. "A mulher chegou e logo perguntou qual era o tamanho usual de uma negociação", disse Elton. "Na época, era cerca de US$ 70 mil por lançamento. Mas eu respondi que o tamanho de uma negociação poderia variar entre US$ 300 mil e US$ 500 mil, e até um milhão de dólares, porque isso seria possível. Nunca havíamos fechado um negócio com valores tão expressivos, mas eu não queria inibi-la."

Com isso em mente, a nova contratada começou a fazer sugestões para que formas criativas de se chegar àquelas grandes quantias fossem encontradas. Logo depois, ela apresentou sua primeira proposta, de um modesto estúdio que buscava ajuda para lançar um de seus novos filmes. "Não é tanto quanto vocês costumam ganhar", disse ela. "São apenas US$ 725 mil." Elton ficou extasiado e admitiu que era a maior negociação que sua equipe já havia feito.

"Assim que ela demonstrou à equipe até onde se podia ir — na sequência, ela prosseguiu com outras transações de milhões de dólares —, toda a equipe começou a acreditar nisso", disse ele. "Atualmente, inúmeras pessoas já desenvolveram esse tipo de negociação."

Mesmo que você não deseje enunciar regras básicas explícitas para a sua equipe, sugerimos discutir detalhadamente a cultura de sua equipe com os novos membros — ou definir essas regras em conjunto, caso uma nova

ACELERAR A PRODUTIVIDADE **121**

equipe tenha acabado de se formar. Cada equipe tem maneiras distintas de operar e interagir, e os recém-contratados precisam conhecê-las para se sentir seguros. E é bem provável que os novos membros contribuam para promover a cultura da equipe de uma maneira importante e inovadora.

CONTEXTO: "VOCÊ ESTÁ AQUI"

Consta que o romancista Antoine de Saint-Exupéry afirmou: "Se você quer construir um navio, não chame as pessoas para juntar madeira e não lhes atribua tarefas e trabalho, mas sim ensine-as a desejar a infinita imensidão do oceano."[10] Este sábio conselho do sempre citado escritor francês fala sobre o poder de ajudar as pessoas a reconhecer a missão maior da qual fazem parte, em vez de enfatizar apenas as minúcias de sua própria função. E isso é especialmente verdadeiro no caso de novos colaboradores ou novas equipes.

Uma das maneiras mais poderosas de os gestores modernos e eficazes ajudarem as pessoas a experimentar um senso de pertencimento é fazê-las compreender o contexto global — a importância do trabalho que a equipe realiza e as contribuições específicas que se espera de cada um, além de oferecer uma perspectiva mais ampla de como isso ajuda o negócio como um todo. Esses líderes também auxiliam os membros da equipe a entender os desafios reais que a equipe e a organização enfrentam, tais como a concorrência externa, e as metas buscadas pela empresa.

Se a cultura é *quem* somos como organização ou equipe e *como* nos comportamos, o contexto é *onde* nos encaixamos no mundo que nos rodeia.

Voltemos à Netflix por um momento, que faz um trabalho particularmente bom em ajudar os novos integrantes da equipe a entender a posição da empresa na indústria e os francos desafios que estão à sua frente, ao longo da New Employee College [Faculdade dos Novos Colaboradores, em tradução livre]. O diretor-executivo, Reed Hastings, e os demais diretores de divisão explicam minuciosamente todos os aspectos dos negócios — ajudando os novatos a entender onde cada equipe se encaixa no quebra-cabeça geral.

122 A MELHOR EQUIPE VENCE

A ex-diretora de talentos da empresa, Patty McCord (que agora trabalha como treinadora de outras lideranças), explicou que a Netflix montou essa faculdade porque os colaboradores precisavam compreender melhor as alavancas que movem sua organização. "Recentemente, visitei uma startup no Texas cujos colaboradores eram, em sua maioria, engenheiros com vinte e poucos anos de idade. 'Aposto que metade das pessoas nesta sala nunca leu um relatório de perdas e lucros', comentei com o diretor-financeiro. E ele respondeu: 'É verdade — eles não têm experiência em finanças nem em negócios, e nosso maior desafio é ensiná-los como a indústria funciona.' Mesmo que você tenha contratado pessoas que desejam apresentar um bom desempenho, é preciso comunicar claramente como a empresa ganha dinheiro e quais são os comportamentos que impulsionarão seu sucesso."

Segundo McCord, na Netflix, por exemplo, em um passado nem tão distante, os colaboradores estavam extremamente focados no aumento do número de assinantes, sem se dar conta de que as despesas estavam muito mais elevadas do que os novos fundos. "Estávamos gastando muito dinheiro comprando DVDs, criando centros de distribuição e encomendando programação original, tudo isso antes de recolhermos um centavo sequer de nossos novos assinantes", acrescentou. "Nossos colaboradores precisavam aprender que, embora a receita estivesse crescendo, a gestão das despesas era algo muito importante."

Esse conceito de deixar claro o contexto parece bastante simples, mas, na prática, muitos de nós ficamos tão preocupados em instruir os colaboradores sobre *como* executar suas funções específicas que dedicamos pouco tempo e atenção ao estabelecimento de um contexto igualmente importante: *por que* o trabalho precisa ser feito e para *quem* o trabalho está sendo executado.

O presidente da Pixar Animation Studios, Ed Catmull, ensina pessoalmente a importância do contexto para todos os recém-contratados, enfatizando que eles devem se sentir confiantes para se pronunciar e desafiar o *status quo*. "Falo sobre os erros que cometemos e as lições que aprendemos. Minha intenção é persuadi-los de que nem tudo está planejado, e

ACELERAR A PRODUTIVIDADE **123**

pretendemos que todos nos perguntem por que estamos fazendo algo que não parece fazer sentido para eles. Não queremos que as pessoas assumam que, pelo fato de sermos bem-sucedidos, tudo o que fazemos é certo."[11]

A Square, empresa de pagamentos móveis, leva seus novos contratados para visitar os comerciantes locais, a fim de entender o quanto seu produto é importante para esses clientes e a maneira exata como ele é utilizado. A empresa de software Infusion monta um campo de treinamento de um mês de duração para todos os recém-contratados, onde ensina todas as habilidades que uma pessoa precisa saber para ter um bom rendimento na empresa — desde a proposição de novas ideias e o levantamento de requisitos até as boas práticas de programação e, finalmente, como codificar.

Para um gestor, a incorporação de cada novo colaborador ou nova equipe deveria ser encarada como um projeto. E, nos atuais ambientes de trabalho, é importante lembrar que isso não tem a ver apenas com o ensino de habilidades profissionais; tem a ver também com incutir a compreensão de onde a equipe se encaixa no panorama geral. Pense nisso como aquele ponto vermelho nos painéis de centros comerciais, dizendo: "Você está aqui."

INTEGRAÇÃO: É PARA ISSO QUE SERVEM OS AMIGOS

A terceira chave para aumentar a velocidade na produtividade é ajudar os novos membros da equipe a construir relacionamentos sólidos com os colegas. Vínculos como este criam um senso mais forte de integração — sentimento de ser aceito pelos colegas de trabalho, o que, por sua vez, aumenta o comprometimento com a equipe e a organização.

Reconhecemos que a ideia de ajudar seus subordinados a estabelecer amizade com seus colegas de trabalho pode parecer um tanto esquisita, até mesmo em um livro sobre habilidades interpessoais. Trabalhamos em estreita colaboração com os líderes seniores, geralmente diretores-executivos, e podemos contar nos dedos de uma única mão o número de diretores que nos procurou interessados em aumentar as *amizades* entre

124 A MELHOR EQUIPE VENCE

seus colaboradores. Então, vamos compartilhar alguns estudos recentes e fascinantes que reforçaram a importância de ajudar os novos integrantes da equipe a desenvolver relações.

Mencionamos, anteriormente, um estudo das práticas de admissão nos negócios conduzido por Keith Rollag e seus colegas do Babson College. Eles encontraram novos parceiros que se integravam rapidamente — com mais presteza, mais rapidez e mais sucesso —, construindo uma rede de socialização melhor, com uma gama mais ampla de colegas do que a maioria dos novatos. Uma das empresas participantes do estudo era especializada em energia global. Os pesquisadores descobriram que, enquanto a maioria dos recém-contratados se comunicava regularmente com apenas alguns colegas — sobretudo dentro de suas próprias equipes —, um novo colaborador, Jake, "rapidamente se tornou um dos principais jogadores". Ele estabeleceu conexões sólidas com vários outros membros da equipe e outras pessoas para além de seu grupo, transformando-se em uma valiosa fonte de informações, conectando-se eficientemente com aqueles que ele conhecera para atender aos seus propósitos.

Os pesquisadores destacam que algumas pessoas, assim como Jake, são simplesmente mais eficazes quando se trata de desenvolver redes pessoais rapidamente, o que pode sustentar a noção de que esta, afinal, não é a tarefa de um gestor. Não caberia aos próprios colaboradores, individualmente, a tarefa de dar um passo à frente e aprender as habilidades das redes de socialização? Mas os pesquisadores argumentam que a lição, aqui, é justamente o inverso: os líderes que integram de forma mais bem-sucedida os recém-contratados assumem o que se chama de *abordagem relacional* da tarefa, auxiliando ativamente os novos membros da equipe a criar vínculos sociais importantes.

Essas descobertas foram confirmadas por um notável estudo de Alex Pentland e uma equipe do Laboratório de Dinâmica Humana do MIT.[12] Eles estudaram os padrões de comunicação entre as equipes de alto desempenho e as de baixo desempenho, definindo o alto desempenho como aqueles grupos de trabalho "favorecidos com a energia, a criatividade e o

ACELERAR A PRODUTIVIDADE **125**

comprometimento compartilhado, que se sobrepõem facilmente às demais equipes". E quem não iria querer uma equipe como essa? Os professores estudaram uma ampla gama de setores, distribuindo aos membros de cada equipe crachás eletrônicos que rastreavam as comunicações. Os resultados mostraram um padrão distintivo de interação nas melhores equipes, em que todos os membros se mantinham em contato regular uns com os outros. A conectividade inclusiva, conforme se descobriu, foi o fator mais importante para conduzir ao alto desempenho. Tratava-se de um fator "tão significativo quanto todos os outros fatores — inteligência individual, personalidade, habilidade e o conteúdo das discussões — combinados", escreveram os pesquisadores. E quanto mais tempo demorar para que os novos integrantes desenvolvam relações boas e comunicativas com seus colegas, mais o desempenho da equipe estará impedido de alcançar seu pleno potencial.

Descobrimos que as amizades no trabalho não promovem apenas uma comunicação mais sólida. Os resultados obtidos na Pesquisa Q12 da Organização Gallup apontam, de modo incontestável, que ter um melhor amigo no trabalho aumenta o comprometimento com a empresa, a confiança na liderança e o engajamento geral; de modo análogo, ter vários amigos no trabalho aumenta exponencialmente todos os itens anteriores.[13] Uma pesquisa distinta descobriu que os colaboradores com pelo menos seis amigos no trabalho têm duas vezes mais chances de confiar na gestão e são quase três vezes mais propensos a afirmar que adoram trabalhar naquele local (64% contra 24% nesta última variável).[14]

A antítese disso é uma equipe composta de pessoas solitárias, que não se sentem conectadas com aqueles que as rodeiam. Em que medida isso pode ser uma coisa boa? Indivíduos isolados têm muito mais probabilidades de se mostrar desconectados de sua organização, sob todos os critérios de mensuração.

Normalmente, fomentar os laços de integração tem sido considerado algo fora dos limites da descrição do cargo de um gestor. Seja honesto:

126 A MELHOR EQUIPE VENCE

quando foi a última vez que lhe pediram para estimular a intimidade dentro de sua equipe? Ainda assim, considere o impressionante aumento no desempenho da equipe que os pesquisadores do MIT observaram em um centro de atendimento bancário que, simplesmente, fazia com que todos os integrantes da equipe saíssem juntos para o intervalo do café, em comparação com a prática usual de escalonar as horas de intervalo. Reconhecidamente, era uma dor de cabeça para os gestores — ter de redirecionar as chamadas para outras áreas e fazer um treinamento cruzado com outros grupos sobre as necessidades de seus clientes, a fim de garantir uma cobertura eficaz —, mas aconteceu algo extraordinário que valeu a pena o esforço extra. O tempo médio de espera nas chamadas — uma das principais medidas da produtividade do centro — caiu em mais de 20% nas equipes que haviam apresentado o desempenho mais insatisfatório e 8% em termos gerais. As pontuações de satisfação dos colaboradores também aumentaram drasticamente. A gestão ficou tão impressionada com o fato de essa despretensiosa mudança ter produzido resultados tão marcantes que o banco estava planejando alterar os horários de intervalo em todos os seus dez centros de atendimento, prevendo um aumento de receita de US$ 15 milhões devido às melhorias de produtividade. Logicamente, este é um estudo de caso de um centro de atendimento de um único banco, mas ele sugere que relações sociais mais sólidas dentro de uma equipe podem ajudar a melhorar o fluxo de informações, bem como a disposição geral.

Então, como os gestores podem ajudar seus novos contratados ou suas novas equipes a promover esses tipos de relações mais rapidamente? A seguir, apresentamos nossas Leis de Construção de Integração:

A. Atribua aos novos membros da equipe uma tarefa que os *obrigue* a conhecer outras pessoas

Quando você incorpora uma pessoa nova em sua equipe, pelo menos uma tarefa inicial deveria ser fazer com que ela estabelecesse contato com vários outros membros da equipe e de outras áreas da organização. Pode parecer contraditório atribuir a um novato uma tarefa tão ampla, mas criar uma rede de socialização é vital para vincular a pessoa à organização e para que ela se coloque a par das coisas mais rapidamente, mesmo que ela demore mais tempo do que um veterano para cumprir essa tarefa específica.

Uma vice-presidente com quem conversamos costuma fazer isso, segundo ela, com o objetivo de evitar que os recém-contratados permaneçam isolados. Ela nos contou sobre um novo gestor que foi incorporado à sua equipe. "Meu estilo de gestão é bastante extrovertido, mas o recém-chegado tinha um estilo muito introvertido", disse ela. O estilo dele era semelhante ao de outro executivo da empresa: "Então, enviei-o para passar alguns dias ao lado daquele líder, observando-o, frequentando suas reuniões, ajudando-o a entender como aquele estilo de liderança poderia ser, de fato, bem-sucedido."

B. Organize uma saída com a equipe, sem ligação com o trabalho

Observamos os efeitos positivos da criação de experiências de vinculação na prática, de forma excepcional, quando acompanhamos G.J. Hart, diretor-executivo da California Pizza Kitchen. Ele convidara sua equipe de liderança, os gerentes gerais de restaurantes — muitos dos quais recém--chegados à organização —, para passar um dia inteiro realizando ações de retribuição social, pintando clubes infantis e reconstruindo parques em um bairro desfavorecido durante sua conferência anual de operadores. Quando a equipe retornou de seu trabalho voluntário, seus integrantes, suados e cobertos de poeira, apoiavam seus braços nos ombros uns dos outros e comemoravam bastante. Era um dia do qual eles nunca mais se esqueceriam, e, desde então, a maioria das pessoas com quem conversamos afirma que fez amizades que perduram até hoje. Agora eles sentem que podem pegar o telefone e contar com o apoio de outro gerente geral, mas, mais importante ainda, de alguém que eles consideram um amigo.

Atividades como essa não precisam ser complexas, apenas algo que possa estimular a conversa e a interação entre todos. Um almoço ao ar livre, um lançamento de disco no parque no fim do dia e até mesmo reunir a equipe para jogar boliche na sexta-feira à tarde são atividades que podem ajudar a criar vínculos entre as pessoas. Como gestor, é importante que você esteja particularmente presente nessas saídas — o que significa que você precisa desligar seu telefone e se concentrar em seus subordinados.

C. Facilite o compartilhamento de conversas sobre a vida pessoal

Outra grande alavanca para criar sentimentos de integração é fazer com que os membros da equipe se familiarizem uns com os outros, não apenas como colegas, mas também como indivíduos que têm interesses comuns dentro do trabalho e fora dele. Lembre-se de que Chris Hadfield, capitão da Estação Espacial, convidou os membros de sua equipe para se reunir e compartilhar histórias de suas vidas pessoais antes de eles saírem de órbita. Quando eles terminaram de se apresentar, todos já compreendiam melhor a história de cada um.

Dan Helfrich, líder da equipe de serviços públicos federais da Deloitte, começa a criar sentimentos de integração nas equipes que ele assume promovendo um encontro presencial entre os integrantes (mesmo que sejam remotos e tenham de viajar), e todos compartilham o que esperam conquistar ao lado da equipe geral e para si mesmos como indivíduos. "Isso cria um ambiente em que as pessoas se conhecem rapidamente de forma confiável e integrada, e, como líder, você começa a juntar esse mosaico de interesses e crenças das pessoas, entendendo por que o trabalho que estamos fazendo é tão importante."

D. Aproveite a tecnologia para inspirar vínculos sociais

As equipes que estudamos estão abrindo cada vez mais espaços on-line para que os colaboradores compartilhem atualizações, memórias e eventos do dia a dia. Esses fóruns da equipe ou feeds de notícias sociais não apenas ajudam os colaboradores a se manter em contato com mais facilidade, como também podem ser usados para montar um centro colaborativo de ideias, parabenizar-se mutuamente por conquistas e fazer anúncios pessoais especiais.

A equipe de tecnologia da TED (você já ouvir falar das conferências TED) está espalhada por vários estados dos EUA, de modo que os membros usam muitas ferramentas colaborativas e videoconferências.[15] Segundo eles, investir em fones de ouvido de alta qualidade para cada membro da equipe faz uma grande diferença, assim como insistir para que cada pessoa encontre um ambiente com uma porta que possa ser fechada, a fim de manter a privacidade durante as reuniões on-line. Algumas tradições interessantes foram desenvolvidas nessas chamadas de vídeo — durante os lançamentos, por exemplo, todos usam um chapéu meio ridículo, de sua livre escolha. A equipe de tecnologia também possui um canal de descontração, voltado para publicação de notícias aleatórias, artigos interessantes, debates inúteis e GIFs que mimetizam a camaradagem e as bobagens que são ditas durante o café na copa, quando todos estão trabalhando juntos.

MAIS RAPIDAMENTE NÃO SIGNIFICA TERMINAR EM UMA SEMANA

Os métodos que apresentamos neste capítulo podem ser adotados por qualquer gestor, tomam pouco tempo e exigem pouco ou nenhum dinheiro. Para enfatizar o valor de considerar esse assunto com seriedade, encerramos o capítulo descrevendo o exemplo mais impressionante que já encontramos sobre colocar as pessoas a par das coisas. Não por coincidência, ele é conduzido por uma das mais bem-sucedidas empresas existentes, e da qual, provavelmente, você nunca ouviu falar: a Danaher Corporation.[16] Aqui, a história também aponta para uma última prática fundamental, cuja adoção todos os gestores deveriam considerar. continue integrando os novos membros da equipe pelo menos durante os três primeiros meses.

Já mencionamos a Danaher algumas vezes neste livro, mas talvez você não conheça muito sobre ela. A Danaher produz coisas essenciais para profissionais de ciência e tecnologia, desde microscópios de alta tecnologia até dispositivos de diagnóstico médico e equipamentos para testar a qualidade da água. Pode não parecer sedutor, mas desde o fim da década de 1960,

130 A MELHOR EQUIPE VENCE

apenas a Berkshire Hathaway e a Altria superaram a Danaher no retorno aos acionistas; a Microsoft e a Oracle já conseguiram fazê-lo desde suas ofertas públicas iniciais de 1986, mas isso é tudo. Sendo assim, a menos conhecida Danaher está em rara companhia, e a história da empresa é pertinente para nossa discussão porque as pessoas aqui estão organizadas em equipes flexíveis e existe um fluxo e refluxo contínuo de pessoal entre os locais de trabalho. E eles estão sempre contratando novos associados (este é o termo usado pela Danaher para todos que trabalham lá, desde colaboradores até gestores e executivos).

Conhecemos esta fabulosa empresa há alguns anos, quando o diretor-executivo, Tom Joyce, nos pediu para implementar uma iniciativa de engajamento dos associados por meio de uma palestra dirigida a seus líderes seniores. Descobrimos, rapidamente, que as pessoas ambiciosas e valentes da Danaher têm oportunidades de carreira quase ilimitadas para se deslocar entre as equipes, aprender e crescer. O próprio diretor-executivo, Joyce, começou como gerente de projetos de marketing no grupo de ferramentas da Danaher, em 1989. Mas também se trata de uma cultura que requer algum tempo até a pessoa se acostumar. É por isso que, segundo Angie Lalor, vice-presidente sênior de recursos humanos, a empresa considera seu processo de admissão vital para seu sucesso. Mas tal processo nem sempre foi tão eficaz assim.

Lalor afirmou: "Em diversas ocasiões, trouxemos pessoas muito bem-sucedidas para a empresa e elas tiveram dificuldades; em alguns casos, elas fracassaram. Era uma falha na forma como nós as estávamos admitindo na equipe. Elas não tinham uma compreensão suficientemente boa da cultura e do Danaher Business System (DBS) — do quanto o DBS é importante para seus cargos e para o modo como lideramos nossas equipes."

Para entender a Danaher, é preciso entender o DBS, o exclusivo processo de aprimoramento contínuo da empresa, que impulsiona todos os aspectos da organização, desde a produção enxuta até a inovação e a liderança. Ele estimula todos os associados a se esforçar ao máximo para melhorar infinitamente. Ao contrário de metodologias semelhantes em algumas

ACELERAR A PRODUTIVIDADE **131**

empresas — que podem estar instaladas unicamente no departamento de produção —, o DBS é a alma de cada uma das equipes da Danaher. E ele funciona sempre. A empresa apresenta um surpreendente registro de aquisição de empresas, melhorando suas operações e gerando desempenho e crescimento substanciais. A Danaher tem garantido cerca de 20% de retornos anuais aos acionistas há mais de duas décadas.

O processo da Danaher para incorporar novas contratações é chamado de Imersão, é personalizado para cada pessoa e específico para cada função (o que significa que ele é diferente para gerentes gerais, líderes de operações, profissionais de vendas, cientistas, engenheiros etc.), além de ser especialmente projetado para ajudar as pessoas a compreender a importância do DBS e seu papel na defesa de uma cultura DBS.

Isso significa que, durante um período máximo de três meses após se integrar à empresa, um novo associado não será alocado em sua empresa operacional específica e não assumirá nenhuma de suas funções habituais. Ele não responderá e-mails, não atenderá telefonemas nem frequentará reuniões regulares da equipe. Não importa se será o presidente de uma empresa operacional ou ocupará uma posição hierárquica inferior, ele passará aqueles meses aprendendo. O tempo será gasto em análise comparativa, visitas a outras empresas operacionais, observação de contextos de trabalho e desenvolvimento de uma rede de socialização que lhe será útil no futuro. O novo associado também visitará clientes, conhecerá as tecnologias Danaher e, o mais importante, verá o DBS em ação.

Assim sendo, o novo contratado integrará pelo menos alguns eventos "kaizen" de aprimoramento de processos, cada um deles com duração de uma semana. "São dias longos, muitas vezes das 6 horas da manhã até as 9 horas da noite, resolvendo problemas", disse Lalor. "Novos líderes trabalharão lado a lado com experientes operadores de máquinas e operadores mais jovens, em uma mesma célula, para aprimorar um processo. É uma maneira incrivelmente rica de aprender e entender culturalmente a abordagem de esforço máximo para a melhoria contínua."

E, durante todo o processo, o recém-contratado manterá um *Diário de Imersão* detalhado sobre o que vem aprendendo e, na sequência, gastará

132 A MELHOR EQUIPE VENCE

cerca de uma hora por semana para rever as aprendizagens com seu supervisor e, algumas vezes, com outro mentor.

Antoine Preisig passou por um processo de Imersão de três meses antes de assumir seu cargo de gestor geral da Europa, Oriente Médio e região da África da X-Rite, uma das empresas operacionais da Danaher. Ele nos disse: "Devo admitir que cheguei à Imersão apreensivo. Eu vinha trabalhando há 25 anos em excelentes empresas (Dell e Logitech). Eu tinha boas competências empresariais. Fiquei me perguntando: 'Será que eu serei reprogramado?' Enquanto era submetido às sessões, minhas defesas começaram a diminuir. Percebi que esta é a cultura com a qual eu desejo trabalhar."

A Imersão é menos extensa para os colaboradores individuais, mas, ainda assim, envolve aprendizagem baseada em ação, que auxilia cada novo associado a entender o contexto ao qual deve se ajustar e a construir uma rede de associados a quem recorrer.

Porém, apesar de apreciarmos a ideia de que todas as equipes possam adotar um método formal tão rigoroso quanto o da Danaher para colocar as pessoas a par das coisas, sabemos que, para quase todos nós, isso está fora do alcance. Mesmo assim, todos os líderes de equipe são capazes de fazer grandes progressos e alcançar resultados comparáveis, personalizando os planos de admissão para cada novo contratado e estendendo o processo para além do período inicial de lua de mel, por, pelo menos, noventa dias.

Algumas ideias básicas para o processo de três meses de atualização rápida dos recém-contratados incluem:

- ✓ Nomeie um mentor (ou vários), de modo que o novo integrante possa observar o contexto de trabalho e aprender mais sobre a equipe e a organização.
- ✓ Certifique-se de que os projetos e os objetivos iniciais sejam desafiadores, mas, acima de tudo, alcançáveis.
- ✓ Acompanhe, ao menos mensalmente, a progressão na carreira de todos os colaboradores, por meio de uma conversa aspiracional.
- ✓ Incite e estimule interações sociais entre os membros da equipe e aqueles que não pertencem diretamente à equipe.

ACELERAR A PRODUTIVIDADE   133

✓ Reúna-se várias vezes ao longo do primeiro mês para fornecer contexto sobre a equipe e a organização e para responder quaisquer perguntas sobre o panorama geral.

✓ Promova conversas presenciais, ao menos semanalmente, para tratar de metas de desempenho e atribuições.

✓ Atribua à pessoa um projeto extra, vinculado às metas corporativas, que a ajudará a sair dos limites de sua equipe, conhecer pessoas dentro da organização e entender melhor o valor de sua equipe para a organização como um todo.

4

DESAFIAR TUDO

Estimule a inovação por meio da discordância saudável

Um levantamento feito com os clientes da Bell Helicopter mostrou que os helicópteros da empresa eram vistos como confiáveis e seguros, mas não particularmente inovadores. Mesmo conhecendo o nome Bell, muitas vezes as pessoas o associavam aos Hueys da Guerra do Vietnã. O novo diretor-executivo, Mitch Snyder, pretendia tirar a empresa octogenária de sua rotina e romper alguns hábitos; por isso, algumas semanas depois de assumir a liderança da empresa, em 2015, ele montou uma Equipe de Inovação composta por engenheiros e os colocou para trabalhar ao lado de artistas gráficos e designers criativos, muitos dos quais haviam trabalhado no setor de videogames ou de cinema. Os artistas eram experientes na criação de impressionantes naves espaciais e veículos militares para histórias digitais, filmes de ficção científica e videogames, mas sabiam muito pouco a respeito dos requisitos técnicos de voo. Os engenheiros costumavam criar helicópteros seguros e eficientes, mas não particularmente imaginativos.

"Parecia uma ideia simples, mas era tudo, menos isso", lembra Snyder. "Juntamos as duas equipes, e houve muito ceticismo."

Robert Hastings, chefe de pessoal da empresa, participou de algumas das primeiras reuniões da Equipe de Inovação. Ele nos relatou: "Os designers falavam: 'E se as asas fossem assim?' E os engenheiros respondiam:

136 A MELHOR EQUIPE VENCE

'Não.' Então, os designers tentavam novamente: 'E se as asas fossem desse jeito?' E os engenheiros: 'Não. Não vai voar.' Era como se estivéssemos assistindo a uma partida de pingue-pongue."

O líder da Equipe de Inovação, Scott Drennan, lembra-se de provocar os designers, dizendo que eles "estavam nos tratando como Buck Rodgers ou *Battlestar Galactica*".

Mas Snyder não estava disposto a desistir. "Transferimos todos eles para uma única sala, convivendo em tempo integral." E ele estabeleceu algumas regras básicas. "Criamos uma área de segurança. Sei que isso é básico, mas abrimos o debate. Dissemos que não havia ideias estúpidas; que as pessoas poderiam falar qualquer coisa." A equipe foi informada de que deveria reagir respeitosamente a todas as ideias, independentemente de seu aspecto despropositado ou infundado. "A regra era: ninguém ri nem critica, e vocês devem encontrar uma maneira de aceitar pelo menos uma parte de cada uma das ideias", disse ele.

As reuniões da equipe eram acirradas. O diretor-executivo lembra: "Eu aparecia em algumas das salas de trabalho e eles diziam: 'Achamos melhor você sair.' O nível de tensão era bastante elevado. Mas se eu aparecesse em um de nossos restaurantes naquela mesma tarde, eles estavam todos lá, almoçando juntos. Lutar lado a lado nas trincheiras une mais as pessoas."

O engenheiro Drennan afirmou: "Eu soube que estava funcionando quando todos aqueles 'Isso nunca vai funcionar' se transformaram em um discreto e sorrateiro sussurro, que dizia: 'Sabe, talvez isso funcione.'"

As ideias revolucionárias que emergiram desta equipe servirão como "roteiro para o futuro dos voos circulares", segundo um artigo de uma publicação do setor. Snyder ficou mais do que orgulhoso da manchete escolhida por esse crítico: "E se a Lamborghini e a Tesla projetassem um helicóptero?"[1]

Além disso, a disponibilidade e a colaboração permitiram que os membros da equipe aprendessem uma enorme quantidade de coisas uns com os outros. O diretor-executivo afirmou: "Os designers aprenderam mais sobre a aerodinâmica e a mecânica de como as aeronaves voam, além de

DESAFIAR TUDO **137**

aspectos de segurança, e nossos engenheiros conseguiram compreender melhor o design e a forma como as pessoas se relacionam com a criatividade e o imaginário visual. Recentemente, em uma de nossas reuniões, alguém sugeriu: 'Por que não colocamos essa linha aqui?' E um dos designers criativos disse: 'Não, isso não vai funcionar aerodinamicamente.' Você não sabe mais quem são os designers e quem são os engenheiros. Eles se tornaram uma verdadeira equipe colaborativa. Hoje, eles estão extremamente envolvidos, bastante orgulhosos de si mesmos e uns dos outros. Não se trata mais de um grupo posicionado de um lado ou de outro; eles estão unidos."

Snyder promoveu instintivamente o que a professora Amy Edmondson, da Escola de Negócios de Harvard, chama de segurança psicológica. Lembre-se de que, no Google, os pesquisadores do Projeto Aristóteles descobriram que o grau de segurança psicológica dos membros da equipe parecia ser *o* fator mais importante para conduzir ao alto desempenho naquela empresa. Mas o que isso quer dizer exatamente? Edmondson define a segurança psicológica como "um clima em que o foco possa estar na discussão produtiva que permita a prevenção precoce de problemas e a consecução de objetivos compartilhados, pois as pessoas estão menos propensas a se concentrar na autoproteção".[2]

De acordo com o engenheiro Drennan, na Bell Helicopter é a segurança psicológica que está conduzindo o mecanismo de inovação, "dando-nos permissão para falhar, ir além das regras e processos históricos, subverter nosso modelo de negócios e inovar radicalmente. Agora, nos comportamos mais como um bando em busca de soluções do que um rebanho à procura de abrigo."

As pesquisas sustentam essa ideia. Elas mostram que o desempenho da equipe é aprimorado quando todos os membros se sentem confortáveis para falar abertamente dos problemas — e, até mesmo, dos erros cometidos — e livres para fazer perguntas, buscar opiniões sinceras, discordar dos colegas, desafiar suposições e compartilhar ideias — mesmo aquelas que se contraponham à visão predominante da equipe. Além disso, em ambientes de alto desempenho, os membros da equipe confiam que os colegas de trabalho e seu gestor não os penalizarão nem os menosprezarão caso eles peçam ajuda.

138 A MELHOR EQUIPE VENCE

Lance Trenary, diretor-executivo da cadeia de restaurantes Golden Corral, adotou uma regra simples em sua empresa: "Nunca atire no mensageiro." Quando um membro da equipe diz algo completamente contrário ao senso comum, ele considera essencial que a ideia seja ouvida e debatida pelos demais. "Também procuramos garantir que as pessoas recebam o devido crédito por uma excelente ideia, de modo que elas percebam que celebramos novas formas de pensar."

No entanto, em estudos extensivos com equipes de trabalho em uma ampla gama de indústrias, Edmondson descobriu que, de forma geral, os colaboradores percebem algum grau de risco ao se contrapor às suas equipes. Muitos de nós ficamos preocupados de sermos considerados ignorantes ou inconvenientes se fizermos perguntas demais; incompetentes se admitirmos nossos erros; perturbadores ou insubordinados se desafiarmos o pensamento predominante. Tememos o constrangimento se sugerirmos ideias pouco convencionais (mas qual inovação não é?). E isso não acontece apenas com o mais assustadiço entre nós; muitas vezes, os colegas de equipe mais destemidos também ficam preocupados.

Vamos colocar isso em alguns contextos reais: imagine que uma enfermeira leia o prontuário de um paciente e tenha certeza de que a dosagem de um remédio está errada, mas ela segue em frente e administra o medicamento porque o médico responsável havia dito a ela antes para não desafiar suas ordens. Ou suponha que um primeiro oficial esteja copilotando um avião de passageiros com seu capitão e acredite que o oficial sênior está cometendo um sério erro de avaliação em relação à aproximação para o pouso, mas ele não fala nada porque não tem tanta experiência assim. Ou imagine uma vice-presidente recentemente contratada que compareça à sua primeira reunião da equipe executiva e ouça seus novos colegas conversarem com otimismo sobre uma fusão iminente. Ela está familiarizada com a empresa em questão e tem sérias reservas quanto a isso, mas ela é novata e não quer parecer negativa.

Descobrimos que, nos atuais ambientes de equipe com melhor desempenho, os membros se sentem extremamente confortáveis ao fazer comentários proativos, manifestando-se até mesmo quando sua opinião não tenha sido solicitada. De fato, um sinal evidente de uma equipe saudável é que os colaboradores fazem comentários difíceis de assimilar uns aos outros, em vez de descarregar todos os problemas em cima do chefe e esperar que eles percam relevância. Isso já aconteceu alguma vez?

Há vantagens empresariais inquestionáveis nesta abordagem da liderança de equipe. Os colaboradores que ocupam os cargos mais importantes têm percepções valiosas sobre como a organização pode ser melhorada. Ricardo Semler, diretor-executivo da Semco no Brasil, cultiva um valor fundamental de "democracia" em sua empresa, o que significa um profundo envolvimento dos colaboradores. "Claramente, os colaboradores que controlam suas condições de trabalho serão mais felizes do que os colaboradores que não as controlam", afirmou ele. "Porém, em cerca de 90% do tempo, a gestão participativa é apenas conversa fiada."

O compromisso de Semler com o conceito foi testado quando sua empresa precisou construir uma instalação maior para sua divisão marítima. "Os corretores imobiliários procuraram durante meses e não encontraram nada. Pedimos, então, que os colaboradores ajudassem, e no primeiro fim de semana eles encontraram três fábricas para venda, todas na vizinhança. Fechamos a empresa por um dia, colocamos todos dentro de um ônibus e fomos inspecionar os prédios. Em seguida, os colaboradores votaram — e escolheram uma fábrica que os conselheiros, na verdade, não queriam. Foi uma situação interessante — que testou nosso comprometimento com a gestão participativa", disse ele.

Semler e a equipe de liderança aceitaram a decisão dos colaboradores porque "deixar as pessoas participarem das decisões que afetam suas vidas terá um efeito positivo na motivação e no moral dos colaboradores".[3] A empresa comprou o prédio e mudou-se para lá, e os colaboradores criaram um projeto para um sistema de produção flexível. "Essa fábrica pertence, de fato, aos seus colaboradores. Eu me sinto como um convidado toda vez que entro ali", disse o diretor-executivo.

140 A MELHOR EQUIPE VENCE

Os resultados: a produtividade da divisão marítima — medida pelos dólares ganhos por cada colaborador — triplicou e a participação de mercado das vendas marítimas aumentou de 54% para 62%.

É desconcertante que tantos gestores ainda resistam a escutar seus subordinados quando se trata de decisões que afetam o trabalho deles, e nem sequer os convidem a participar da forma que Semler fez. Não é que os gestores sejam mal-intencionados, mas, simplesmente, fazer com que os colaboradores se envolvam pode ser confuso e demorado — é muito mais fácil falar sobre isso do que colocar em prática.

Contudo, para estimular a verdadeira inovação, descobrimos que as melhores equipes participam de forma colaborativa em um livre compartilhamento de ideias. A noção popular de um inconformista solitário que apresenta a cura do câncer ou a invenção do iPod é um mito romântico. Os melhores líderes com quem conversamos creditam seu sucesso à ávida divulgação de ideias dentro e entre as equipes — e não a um punhado de gênios.

TUDO COMEÇA COM O GESTOR

Ora, pode parecer que o debate seguro e a abertura, naturalmente, prosperariam mais em culturas empresariais inovadoras — por exemplo, uma equipe da Apple não seria, necessariamente, mais propícia a esse tipo de coisa do que uma equipe de uma antiquada empresa de manufatura ou uma pequena empresa focada em conserto de automóveis? Ou talvez alguém argumente que o tipo de trabalho que será atribuído à sua equipe faça uma grande diferença — se você pertencer à área de pesquisa e desenvolvimento, o debate incessante e o compartilhamento aberto de ideias não fariam mais sentido? E quanto a equipes encarregadas, principalmente, de executar procedimentos? O gerente de um armazém, centro de atendimento, restaurante, pronto-socorro, agência de seguros ou outro tipo de equipe orientada para o processo realmente quer que os colaboradores fiquem o tempo todo fazendo recomendações de melhorias? E o que dizer das equipes que vivem pressionadas pelo *tempo* — os líderes dessas equipes têm horas suficientes em seu dia para participar de debates abertos? E quanto ao potencial de *distúrbio* provocado pelo debate — as discussões entre os membros da equipe não poderiam provocar um desvio do foco em escritórios de ambiente aberto? Finalmente, o que dizer sobre as *regras* — e se uma empresa tiver processos rigorosos de medição de desempenho que exijam que os gestores controlem os erros dos colaboradores e os comuniquem?

Certamente, todo líder de equipe deve trabalhar dentro dos limites aceitáveis em relação ao estímulo ao debate e à geração de ideias. E, sim, os líderes devem manter seus subordinados focados, para garantir que as metas sejam alcançadas e os clientes sejam atendidos em tempo hábil. É justo. Evidentemente, há uma hora e um lugar para a abertura e o debate, e há ocasiões em que você deve seguir as políticas da empresa e executar uma tarefa. Mas todos os gestores podem fazer mais para promover a segurança psicológica entre os membros da equipe, e todas as equipes podem ser mais criativas e motivadas. Quando conduzimos seminários dentro das organizações, é surpreendente a frequência com que os líderes seniores de ambientes aparentemente orientados por processos nos pedem para encorajar seus subordinados a assumir riscos mais inteligentes e desafiar o *status quo*. Eles têm uma necessidade desesperada de criatividade.

A professora Edmondson enfatiza que metas estritas de desempenho não são, de modo algum, um anátema para desenvolver maior segurança psicológica dentro de uma equipe. Muito pelo contrário, a clareza das metas e a responsabilidade pessoal e perante a equipe ajudam a motivar os membros. "A segurança psicológica (...) pode aumentar os efeitos motivadores das metas", acrescentou ela, e não significa que os membros da equipe sintam "uma ausência de pressão".

Então, como os gestores podem promover melhor esse tipo de cultura — em que as pessoas se sintam seguras para se manifestar e ser ouvidas, sem deixar de sentir uma pressão positiva para conquistar sempre mais?

142 A MELHOR EQUIPE VENCE

Ray Dalio, fundador da Bridgewater Associates (o maior fundo de investimento especulativo do mundo), diz que é preciso começar com uma transparência radical. Ele ilustra como isso funciona compartilhando um cáustico e-mail que recebeu de um de seus colaboradores (Jim Haskel) após uma reunião. "Ray, você merece um D- pelo seu desempenho hoje na reunião", escreveu o colaborador. "Você não se preparou nem um pouco, porque não existe nenhuma possibilidade de você ter se preparado e ter estado tão desorganizado assim. No futuro, eu(nós) pediria(mos) que você reservasse algum tempo para se preparar... não podemos deixar isso acontecer novamente."

Em vez de ficar irritado, Dalio distribuiu o e-mail para todos os colaboradores da Bridgewater. "Preciso de comentários desse tipo", disse ele.

Dalio diz que tal franqueza contribuiu para criar um ambiente de trabalho mais meritocrático, em que as melhores ideias emergem e os debates podem florescer. Segundo ele, no entanto, há algumas exceções: "Você não precisa dizer às pessoas que sua calvície está aumentando ou que seu bebê é feio", disse ele, com um sorriso.[4]

Eis aqui um conjunto básico de práticas mais eficazes executadas por líderes de equipe que, como pudemos observar, exerceram tal transparência e aprimoraram os sentimentos de segurança psicológica em modernos grupos de trabalho:

- Diminuir a distância de poder entre você e sua equipe.
- Definir as regras para o debate e conduzi-lo.
- Fazer perguntas de forma diligente e pública aos membros da equipe, em todos os níveis.
- Ouvir as vozes radicais.
- Criar espaço para os riscos e os fracassos.
- Definir metas estritas da equipe e monitorá-las de forma transparente.

Vamos abordar cada uma dessas ideias.

HIERARQUIA NÃO SIGNIFICA QUE VOCÊ ESTEJA SEMPRE CERTO

É claro que, poucos líderes hoje são autocráticos e idiotas inacessíveis, como os retratados na mídia popular (logo me vem à mente o sr. Burns). Contudo, entrevistamos mais de 850 mil colaboradores nos últimos anos, e essas pessoas deixam bastante claro que vários gestores contemporâneos ainda evocam este lema: "Simplesmente não tenho tempo para sua contribuição ou suas perguntas." Na maioria das vezes, por conta de seus horários complicados, ou talvez por não sentirem necessidade, inúmeros gestores começam a dificultar a disposição dos colaboradores de desafiar o *status quo* e se manifestar. Tivemos a infeliz experiência de fazer parte de uma equipe liderada por esse tipo de gestor. Quando uma empresa na qual trabalhamos anos atrás decidiu criar uma equipe multifuncional para aumentar a receita da prestação de serviços, achamos uma ótima ideia. Embarcamos na experiência com as mais altas expectativas e, na primeira reunião, tentamos fomentar discussões e debates abertos — na presença do executivo responsável e de outras pessoas. Ficamos confusos com o fato de nenhum de nossos colegas estar participando, mas o motivo ficou claro após a reunião. O executivo responsável entrou impetuosamente em nosso escritório, fechou a porta e nos avisou, em termos inequívocos: "Vocês nunca mais vão me contradizer na frente dos meus colaboradores."

Nós o contradissemos, mas silenciosamente.

Explosões emocionais desse tipo deixam todos confusos. Afinal, debater diferentes pontos de vista não seria justamente o motivo para se montar equipes multifuncionais? Compare esta atitude com o que o fundador da Apple, Steve Jobs, revelou sobre os debates em suas reuniões de equipe. Quando lhe perguntaram se os membros de sua equipe estariam inclinados a falar caso achassem que ele estava errado, Jobs riu. "Ah, sim, temos discussões maravilhosas", disse ele. Quando lhe perguntaram se ele ganhava essas discussões, ele foi categórico: "Ah, não, não se pode ganhar. Se você deseja contratar pessoas excelentes e fazê-las continuar

144 A MELHOR EQUIPE VENCE

trabalhando para você, deve permitir que tomem muitas decisões e sejam guiadas pelas melhores ideias, não pela hierarquia. São as melhores ideias que devem ganhar."[5]

Ora, segundo relatos de pessoas que lhe eram mais próximas, dificilmente faltava a Jobs um forte ponto de vista, e ele defendia suas posições com grande ímpeto. Ele também era rigoroso na atribuição de tarefas. E é por isso que ele era um excelente exemplo desta prática. Ele estabelecia os mais altos padrões de contribuições e responsabilidade, mas estava disposto a ouvir e a se deixar influenciar. Ele queria o debate. Ele exigia isso. Ele sabia que isso melhoraria a sua equipe e os produtos da empresa.

Nos últimos anos, em um esforço para minimizar a tendência das estruturas de gestão hierárquica de fazer com que os colaboradores se sentissem subalternos ou engrenagens em uma máquina de gestão, algumas empresas tentaram horizontalizar seus organogramas. Parece bastante lógico. Afinal, em muitos ambientes de trabalho, os colaboradores nos contam que sentem como se tivessem de guardar suas opiniões para si mesmos e deixar que os chefes tomem as decisões. Assim, será que a horizontalização não ajudaria os colaboradores em todos os níveis hierárquicos a se sentirem mais senhores dos desafios e dos sucessos? Em teoria, a horizontalização também aceleraria as decisões, difundindo a responsabilidade, e tornaria as empresas mais inventivas e ágeis, por serem mais responsivas às demandas dos clientes e aos problemas que surgem na linha de frente.

Infelizmente, livrar-se da hierarquia não foi tão simples assim. Mais do que nunca, as equipes contemporâneas precisam da responsabilidade que um gestor oferece, além de direcionamento e orientação. Porém, o que percebemos ter papel decisivo é a redução na distância de poder.

Para entender esse conceito, recorremos ao trabalho do sociólogo Geert Hofstede, que quantificou a distância de poder em mais de cem países.[6] Uma alta distância de poder significa que um chefe, normalmente, é o líder incontestável de sua equipe — sua palavra é lei —, enquanto em países com pontuações mais baixas os colaboradores normalmente se sentem mais seguros de tomar iniciativas e desafiar o *status quo*. Os gestores de

DESAFIAR TUDO **145**

ambientes com baixa distância de poder dão muito mais liberdade aos seus colaboradores, envolvendo-se principalmente quando há desafios a serem superados ou conquistas a serem celebradas. Hofstede diz que os ambientes de trabalho chineses têm uma média de distância de poder elevada, 80; as equipes japonesas têm cerca de 54; os ambientes de trabalho dos Estados Unidos registram, em média, 40; as culturas do Reino Unido têm em torno de 35; enquanto as equipes dinamarquesas — com uma pontuação de 18 — têm uma das médias de distâncias de poder mais baixas do mundo (apenas Israel e Áustria pontuam menos).

Na Dinamarca, ao contrário de outras partes do mundo, a gestão não é percebida como particularmente prestigiosa. Ser gestor é apenas mais um papel a ser cumprido na equipe. E uma parte amplamente reconhecida do trabalho de um gestor é criar a sensação de abertura e de integração com os colegas da equipe, envolvendo-os respeitosamente na resolução de problemas, reconhecendo sinceramente suas realizações únicas e assegurando que todas as vozes sejam ouvidas.

Na realidade, os dinamarqueses têm uma palavra para toda essa cooperação entre colegas: *arbejdsglæde*.[7] Embora possa parecer algo criado acidentalmente diante de um teclado de computador, é uma mistura eufônica de duas raízes: *arbejde*, que significa trabalho, e *glæde*, ou felicidade. Então, *arbejdsglæde* é a "felicidade no trabalho" ou a "alegria com o trabalho" (pronunciar "arh-baides-gläde" seria bastante próximo). E há uma recompensa nisso. Considerando que apenas 5 milhões de pessoas vivem no país, a Dinamarca produziu um número surpreendente de inovações, incluindo a memória magnética, o alto-falante, as baterias de pilhas secas, a insulina, o fibroscópio e os tijolos de Lego, apenas para citar alguns. O país também é o número um em todo o mundo em relação ao percentual de pessoas felizes, o número seis no PIB per capita (os Estados Unidos são o décimo) e o número quatro com o maior percentual de colaboradores satisfeitos e leais (atrás apenas da Bélgica, Noruega e Costa Rica). E a Gallup descobriu que, enquanto 18% dos colaboradores nos EUA são ativamente desmotivados — o que significa que estão emocionalmente desconectados da visão e dos valores de seus ambientes de trabalho —, nas equipes dinamarquesas esse percentual cai quase pela metade.

Interessante que possamos ouvir falar de uma habilidade interpessoal como a segurança psicológica em uma terra construída pelos vikings (conhecidos mais por pilhagem do que por coisas que apelem à sensibilidade).

A igualdade nos ambientes de trabalho na Dinamarca é, inclusive, regulamentada. Qualquer empresa com mais de 35 colaboradores é obrigada a abrir pelo menos uma vaga em seu conselho para um representante dos colaboradores, eleito por seus pares. Esse conselheiro exerce seu cargo por algum tempo, antes de dar oportunidade a outro colaborador. Os colaboradores que servem ao conselho fazem isso em pé de igualdade e têm os mesmos direitos de voto que todos os outros membros do conselho.[8]

O essencial de tudo isso: quanto menor o poder dominante exercido por um gestor, mais inclusão ele cria e mais grupos se dispõem a participar e gerar ideias.

Os gestores de equipe não precisam de uma iniciativa corporativa para ensejar esse tipo de inclusão. Eles podem, simplesmente, empregar práticas no nível da equipe que inspirem seus integrantes a se manifestar e a ser mais ousados no compartilhamento de ideias e no envolvimento em debates mais contundentes. Uma dessas práticas é, de fato, programar os debates e liderá-los — seguindo um conjunto de regras básicas respeitosas. É o que veremos a seguir.

A HARMONIA ESTÁ SUPERESTIMADA

As equipes mais eficazes e inovadoras que estudamos promovem debates regulares e intensos — e foi divertido testemunhá-los. A capacidade de discordar sem ofender é essencial para a comunicação robusta e a resolução de problemas dentro das equipes. No entanto, quando perguntamos aos grupos de líderes o que é melhor — uma equipe que seja quase sempre harmoniosa ou que apresente conflitos e discussões —, a grande maioria vota em uma equipe sem desarmonia. A ironia é que

DESAFIAR TUDO **147**

os companheiros de equipe *anseiam* pela oportunidade de desafiar uns aos outros. Desde que as discussões sejam respeitosas e todos tenham a chance de contribuir igualmente, a maioria das pessoas prospera nesse tipo de debate — considerando-o não apenas intelectualmente estimulante, mas importante para chegar à causa dos problemas e encontrar as melhores soluções. As equipes se sentem mais unidas e mais eficazes quando se envolvem regularmente em discussões desafiadoras, quando os membros são encorajados a contestar as ideias e as perspectivas dos outros. Isso também é válido mesmo se os debates ficarem um pouco mais inflamados.

Ainda assim, qualquer um que já tenha participado de uma discussão no trabalho sabe o quanto pode ser difícil as pessoas manterem a calma. É provável até que alguém fique ressentido com você e tente revidar após uma desavença. É por isso que os gestores devem estabelecer regras básicas para um debate saudável e, pelo menos no início, precisam coordenar ativamente muitas dessas discussões — servindo de modelo para os comportamentos adequados: como defender um ponto de vista, questionar os colegas educadamente e não se levar muito a sério. É também dever dos líderes de equipe assegurar que todos os membros compreendam que as discussões não devem ser monopolizadas por uma ou duas vozes mais fortes, mas que todos devem ter a chance de se manifestar.

Quase todos os líderes de equipe que entrevistamos estabeleceram explicitamente regras básicas para o debate dentro de suas equipes. Recomendamos levar em consideração as seguintes regras:

- Tratar uns aos outros com respeito (desafiar o ponto de vista, não a pessoa, e não transformar a questão em assunto pessoal).
- Ouvir uns aos outros cuidadosamente antes de responder, e pedir esclarecimentos, caso necessário (procure reunir os fatos e não tire conclusões precipitadas).
- Vir ao debate pronto para apresentar fatos e dados (não suposições).
- Lembrar que você *não* está competindo para ganhar (os debates são oportunidades de encontrar as melhores ideias, ser esclarecido

148 A MELHOR EQUIPE VENCE

e aprender — não de marcar pontos ou reiterar expressamente suas perspectivas).

- Depois de a equipe tomar uma decisão colaborativamente, sustentar esta decisão (mesmo que não tenha sido ideia nossa ou que possamos ter certas reservas).

Um dos gestores que monitoram e orientam ativamente esses tipos de debates em sua equipe é Mark Beck, diretor-executivo da JELD-WEN, fabricante global de janelas e portas, com 20 mil colaboradores. Ele nos disse que cabe aos líderes intervir e proteger seus subordinados quando a discussão se inflama. "Às vezes, você usa a mera leveza", disse ele. "Nosso diretor financeiro é realmente bom nisso. Em momentos particularmente tensos, ele diz, com uma voz paternal: 'Agora todos se acalmem.' Então, ele abre um sorriso e todos riem. Instantaneamente, isso permite que a tensão seja ligeiramente reduzida."

Em alguns casos, diz Beck, ele pode apoiar uma pessoa cujo ponto de vista esteja sendo atacado, mesmo que ele não concorde necessariamente com aquela perspectiva. Não se trata de um artifício de jogo; trata-se de mostrar que a pessoa está propondo um raciocínio razoável, que deveria ser respeitado. "Quem está atacando geralmente se retrai um pouco e suaviza seu tom quando um líder age dessa forma", disse ele.

E, acrescenta Beck, os gestores devem assumir a liderança para que todos participem, formulando as perguntas adequadas. Eis aqui apenas alguns exemplos de excelentes perguntas lançadas pelos líderes de equipe durante os debates:

- É uma boa reflexão. Pode nos mostrar o processo que você percorreu para chegar a essa conclusão?
- Quais regras estamos rompendo aqui?
- Qual é o nosso maior risco nisso e qual é a nossa alternativa?
- E se não fizéssemos nada, o que aconteceria?
- Estamos deixando alguma coisa de lado?
- O que temos de fazer para encontrar uma solução juntos?

DESAFIAR TUDO **149**

- Além de nos gerar lucro, como essa decisão mudaria nossas vidas e faria do mundo um lugar melhor?

Beck afirmou que perguntas inteligentes podem encorajar o debate ativo quando uma equipe está estagnada ou aprisionada em uma zona de conforto. Nesses momentos de inércia, ele diz aos seus subordinados diretos: "A única maneira que vocês têm de colocar suas pautas na agenda da equipe de gestão é estruturá-las como uma pergunta; e, coletivamente, teremos de apresentar uma resposta."

Este diretor-executivo também defendeu vivamente que "mudar a questão" — ou reformular a questão em jogo — pode potencializar a resolução de problemas. Beck nos contou a instrutiva história de uma equipe que ele coordenou quando trabalhava para um antigo empregador. Na época, ele foi designado para remodelar um dos negócios de transformação pesada da empresa. "O negócio estava em crise e os pedidos dos clientes estavam diminuindo sensivelmente", disse ele. "A pergunta que a equipe vinha se fazendo era: 'Como vamos sobreviver?' Percebemos que se tratava da pergunta errada. Nós a modificamos para: 'Como podemos sair desta crise em uma posição melhor?'"

Isso incentivou a equipe. Eles concluíram que a única maneira de tornar o negócio lucrativo e de oferecer a qualidade e a quantidade de produtos de que os clientes necessitavam era realizar investimentos adicionais no aprimoramento do processo e na capacidade de transformação. Para chegar a esse resultado, eles teriam de alterar substancialmente o modelo de negócios. Mas a liderança e o conselho administrativo da empresa não aprovariam centenas de milhões de dólares investidos em uma abordagem igual à de sempre. "Sentimos que um novo modelo de negócios, com um conjunto ousado e agressivo de ações, era nossa única esperança", disse ele.

E, de fato, era ousado. O plano da equipe compreendia: racionalização da base de clientes e oferta de produtos; melhoria da eficiência de produção com novas tecnologias e metodologias que mudariam a forma como os produtos eram fabricados; aumento dos preços para cobrir os custos; e

150 A MELHOR EQUIPE VENCE

garantia de viabilidade e estabilidade mediante a assinatura de acordos vinculantes a longo prazo com seus clientes. Beck descreveu da seguinte forma: "Essencialmente, estávamos oferecendo a um seleto grupo de clientes um maior nível de garantia de suprimentos a longo prazo, caso eles concordassem com uma nova maneira de fazermos negócios."

Isso se mostrava popular perante aqueles clientes? Dificilmente. Todos lutaram contra a mudança, mas, finalmente, por meio de uma cuidadosa negociação, eles começaram a perceber que aquele era o único caminho viável para todos. O negócio começou a se tornar rentável e, mais importante ainda, começou a ter a capacidade de fornecer produtos em número suficiente para ajudar seus clientes a crescer.

Isso significava que, logo depois, a equipe estava em condições de construir uma nova fábrica para atender à demanda. Assim, seguiu-se outro debate, com alguns membros da equipe defendendo a construção da fábrica nos Estados Unidos, outros preferindo instalá-la na China. A previsão de retorno sobre o investimento estava dentro da margem de erro em cada um dos locais, e então Beck apresentou a questão aos membros do conselho. Eles também ficaram divididos. A matemática não levava a equipe a lugar algum; aqueles em posições hierárquicas superiores estavam em dúvida, então qual seria a decisão correta?

Beck afirmou: "Mais uma vez, mudamos a pergunta. Alteramos de 'Onde podemos ganhar mais dinheiro?' para 'Em qual local seremos capazes de obter um retorno aceitável, considerando os Cisnes Negros que podemos enfrentar?'" Ao se referir aos Cisnes Negros, Beck estava usando a expressão popularizada por Nassim Nicholas Taleb, professor da Universidade de Nova York, em seu livro *O Cisne Negro*, para descrever grandes eventos que desafiam as expectativas e trazem consigo um potencial punitivo.

Beck e a equipe examinaram detidamente dez cenários de Cisne Negro que poderiam ocorrer no curto prazo, como a China decidir-se pela flutuação de sua moeda e os EUA elegerem um novo presidente que dará início a uma guerra comercial. A equipe atribuiu uma probabilidade de ocorrência para cada situação de Cisne Negro.

DESAFIAR TUDO   151

Em seguida, sob cada situação de Cisne Negro, a equipe determinou o retorno potencial que seria obtido por uma fábrica nos Estados Unidos e uma na China. "Em cerca de 90% dos casos poderíamos ter um retorno aceitável nos EUA, mas em apenas 50% poderíamos ter um retorno aceitável na China", disse ele. "Não tomei a decisão; ela se tornou unânime quando a equipe se engajou nesse debate." E, hoje, essa empresa tem uma nova e agradável fábrica no estado de Nova York.

Um último exemplo de reformulação da pergunta. Quando Beck chegou à JELD-WEN, o foco da empresa estava na preparação para a oferta pública inicial (vender suas ações publicamente pela primeira vez). Ele mudou a pergunta para: "Como nos preparamos para nos tornar uma empresa da Fortune 500?" Sim, a JELD-WEN lançou suas ações na bolsa e foi extremamente bem-sucedida (a procura excedeu a oferta em quinze vezes e as ações subiram 30% no primeiro mês), "mas isso ocorreu porque estávamos focados na construção de uma empresa da Fortune 500", disse ele. "Se tivéssemos nos concentrado apenas na oferta pública inicial e encarado isso como a meta final, acho que nossa história não teria impactado os investidores da mesma forma."

Pelo fato de suas equipes se aterem a regras básicas respeitosas, Beck estima que eles conseguem chegar a um consenso em torno de 99% das vezes. "Se isso for feito da maneira correta, normalmente não há necessidade de um líder ter de tomar uma decisão; ela se torna óbvia para todos. Poderia, simplesmente, dizer: 'Deixe-me resumir o que acho que todos nós estamos afirmando.'"

Mas, é lógico, até mesmo nas equipes mais saudáveis há momentos em que uma pessoa ou um pequeno grupo firma posição em torno de um tema — querendo adotar um determinado caminho quando todos já fizeram um movimento mental para o outro lado. Quando todos os argumentos já foram defendidos, Beck afirma: "Se não houver mais nada a fazer, o líder deve declarar o óbvio. Mas, ainda assim, você pode fazer isso de uma maneira que não fique parecendo que alguém ganhou e alguém perdeu. Um líder poderia dizer: 'Os argumentos de ambos os lados foram fantásticos. Posso

152 A MELHOR EQUIPE VENCE

entender por que pessoas razoáveis seguiriam qualquer um dos dois. Mas temos de tomar uma decisão. É por isso que penso que precisamos seguir por aqui.' Assim, na próxima vez, os membros da equipe não se sentirão intimidados ao defender um ponto de vista. Ninguém achará que perdeu; cada colega de equipe saberá que o líder valoriza sua contribuição sincera."

BUSCAR OPINIÕES DISTINTAS DE FORMA DILIGENTE E PÚBLICA

Líderes eficazes como Beck se mostram genuinamente curiosos em relação aos pontos de vista e às ideias dos colaboradores. Eles fazem muitas perguntas às pessoas presentes nas reuniões e estimulam a conversação, e isso encoraja todos a se envolver verdadeiramente. Eles também procuram valorizar a contribuição de todas as vozes, especialmente dos membros da equipe em posição hierárquica inferior, que, de alguma forma, podem estar relutantes para se manifestar.

Uma ótima história a esse respeito nos foi contada por Linda Kaplan Thaler, que, na ocasião, estava ocupando o cargo de presidente da agência publicitária Publicis Kaplan Thaler, na cidade de Nova York.[9] Quando foi encarregada de criar uma campanha de conscientização sobre o câncer de mama para a rede Lifetime, a empresa reuniu suas melhores mentes criativas. Uma jovem estagiária passou praticamente despercebida no encontro. Era uma de suas primeiras sessões para lançamento de ideias, e ela não estava disposta a se pronunciar em meio aos gênios criativos que desenvolveram campanhas publicitárias de grande sucesso, como o Pato Aflac e "Não quero crescer, sou um garoto Toys 'R' Us". Mas Kaplan Thaler pediu e convenceu a jovem estagiária a compartilhar algo, qualquer coisa. A presidente nos contou: "A estagiária disse: 'Isso pode parecer totalmente insano, mas quando minhas amigas e eu assinamos as mensagens que enviamos umas para as outras, sempre terminamos com *Você é meu sutiã*. Isso significa que você é meu apoio, aquilo que me põe para cima. Provavelmente é louco demais; não posso acreditar que acabei de dizer isso.'"

DESAFIAR TUDO **153**

Essa ideia desvairada se transformou na campanha nacional de conscientização sobre o câncer de mama da Lifetime, estrelada por Whoopi Goldberg. "Transformou-se em uma coisa enorme", disse Kaplan Thaler. "Por quê? Porque pedimos que eles não se inibissem, que compartilhassem qualquer ideia disparatada. Imagine se aquela jovem nunca tivesse sido convidada para uma reunião e nunca tivesse levantado a mão, ou não se sentisse à vontade para compartilhar uma ideia. Não teríamos tido uma campanha tão memorável."

Para extrair as melhores ideias, os líderes de equipe devem prestar muita atenção se todos os membros concordam com o rumo assumido por uma discussão em equipe ou se uma ou duas pessoas ainda não emitiram sua opinião. Beck nos disse: "Se o grupo estiver começando a formar um consenso, mas uma pessoa não estiver de acordo, geralmente é possível observar isso em seu rosto. Eu poderia dizer: 'Parece que você não está convencido disso. O que você acha?' Se eles não se pronunciarem, você precisa pedir que o façam."

Jose Maria Zas, líder do mercado latino-americano de serviços globais de cartões da American Express, diz que estimula sua equipe a frequentar os debates não com reclamações, mas com soluções alternativas — das mais absurdas às mais conservadoras. E ele encoraja todos a expressar suas opiniões. "Lembro-me de uma época em que eu liderava uma equipe em uma cultura altamente verbalizada, onde as pessoas costumavam atropelar umas às outras na hora de falar. Introduzi o uso de uma pedra. Informei que todos teriam a oportunidade de falar; porém, um de cada vez, e a pessoa a falar deveria segurar a pedra entre as mãos. Simples, sim. Mas eficaz."

Muitas vezes, os gestores permitem que um punhado de vozes poderosas domine a discussão e, rapidamente, encerram o debate e os questionamentos. Entendemos a necessidade de seguir adiante. Vamos admitir uma coisa: as perguntas podem ser enfadonhas e o tempo é sempre limitado. Mas é importante que os líderes lutem contra o impulso de dissuadir os questionamentos. Adrian sempre se lembrará de uma colega de ensino médio que exemplificava um comportamento fantástico. Enquanto a maioria

154 A MELHOR EQUIPE VENCE

dos alunos em sua turma de matemática do décimo segundo ano sofria durante as aulas devido a uma desinformação estoica, mantendo-se em absoluto silêncio para evitar admitir sua ignorância, uma aluna brilhante chamada Emily não hesitava em levantar a mão e dizer: "Não entendi." O professor, então, explicava novamente um conceito particularmente complexo, com o qual Emily concordaria, e o professor seguiria adiante, ou então ela sacudiria a cabeça e diria: "Não, ainda não entendi. Eu sou a única?" Ela, literalmente, *exigia* clareza. Ela não tinha medo. E a classe inteira de Adrian aprendeu muito mais por causa disso.

TIRAR PROVEITO DA SABEDORIA DOS RADICAIS

Logicamente, alguns membros da equipe não precisam de muitos estímulos para compartilhar suas opiniões. Muitas das grandes equipes que estudamos têm pelo menos um membro que pode ser descrito como um *radical*. Richard Hackman os chamava de *desviantes*.[10] Hackman foi professor de psicologia social e organizacional em Yale e, logo depois, em Harvard, e talvez tenha sido o principal pensador do trabalho em equipe de sua época. Ele afirmou: "Toda equipe precisa de um desviante, alguém que possa ajudá-la desafiando a tendência de se buscar um excesso de homogeneidade, o que pode sufocar a criatividade e a aprendizagem. São (eles) os que recuam e dizem: 'Espere um minuto, por que estamos fazendo isso mesmo? E se analisássemos de trás para frente ou invertêssemos o ponto de vista?' E é aí que as pessoas dizem: 'Ah, não, não, não, isso é ridículo', e então surge a discussão sobre o que é ou não ridículo."

Em muitos ambientes de trabalho, porém, os gestores pedem a seus elementos radicais — em termos inequívocos — que guardem sua radicalidade para si mesmos. Já os grandes líderes investem nesse espírito de contrariedade.

Hackman afirmou: "Em nossa pesquisa, examinamos cuidadosamente as equipes que produziram algo original e aquelas que tiveram um rendimento apenas mediano, sem que nada realmente se destacasse.

DESAFIAR TUDO **155**

Descobriu-se que as equipes com desviantes superaram as equipes sem esses indivíduos. Em muitos casos, o pensamento desviante é uma fonte de grande inovação."

Como se pode imaginar, as pessoas que se desviam da norma geralmente o fazem a um grande custo pessoal. Nossa colega do ensino médio, Emily, provavelmente sabia que poderia ser condenada ao ostracismo por seus companheiros de escola — a maioria dos quais, incluindo Adrian, se preocupava apenas em passar o dia sem que alguma humilhação recaísse sobre eles. No entanto, os radicais estão dispostos a dizer o que ninguém mais quer dizer. E isso significa que eles podem elevar o nível de ansiedade das pessoas — especialmente o de seus líderes.

"Quando se está seguindo a correnteza, sem dúvida é extraordinariamente corajoso alguém se levantar e dizer: 'Temos de parar e provavelmente mudar de direção'", afirmou Hackman. Na maioria das equipes, ninguém quer ouvir isso, e é precisamente por esse motivo que muitos líderes de equipes reprimem os radicais e tentam impedi-los de fazer perguntas difíceis e sugestões excêntricas. Talvez eles cheguem, até mesmo, a expulsá-los da equipe.

Na pesquisa de Hackman, contudo, ele descobriu que quando uma equipe perde sua voz radical, muitas vezes ela se torna medíocre.

Quando falamos sobre esse conceito dos radicais em certos grupos, em geral algumas pessoas nos procuram depois para nos informar que aquilo é condizente com a sua realidade. A primeira coisa que perguntamos é se elas são verdadeiramente radicais ou advogadas do diabo. Porque essas duas coisas são muito diferentes.

Um diretor-executivo nos disse que os advogados do diabo são "intelectuais baratos", preocupados em marcar pontos por meio do ataque a qualquer ideia nova. Um radical não demonstra sua negatividade apenas porque tem apreço pela negatividade; ele está argumentando para que as pessoas enxerguem as coisas de uma perspectiva diferente — especialmente a do cliente —, e, mais importante ainda, ele é conhecido por propor ideias novas e até mesmo disparatadas. As pessoas costumavam dizer que Winston Churchill tinha dez ideias por dia, mas só uma delas era boa.

156 A MELHOR EQUIPE VENCE

Um advogado do diabo, porém, olha apenas o lado negativo.

Tom Kelley, gerente geral da IDEO, a empresa de design mundialmente famosa, disse: "O advogado do diabo pode ser o maior assassino das inovações nos EUA de hoje." Essas pessoas veem apenas desvantagens, problemas e potenciais desastres. "Quando essas comportas se abrem, uma nova iniciativa pode ser mergulhada na negatividade", disse ele.[11]

Em contrapartida, o trabalho de Kelley mostra que as pessoas cujo raciocínio é radical impulsionam o trabalho da inovação, assumindo várias personas *positivas*. Elas podem adotar a forma de "antropólogos", que trazem novas percepções à equipe por meio da observação da natureza humana — especialmente a dos usuários finais; "experimentadores", que são o arquétipo contínuo de novas ideias; ou "polinizadores cruzados", que exploram outras equipes ou setores e regressam com ensinamentos, adequando-os às necessidades de suas equipes.

Quando Scott O'Neil assumiu o cargo de vice-presidente sênior de marketing e operações comerciais da Associação Nacional de Basquete, ele nos disse que não havia debate construtivo nas reuniões de equipe. Um dos membros de sua equipe, Chris Heck, lembrou: "Todos pensávamos que Scott queria ouvir elogios pelo ótimo trabalho que estava fazendo. Mas ele me puxou para um canto após uma das primeiras reuniões da equipe e me pediu para começar a discordar dele — qualquer que fosse o assunto. Ele queria abrir as discussões até o ponto do conflito, para mostrar que se tratava de um ambiente seguro para discordâncias. Era um conceito excelente, e realmente funcionou." Eis aí um líder que percebeu que poderia ser necessário implantar seu primeiro radical, algo que também funciona.

NÃO HÁ SUCESSO SEM ALGUM FRACASSO

Nos últimos anos, houve muito alarde em torno do fracasso, especialmente no Vale do Silício. Surgiram certos mantras sobre o fracasso, algumas vezes sugerindo alegremente, inclusive, que todo fracasso será bom se nos ensinar uma lição. Diga isso a um paciente que está prestes a ser submetido a uma cirurgia cardíaca. Não, o que as excelentes equipes ensinam aos seus membros é como fracassar de forma *inteligente* e aceitar que algum fracasso será inevitável em equipes que promovem a inovação e o aprimoramento. Na verdade, se as equipes não tiverem experimentado alguns fracassos inteligentes ao longo do caminho, elas, provavelmente, não terão sido suficientemente criativas, nem assumido riscos suficientes.

Uma das características das equipes de mais alto desempenho é que elas se sentem relativamente confortáveis em arriscar. Isso não significa que seus membros não venham a ser responsabilizados por sua prudência, mas sim que os gestores dão liberdade quando percebem que seus subordinados estão sendo ousados. O segredo é que os riscos devem estar focados em melhorar a experiência do cliente, e a equipe deve aprender rigorosamente com eles.

Porém, evidentemente, nem sempre o fracasso é resultado da assunção de riscos. Às vezes, os erros se devem à falta de compreensão ou habilidade. Os gestores devem deixar claro que esses tipos de fracassos também ocorrerão e que o importante é ser honesto e admiti-los, para que possam ser corrigidos rapidamente. Uma das maneiras pelas quais os líderes podem ajudar os membros de sua equipe a se sentirem confortáveis na admissão de seus erros é reconhecer sua própria falibilidade. Dizer coisas para sua equipe como "É provável que eu esqueça algo ou faça alguma confusão de vez em quando, então preciso que vocês me avisem quando isso acontecer" dá aos colaboradores a garantia de que ninguém se fixará em padrões ilusórios de perfeição.

Quando Wayne Sales era diretor-executivo da Canadian Tire, a varejista que emprega 58 mil pessoas, ele nos relatou um exemplo de admissão pública e vulnerabilidade que o impressionou logo no início de sua carreira.[12] A Chrysler havia permitido que os executivos dirigissem veículos novos, mas com os hodômetros desligados. "Quando isso foi descoberto, nem posso imaginar o que estava se passando dentro da organização", disse Sales. "Provavelmente, o conselho jurídico recomendava: 'Vocês devem negar isso, devem deixar essa história morrer.' Ao fazer o que era certo,

158 A MELHOR EQUIPE VENCE

Lee Iacocca (então diretor-executivo da Chrysler) afirmou: 'Cometemos um erro. Violamos a confiança e a integridade de nossos clientes. Reconhecemos que fizemos isso e prometemos que nunca mais irá acontecer.' E sabe do que mais? A vida continuou."

Imagine se Iacocca tivesse tentado reverter a situação com uma jogada de marketing, negasse a transgressão, mas depois se comprovasse que ele estava faltando com a verdade. Talvez ainda estivéssemos falando sobre isso nas aulas de ética. Em vez de fazer isso, ele admitiu a falha — mesmo que, provavelmente, não tivesse nada a ver com o erro —, e, no fim, sua reputação e a da empresa se beneficiaram com essa admissão.

Dentro dessa mesma lógica, os gestores precisam incentivar explicitamente seus subordinados a lhes relatar os erros cometidos e os problemas que estão surgindo, e em tempo hábil para que a melhor forma de controle de danos possa ser colocada em prática. Nosso exemplo favorito para inspirar tal grau de abertura é o do guru de vendas Jeffrey Gitomer.[13] Ele nos contou que, não muito tempo atrás, começou a distribuir bônus em dinheiro para seus colaboradores quando eles admitiam um erro. "Os resultados foram surpreendentes", disse ele. "Descobri que as pessoas ficavam tão surpresas e emocionalmente aliviadas que, muitas vezes, chegavam a chorar quando eu lhes entregava a recompensa. Percebi que as pessoas não cometiam erros de propósito, e muitas vezes os erros tinham origem em um esforço para ser bem-sucedido ou na simples tentativa de explorar um território desconhecido." A coisa evoluiu de tal forma que atualmente qualquer um de seus colaboradores que tenha acabado de sair de uma grande confusão entrará em seu escritório timidamente e dirá: "Acho que preciso de um bônus."

Voltando ao argumento de assumir riscos para estimular a geração de ideias mais criativas, os gestores devem permitir que suas equipes experimentem. Provérbios como "falhar depressa" são sábios porque presumem que a equipe corrigirá seus erros rapidamente e que os fracassos são de natureza incremental — conduzindo a um melhor resultado. Como qualquer cientista poderá lhe dizer, o processo de descoberta quase nunca segue a fórmula da hipótese, teste e eureca. Quase sempre, ele ocorre por

DESAFIAR TUDO **159**

meio de um processo desordenado de tentativa, erro e melhoria, que se desdobra ao longo do tempo.

Quando o diretor-executivo da Bell Helicopter, Mitch Snyder, deu o pontapé inicial na inovação de projetos de helicópteros mais criativos em sua empresa, ele fez questão que sua equipe implementasse novos e rápidos processos de modelagem e testagem. Apesar de os engenheiros do passado terem feito tudo o que podiam para evitar falhas durante o desenvolvimento — o que seria uma exigência lógica para qualquer produto final destinado ao voo —, sua abordagem segura significava que o desenvolvimento de novos produtos normalmente levava anos e anos, à medida que os membros da equipe examinavam metodicamente todas as contingências. Snyder nos contou que, em determinado momento, seus engenheiros estavam entretidos brincando com um elaborado protótipo de 2,40m de uma nova aeronave VTOL (decolagem e aterrissagem vertical, na sigla em inglês), mas ainda não a haviam submetido a testes de voo ao ar livre. Ele deu liberdade para que a equipe a testasse agressivamente, consumindo o dinheiro da empresa, mesmo que isso significasse acidentes com a aeronave não tripulada. Depois de alguns dias, os engenheiros retornaram com uma resposta: eles construiriam um modelo em escala ainda menor, que pudesse ser testado em um túnel de vento. Para ser franco, não era exatamente isso que Snyder estava procurando. Ele os mandou de volta à prancheta de desenho e os forçou a colocar a aeronave de maior escala no ar, e rapidamente.

Ele diz que agora a equipe adotou o lema Falhe Depressa, Conserte Depressa e Esqueça Depressa, e que ela já se sente confortável diante das falhas incrementais. "Outro dia, eles trouxeram um vídeo de uma de suas grandes criações, com a qual estavam bastante empolgados", contou ele, referindo-se a um enorme protótipo não tripulado. "Eles me mostraram o vídeo da aeronave se acidentando. Eles trabalharam naquilo durante o fim de semana, a consertaram e a colocaram para voar novamente."

Mas nem todas as equipes conseguem aprender através da prototipagem, embora ainda seja possível que todas abram espaço para fracassos

160 A MELHOR EQUIPE VENCE

inteligentes no processo de aprimoramento. O primeiro passo é definir qual o aspecto dos fracassos inteligentes — especificamente — dentro de sua equipe. Todos entendemos qual é o aspecto do sucesso em nossas equipes, mas não seria útil conhecer as maneiras corretas e erradas de fracassar? Talvez um fracasso inteligente possa ser aquele cometido na busca de uma meta ambiciosa e, até mesmo, audaciosa. Ou talvez seja um projeto bem articulado e bem fundamentado que, por algum motivo, simplesmente não funcionou — a tecnologia não estava pronta ou os clientes não o aceitaram.

Os líderes também precisam servir de exemplo para o comportamento do fracasso. Se um líder defende a assunção de riscos, mas ele próprio nunca fracassa, ou nunca admite fracassar, então, a equipe arriscará pouco por si mesma.

Por fim, é importante recompensar publicamente as pessoas que correm riscos e fracassam — na mesma medida que se faz com o sucesso. O conglomerado indiano Tata mantém um programa no qual as melhores tentativas do ano são agraciadas com o Prêmio Ouse Tentar.[14] Ele é destinado aos fracassos mais bem ponderados e bem executados. Em 2008, quando a empresa lançou o programa, poucas equipes participaram. Mas quando todos viram os vencedores serem felicitados no palco pelo diretor-executivo, em três anos já havia 132 equipes inscritas no prêmio.

MONITORAR AS METAS DA EQUIPE COM TRANSPARÊNCIA

A parte final da tarefa de desafiar tudo é estabelecer metas claras para a equipe e monitorar abertamente o progresso em direção a tais metas. Aparentemente, isso pode fazer com que os membros da equipe se sintam ameaçados, como se estivessem sob pressão; mas, na realidade, tal transparência encoraja as pessoas a sentir que estão trabalhando, nas inimitáveis palavras dos mosqueteiros de Alexandre Dumas, "um por todos e todos por um". Na verdade, tira-se a pressão sobre os indivíduos quando se exige que trabalhem em conjunto para atingir as metas da equipe, especialmente se

DESAFIAR TUDO **161**

as metas forem realistas e fáceis de entender, e as unidades de mensuração para monitorá-las estiverem bem definidas.

Edmondson, de Harvard, destaca os resultados positivos dessa transparência de metas, chegando a afirmar: "O ato de estabelecer metas pode ser tão ou mais importante do que a meta em si, pois isso cria uma compreensão compartilhada da tarefa da equipe e sugere implicações sobre como trabalhar em conjunto."

Vimos essa sabedoria em ação na Danaher, a empresa de ciência e tecnologia de US\$ 17 bilhões, onde a cultura é construída em torno do aprimoramento contínuo. Angie Lalor, vice-presidente sênior, afirma: "Cada equipe aqui define metas elásticas; em seguida, monitora as unidades de mensuração em uma base muito constante. Colocamos isso no que chamamos de Gráficos de Lançadores (uma alusão à semelhança que eles guardam com as tabelas de pontuação do boliche), que são exibidos para todas as equipes. Os gráficos possuem indicadores-chave de desempenho em vermelho ou verde — não gostamos de usar amarelo. Se um indicador-chave de desempenho estiver vermelho, passamos por um processo de resolução de problemas para chegar à causa principal e implementar contramedidas para tratá-la."

Este é um processo considerado positivo, e até mesmo divertido. Um líder ou equipe com indicadores-chave de desempenho em vermelho não leva isso para o lado pessoal, mas enxerga a situação como uma jornada intelectual para encontrar as causas principais. "Noventa e nove vezes em cem, não estará relacionado ao fracasso de uma pessoa", afirmou Lalor. "Analisar questões como esta nos dá liberdade para sermos transparentes em um ambiente seguro. Como líder, talvez eu só tenha a cor vermelha em meu Gráfico de Lançadores, mas isso não me parecerá um fracasso pessoal. Será uma oportunidade para encontrar as causas principais e neutralizá-las. Isso introduz um nível de humildade na organização, e prosperamos a partir daí."

A lição que aprendemos aqui é que, independentemente do que sua equipe faça, é importante escolher as unidades de mensuração e os indicadores adequados para avaliar o seu sucesso — o tempo de elaboração do produto

162 A MELHOR EQUIPE VENCE

ou as distâncias no interior da cadeia de abastecimento; o envolvimento do cliente ou o tempo de resposta em um centro de atendimento; a segurança do paciente ou a rotatividade de pessoal em um hospital. Analisar os números corretos torna tudo menos pessoal e mais focado em ajudar a equipe global e a organização como um todo a serem bem-sucedidas.

Observar as coisas a partir dessa perspectiva aprimora a meta final e cria maneiras tangíveis de uma equipe provar seu valor. O que significa que, se a gestão ou os clientes fraquejarem em seus indicadores-chave de desempenho, então as unidades de mensuração estão equivocadas, ou será preciso convencer seus stakeholders de que elas são relevantes. Esse processo pode funcionar até mesmo com equipes criativas, tais como marketing, consultoria ou ensino, onde os indicadores-chave de desempenho podem incluir rastreamento de despesas orçamentárias ou avaliações de satisfação do cliente. Conclusão: os indicadores-chave de desempenho devem se concentrar no que podemos alcançar dentro de nosso ramo de negócios e nos informar se estamos sendo bem-sucedidos em um período bastante específico — um único turno, uma semana ou um mês. Eles só funcionam se fornecerem informações úteis e necessárias para que a equipe execute suas operações diárias e se impossibilitarem a evitação dos fracassos quando estes surgirem. Em contrapartida, as unidades de mensuração narcisistas poderão parecer interessantes nas notas divulgadas à imprensa — o número de acessos ao site, por exemplo —, mas pouco fazem para provar o valor de uma equipe.

Uma última observação: quando se trata de conceber metas motivadoras para a equipe, não há nada mais poderoso do que colocar o foco, sólida e fervorosamente, em servir os clientes. Um foco em seu usuário final, com objetivos bem definidos, é uma força extremamente energizante, pois em nossas vidas profissionais a maioria de nós se orgulha disso e obtém imensa satisfação em ajudar as pessoas a melhorar suas vidas de alguma forma. Esse é o foco do nosso próximo capítulo.

5

MAS SEM SE ESQUECER DOS SEUS CLIENTES

Estimule a aproximação servindo-os

Com o aquecimento global, a poluição, os furacões e as doenças, muitos dos recifes oceânicos do mundo estão em estado lastimável. A icônica Grande Barreira de Corais, para citar apenas um exemplo, testemunhou o pior evento de branqueamento já registrado na história. Porém, em meio à catástrofe, o dr. Joshua Cinner, conservacionista de recifes de corais, e seus colegas de pesquisa foram em busca dos aspectos positivos. Eles procuraram por recifes que apresentassem mais peixes do que o esperado, aqueles que estão prosperando em comparação com outros que enfrentam desafios semelhantes.

Ao contrário do que se poderia esperar, os recifes mais saudáveis descobertos pelos pesquisadores não estão todos localizados em lugares remotos, onde os humanos não estão presentes ou onde a pesca está banida. Ao contrário, a maioria se encontra no mesmo local de residência de muitas das pessoas que pescam ativamente. Nesses lugares, os humanos não estão deixando os corais e os peixes sozinhos; ao contrário, estão *gerenciando* os recifes de forma responsável.

Na Ilha de Karkar, ao largo da costa de Papua Nova Guiné, as pessoas praticam o que se denomina propriedade marítima, em que as aldeias têm autoridade para impedir que os vizinhos invadam a parte do recife que lhes corresponde. Os aldeões também promovem a rotatividade da apanha,

164 A MELHOR EQUIPE VENCE

bloqueando seções de recifes por meses ou anos — dando tempo para que os peixes percam o medo das pessoas e permitindo que as populações se recuperem. O resultado é um ecossistema próspero onde pessoas, corais, plantas, peixes, tubarões e outras criaturas do mar convivem em uma biodiversidade interdependente. Os peixes e as tartarugas mantêm o coral limpo e as gramíneas aparadas; os corais e as plantas fornecem um refúgio para os peixes se esconderem dos predadores; os tubarões e os humanos, por sua vez, evitam que caçadores mais agressivos — como os meros — superpovoem e dizimem populações de herbívoros.[1]

O ponto importante para nós: uma equipe de negócios pode ser um ecossistema próspero por si só, e isso é verdade, independentemente da diversidade de um grupo de pessoas que esteja trabalhando em conjunto — independentemente das diferenças de idade, formação cultural, experiência funcional ou localização geográfica. No Capítulo 4, destacamos os benefícios de explorar as diferenças nas perspectivas e conhecimentos únicos dos membros da equipe, incentivando a abertura e os debates dentro das equipes. Aqui, vamos nos concentrar na criação de alinhamento, inclusive nos grupos mais diversificados.

Fazer com que as equipes se unam em torno de um propósito codificado se tornou uma questão cada vez mais urgente para os gestores em um momento de crescente diversidade de populações ativas e de globalização das operações. Logicamente, a diversidade e a globalização podem trazer grandes benefícios: tornam as equipes mais conscientes e receptivas às necessidades de uma ampla gama de clientes. Isso nos foi recordado recentemente, quando ouvimos um colaborador de Mumbai por teleconferência, conectado para lembrar aos seus companheiros de equipe que o novo produto da empresa — a ser envolvido em uma embalagem de couro — até poderia figurar nas prateleiras mais nobres naquelas outras partes do mundo, mas em sua terra seria de muito mau gosto. Do projeto do produto ao marketing, do suporte ao cliente às vendas, da produção à compra, ter membros de uma equipe sintonizados com as nuances das preferências e normas culturais é uma grande ajuda na adaptação de produtos e serviços

MAS SEM SE ESQUECER DOS SEUS CLIENTES 165

a grupos particulares, e no reconhecimento de oportunidades de negócios que, de outra forma, poderiam passar despercebidas.

De acordo com nossa observação, a Procter & Gamble foi uma das primeiras empresas a escutar ativamente sua diversificada força de trabalho antes de expandir seus negócios. Citando um exemplo, a P&G começou a investir pesadamente na comunidade negra dos Estados Unidos e passou a usar imagens de famílias diversificadas para comercializar produtos como Oil of Olay, Pantene e Tide, de modo a fazê-los repercutir nos consumidores afro-americanos — e, assim, acessar melhor seu monstruoso poder de compra de US$ 1,3 trilhão.[2] Um anúncio chamado "Papai Nostalgia" apresentou um homem afro-americano embalando amorosamente seu filhinho adormecido. O anúncio foi concebido para transmitir afeto e cuidados paternos, e as camisetas reluzentemente brancas da dupla pareciam ser quase coadjuvantes. Ele também foi concebido para combater os estereótipos de que os lares afro-americanos eram órfãos da figura paterna. "Foi totalmente deliberado mostrar um homem com seu filho", disse Najoh Tita-Reid, diretora associada da unidade de marketing multicultural da P&G. "Foi totalmente deliberado que ele estivesse usando uma aliança de casamento."

A questão: equipes mais diversificadas podem analisar os temas sob diferentes perspectivas e, como mostram as pesquisas, elas também podem resolver problemas de forma mais eficaz. Um estudo realizado por Katherine Phillips, da Escola de Gestão Kellogg, juntamente com pesquisadores das universidades Brigham Young e Stanford, descobriu que, embora as pessoas prefiram trabalhar em grupos cujos membros sejam mais parecidos consigo mesmas, os grupos homogêneos apresentam um desempenho muito inferior ao dos grupos diversificados. Um aspecto particularmente interessante do estudo foi que os grupos homogêneos avaliam seu desempenho de forma mais positiva do que os grupos socialmente diversificados, cujo desempenho é superior. Parece que se sentir confortável com nossos colegas de equipe pode ser muito bom, embora muitas equipes homogêneas tendam a ser ingênuas quanto às suas limitações.[3]

O NASCIMENTO DA EQUIPE MULTIFUNCIONAL

Os líderes, muitas vezes, tentam aumentar a diversidade das equipes construindo pontes entre as funções, criando o que chamamos de equipes multifuncionais ou grupos de trabalho interdepartamentais, com pessoas de todas as áreas da empresa, geralmente do mundo todo. Não é incomum que surjam tensões dentro dessas equipes. Os pesquisadores Martine Haas, da Wharton, e Mark Mortensen, do INSEAD, descrevem uma equipe global em que todos os membros concordavam que servir seus clientes era sua meta, mas o que isso significava variava dependendo da localização.[4] Os colaboradores da Noruega equiparavam a meta ao fornecimento de um produto de máxima e absoluta qualidade — independentemente do custo ou do tempo envolvido. Seus colegas do Reino Unido, no entanto, sentiam que, se um cliente necessitasse de uma solução que fosse apenas 75% confiável, a solução menos precisa já seria boa. Resolver essa tensão exigiu uma discussão franca para chegar a um consenso sobre como a equipe global definiria suas metas.

Tensões desse tipo na forma como trabalhamos e refletimos sobre os problemas são inevitáveis, mas muitas vezes não são bem administradas. De forma geral, os líderes assumem que as equipes multifuncionais se tornarão, magicamente, sinônimos de um ecossistema empresarial saudável — criando sinergias entre os departamentos que, por muito tempo, estiveram em desacordo, uma vez que perseguiam objetivos conflitantes ou se filiavam a diferentes crenças sobre a abordagem adequada para executar suas tarefas.

Infelizmente, não é incomum que os membros dessas novas equipes continuem em desacordo e jamais alcancem suas metas. Em um estudo de Stanford mencionado anteriormente, os pesquisadores descobriram que 75% das equipes multifuncionais apresentavam sérios problemas operacionais, ficando aquém em pelo menos três destes cinco critérios de desempenho: "cumprir um plano orçamentário; manter o cronograma; aderir às especificações; atender às expectativas dos clientes; e/ou manter o alinhamento com as metas corporativas da empresa."

MAS SEM SE ESQUECER DOS SEUS CLIENTES **167**

A culpa do problema não é toda dos colaboradores. A maioria foi criada em um mundo amplamente apartado dos outros grupos. Em seus departamentos, muitas vezes falava-se mal de outras áreas funcionais; havia uma falta de compreensão de como os diferentes grupos contribuíam para o negócio; e, em geral, ocorria uma série de mal-entendidos sobre os verdadeiros desafios enfrentados pelos outros. Ouvimos engenheiros de software se queixando de que os vendedores não tinham nenhuma noção sobre as restrições e os prazos de programação; os responsáveis pelas vendas, por sua vez, nos confessavam que os engenheiros tinham um senso estético igual ao dos caracóis. Em um hospital, não é infrequente que o setor de pós-operatório discuta diariamente com o setor de cirurgia pelo fato de eles estarem liberando os pacientes cedo demais, enquanto o setor de cirurgia culpará o setor de radiologia por reter as imagens e atrasar os procedimentos; ao mesmo tempo, todos parecem estar em pé de guerra com o pobre do laboratório.

Os colaboradores que trabalham dentro de tais nichos foram educados, inclusive, a competir com seus próprios colegas por recursos. Muitas vezes, eles são incentivados de uma forma que os leva a competir ainda mais — assumindo o crédito pelos sucessos e atribuindo os fracassos aos outros. De repente, pedimos que eles coloquem toda essa competição de lado e trabalhem em estreita colaboração para enfrentar os importantes desafios da empresa, sem se preocupar com quem ficará com o crédito. Não seria maravilhoso se os seres humanos fossem tão flexíveis assim?

Patty McManus, que ocupou cargos de liderança no desenvolvimento organizacional na Apple, UC Berkeley e Kaiser Permanente, aponta os problemas mais comuns que surgem nas equipes multifuncionais.[5] Ela apelida algumas dessas equipes de "zona de guerra", em que as facções se formam e os membros manobram nos bastidores, como se fossem concorrentes do programa *Survivor*. Alguns líderes podem estimular essas manobras, talvez se regozijando com o controle que isso lhes proporciona. Nessas equipes, quase nunca se chega a um acordo. Se isso acontece, geralmente ele é desfeito logo depois.

168 A MELHOR EQUIPE VENCE

Além disso, há equipes que, na verdade, não são equipes. McManus as chama de antiequipes. A única conexão que os membros têm é com o seu líder. As reuniões são apenas atualizações de status para o chefe e comunicações de cima para baixo. A menos que seja oferecido um almoço, tais reuniões são consideradas uma perda de tempo semanal para os membros, sendo úteis apenas para o chefe.

Agora, a boa notícia: a disfunção não é inevitável. Em nossas viagens, conhecemos inúmeros gestores de equipes diversificadas que se mostravam realmente bem-sucedidos. À medida que pesquisamos suas histórias, encontramos algumas das melhores práticas para unificar equipes dos mais variados tipos e fazê-las funcionar como ecossistemas prósperos, alinhando todos em torno da missão de servir o cliente como a mais alta prioridade.

Quando os interesses dos clientes imperam — imperam de verdade —, vale a pena buscar uma conciliação entre pontos de vista e interesses opostos. Digamos, por exemplo, que uma equipe encarregada de pesquisa e desenvolvimento seja solicitada a acelerar a criação de um novo recurso de um produto, porque se comenta que um concorrente está começando a fazer a mesma coisa. Normalmente, isso poderia envolver uma discussão prolongada sobre a possibilidade de o recurso ser lançado dentro do prazo — especialmente diante das outras demandas do setor de pesquisa e desenvolvimento. Um foco intenso no cliente pode ajudar a promover a mediação entre os vários grupos envolvidos em quaisquer mudanças eventualmente necessárias para a entrega do produto, a realocação de pessoal para atender a necessidade e o reagendamento de outras tarefas.

Outro benefício complementar que descobrimos é que um foco primário no atendimento aos clientes aumenta o engajamento dos colaboradores, trazendo clareza sobre o propósito de uma equipe. Ajudar os clientes a melhorar suas vidas de alguma forma é um motivador muito mais forte para a maioria de nós do que metas comerciais abstratas de aumentar as vendas, diminuir os custos ou elevar o retorno sobre o investimento.

Encontramos um ótimo exemplo disso no Philadelphia 76ers. Já mencionamos essa equipe algumas vezes neste livro, mas, se você não acompanha

MAS SEM SE ESQUECER DOS SEUS CLIENTES **169**

o basquete, talvez tenha passado ao largo das referências. Confie em nós: esta é uma excelente história para todos. Nas últimas temporadas, nenhuma equipe de basquete profissional tinha tido um balanço pior do que os Sixers. Na temporada 2015-2016, a equipe ganhou somente 10 jogos de um total de 82. Agora imagine ter de comercializar esse produto. O grupo diversificado de vendas — a maioria não pertence à área da Filadélfia — fez com que as vendas de ingressos da temporada subissem de 1,7 mil por ano para mais de 12 mil em apenas três temporadas. Isso não acontece à toa. Além disso, faz duas temporadas que os Sixers ocupam o primeiro lugar de toda a liga em número de ingressos vendidos para a próxima temporada e o segundo lugar na satisfação do cliente.

Como eles fizeram tudo isso? Eles descobriram que seus clientes valorizam uma coisa quase tão importante quanto ganhar: o acesso.

"Os Sixers fizeram um trabalho fabuloso", afirmou Joris Drayer, professor de marketing esportivo da escola de turismo e gestão de hotelaria da Universidade Temple. "É fácil vender ingressos quando a equipe é incrível", contando a famosa história de como a equipe de basquete Miami Heat demitiu a maior parte da equipe de vendas de ingressos logo após a contratação da estrela LeBron James, que atualmente joga com os Cleveland Cavaliers.

O diretor-executivo dos Sixers, Scott O'Neil, disse que contar com um treinador tão focado no cliente como Brett Brown ajudou sua equipe de vendas. O'Neil afirmou: "Certa vez, o treinador Brown disse: 'Eu gostaria de levar os compradores dos ingressos da primeira fila para jantar. O que você acha?'" Essas são as pessoas que pagam algo entre US$ 800 e US$ 1.600 por um assento, 41 vezes ao ano, pelos jogos realizados em casa. "Respondi que achava a melhor ideia que eu já tinha ouvido de um treinador em minha vida. Então, ele os levou para um jantar elegante e fez com que cada um de seus treinadores explicasse detalhadamente como encaramos nossa equipe. Foi inacreditável."

Em seguida, Brown se ofereceu para se encontrar com outros compradores de ingressos da temporada antes de cada jogo — independentemente

170 A MELHOR EQUIPE VENCE

de onde eles se sentassem —, mostrando a grupos reduzidos de vinte fãs por vez os esquemas do jogo e ajudando-os a entender as estratégias para deter a equipe adversária. E isso apenas uma hora antes de a equipe entrar em campo, em todos os jogos, com um novo grupo a cada vez!

Em breve, esse tipo de foco no cliente se espalhou pelos Sixers. Um cliente, Derek Koss, falou sobre como um punhado de jogadores e a equipe de dança dos Sixers apareceram no bar-mitzvá de seu filho.[6] Koss havia se recusado a pagar o preço dos assentos nos camarotes, mas hoje usa esses mesmos assentos para distribuir aos seus clientes, recompensar seus colaboradores e presentear seus filhos, que às vezes conseguem entrar na quadra e arriscar algumas bolas na cesta. "A experiência nesse espaço é completamente diferente", disse ele. "É quase como um jogo de playground. Você ouve os grunhidos, as brigas de um lado e de outro."

Craig McClure, líder da equipe de serviços aos membros, afirmou: "O que nos levou a tanto sucesso é que nossos representantes realmente acreditam que estão ajudando as pessoas. Eles não estão lendo um roteiro quando conversam com os clientes, mas unindo os pontos entre o que o cliente quer e o que temos a oferecer enquanto equipe. Estamos falando com um fã ou com um cliente comercial? Em que medida a pessoa pode se beneficiar com o produto? Se for um pai com dois filhos, isso lhe dará 41 oportunidades de frequentar um jogo da NBA e viver uma experiência com sua família."

Quando os clientes argumentam que poderiam comprar os ingressos com um revendedor, McClure diz que seus representantes reagem desta forma: "Sim, mas podemos lhes facilitar o *acesso*: podemos fazer com que vocês pisem na quadra. Todos aqueles que compraram ingressos para a temporada conosco se encontraram com o treinador Brown uma hora antes do jogo; todos tiraram fotos com os jogadores; todos jogaram uma bola ao cesto dentro da quadra. Eles se sentem especiais."

"Surpresas e prazeres é o nome que damos a isso", disse Jill Snodgrass. "Não medimos os resultados apenas em termos de vendas, mas, de modo

MAS SEM SE ESQUECER DOS SEUS CLIENTES 171

igualmente importante, em todas as conexões que nossos colaboradores são capazes de criar com nossos clientes."

DE CAMINHONETES DE ALUMÍNIO A FROSTY'S EM UM SÓ FÔLEGO

Com o aumento dos preços da gasolina, os clientes da Ford Motor Company passaram a procurar melhor eficiência de combustível, o que significaria um redesenho do veículo mais vendido nos Estados Unidos — a caminhonete F-150.[7] A Ford apresentaria um novo motor econômico de seis cilindros e, muito mais radicalmente, reconstruiria a caminhonete com uma carcaça totalmente fabricada em alumínio. A equipe multifuncional da F-150 começou a se planejar um ano e meio antes do lançamento do programa. Pete Reyes foi o engenheiro-chefe do projeto ultrassecreto. Ele disse que planejar o novo veículo foi como produzir um filme. "Sua equipe o concebe, o aperfeiçoa e espera que ele siga em frente, passando por um longo e próspero processo de produção", afirmou.

Sua equipe ampliada continha equipes paralelas e menores, que se responsabilizavam por vários aspectos da caminhonete. Juntas, essas equipes se encontraram mensalmente por um ano e meio, certificando-se de que todas as peças se integrassem em um veículo viável. "Todos atravessavam fronteiras e regressavam com vários comentários que moldavam o que pretendíamos construir", afirmou ele.

Peter Frantzeskakis e Jerry Farrell atuaram como comandantes de Reyes. "Seja no marketing ou na produção, estávamos comprometidos com as mesmas metas", afirmou Reyes. "Peter trabalhava com os grupos técnicos; Jerry, que costumava chegar às 5h30, cuidava de todos os produtos e dos fluxos de trabalho. Acho que nunca mais vou trabalhar em uma equipe tão coesa novamente. Cumpríamos todos os nossos prazos."

A equipe cresceu até contar com mil colaboradores e teve de superar problemas únicos, como o incômodo fato de não existir alumínio automotivo de alta resistência suficiente no mundo para atender ao volume da F-150. "Tivemos de inventar esse abastecimento", disse Reyes.

172 A MELHOR EQUIPE VENCE

Na data de entrega, a economia de combustível da caminhonete tinha aumentado até a marca de 29% — transformando a F-150 na caminhonete padrão mais eficiente em termos de combustível a ser vendida. E qual foi a reação do mercado? No outono do ano de lançamento, os lucros da Ford no terceiro trimestre haviam aumentado US$ 1,1 bilhão em relação ao ano anterior, em grande parte por conta das vendas deste emblemático veículo remodelado.

Outro instrutivo exemplo de sucesso focado no cliente vem da Skanska EUA. No início de 2010, Rich Cavallaro foi nomeado novo chefe da divisão civil da Skanska EUA. "Eram, basicamente, sete empresas adquiridas, em que os líderes se reuniam uma vez por ano, sendo meio dia de reuniões e meio dia de golfe", afirmou. "Não compartilhávamos pessoas, não compartilhávamos conhecimentos. Construíamos estradas no nordeste e instalações náuticas no sul. Mas não construíamos instalações náuticas em nenhum outro lugar, exceto no sul, nem construíamos estradas em nenhum outro lugar, exceto no nordeste. Achei que se pudéssemos usar todas as nossas capacidades em prol de nossos clientes, em todos os lugares em que operávamos, poderíamos ganhar muita participação de mercado."

Mas chegar lá seria um desafio. Cavallaro teve de convencer um grupo acomodado a trabalhar de forma multifuncional. Ele começou mexendo em seus bolsos. Cada região tinha um bônus vinculado ao seu próprio desempenho, e durante três anos ele os convenceu a adotar um único bônus para a unidade empresarial inteira — um bônus que ficaria mais lucrativo à medida que a equipe ampliada crescesse. Outra mudança: ele submeteu todos os talentos ao comando do diretor de operações da divisão que cultivava uma visão nacional, o que significava que, depois de concluída a tarefa, o diretor de operações poderia transferir as pessoas para onde fosse necessário, ajudando a atender às necessidades prementes dos clientes.

Cavallaro admite que houve falhas ao longo do caminho, mas nos anos seguintes seu grupo duplicou as vendas — de US$ 1,2 bilhão para US$ 2,5 bilhões —, conforme as barreiras de uma unidade comercial tradicionalmente isolada foram sendo derrubadas. E quando a Skanska precisou de

MAS SEM SE ESQUECER DOS SEUS CLIENTES **173**

um novo presidente e diretor-executivo para liderar todas as operações dos EUA, eles escolheram Cavallaro, o criador da equipe focada no cliente.

Hoje, em seu novo cargo, o diretor-executivo está muito orgulhoso de ter montado uma equipe oriunda de quatro grupos funcionais, além de parceiros externos, para vencer a concorrência de remodelação do Aeroporto LaGuardia, em Nova York, orçada em US$ 4 bilhões. O processo de licitação consumiu dois anos de trabalho da equipe multifuncional. "Tivemos de tirar as pessoas dos seus escritórios e colocá-las em um único escritório, onde começaram a se conhecer, deixaram de acreditar exclusivamente em sua área funcional e passaram a se concentrar nas necessidades do cliente", afirmou. O resultado foi vencer uma das maiores licitações de obras de engenharia civil na história norte-americana.

Logicamente, nos últimos anos, iniciativas centradas no cliente também vêm recebendo uma grande ênfase em outras empresas. De acordo com pesquisas realizadas pela Deloitte & Touche, acredita-se que as empresas consideradas centradas no cliente são 60% mais lucrativas do que aquelas que não o são.[8] É fácil entender o porquê quando se percebe, na prática, o intenso foco no cliente.

Considere o recente caso de inovação no atendimento ao cliente na The Wendy's Company. O vice-presidente, Frank Leary, foi encarregado de ajudar a organização a focar melhor nas necessidades dos clientes e montou a equipe Experiência do Cliente, atualmente localizada bem no meio da sede central de Dublin, Ohio. Os clientes podem enviar uma mensagem de texto, ligar, usar as mídias sociais, mandar um e-mail, enviar uma carta e, em breve, poderão usar a Linguagem Norte-Americana de Sinais para entrar em contato com o grupo. Os membros da equipe aplicam a abordagem BLAST (na sigla em inglês) para entender as necessidades do cliente:

- Acredite no cliente e na verdade do que ele nos conta
- Ouça primeiro
- Peça desculpas
- Satisfaça suas necessidades
- Agradeça-o

174   A MELHOR EQUIPE VENCE

"Toda pessoa que entra em contato conosco tem uma história para contar", disse Leary. "Recentemente, recebemos uma mensagem de texto de um cliente que dizia: 'Muito obrigado, Wendy's, mais uma vez vocês cometeram um erro no meu pedido.' Enviamos uma mensagem de texto de volta: 'Sentimos muito.' Perguntamos o que havia acontecido e onde eles estavam." Era um casal que tinha acabado de pegar a autoestrada e que precisaria viajar 95 quilômetros para chegar em casa, sendo que o produto que eles receberam estava errado. "Descobrimos onde eles estavam, e 16 quilômetros à frente havia outra franquia da Wendy's, de propriedade de outro franqueado. Um dos membros de nossa equipe ligou e conversou com o proprietário. Enviamos uma nova mensagem de texto: 'Vamos devolver seu dinheiro e corrigir o pedido... e acrescentar alguns sorvetes Frosty's gratuitamente. Peguem a saída para a Broad Street, sigam pela direita e encontrarão uma loja da Wendy's. O gerente cuidará de vocês.' Poucos minutos depois, obtivemos uma resposta: 'Uau, Wendy's. Como vocês fizeram isso?'"

"O cliente disse que havia sido um dia ruim. Ele teve de levar sua esposa para a quimioterapia, e eles estavam a caminho de casa. Porém, ele acrescentou: 'Vocês não apenas corrigiram o pedido; vocês iluminaram o nosso dia. Obrigado!'"

Imagine a poderosa propaganda boca a boca que o casal — e outros clientes — fez para a empresa por causa de um foco renovado na atenção ao cliente. Mas pense também no orgulho dos membros da equipe quando eles conseguem entender melhor seus clientes e concentrar todos os esforços para impressioná-los.

Grande parte da recente literatura sobre o aprimoramento da experiência do cliente tem focado no aproveitamento das novas tecnologias, tal como fez a Wendy's. Mas o extraordinário foco em servir o cliente não depende apenas de ferramentas. Ele é estimulado pelos líderes. Se você já se hospedou em um Ritz-Carlton, por exemplo, juraria que os colaboradores se juntaram para conspirar e tornar o seu dia especial. Nosso treinador de quase dois metros de altura, Chris Kendrick, rasgou as calças do tornozelo

MAS SEM SE ESQUECER DOS SEUS CLIENTES **175**

até a coxa dez minutos antes de entrar no palco de um salão de baile do Ritz (ele nos enviou uma foto, em pânico), mas graças a uma equipe ensinada por seus líderes organizadores de eventos a fazer todo o possível para servir os hóspedes, Chris já estava usando um novo par de calças (cortesia de um homem igualmente alto, que trabalhava na manutenção) antes de se posicionar sob os holofotes.

Como um gestor pode mobilizar uma equipe dessa categoria tendo o cliente como foco? A maioria dos livros e conferências similares às TED a respeito desse tema falam sobre iniciativas corporativas de atendimento ao cliente. Constatamos, porém, que os gestores individuais podem fazer mais para promover mais comprometimento com os clientes do que qualquer outra pessoa. E isso é válido não apenas para as equipes voltadas para o cliente, como as que atendem telefones, realizam vendas ou prestam um serviço, mas para a organização como um todo.

E uma ótima maneira de os gestores fazerem isso é recorrer às ideias do campo de pesquisas sobre a experiência do cliente, em franca expansão.

CONHEÇA OS SEUS CLIENTES

A atual tendência de tornar as empresas mais focadas no cliente foi impulsionada, em grande parte, pelo movimento do design focado no ser humano, originário do setor de tecnologia. Donald Norman ocupou o cargo de vice-presidente do Grupo de Tecnologia Avançada da Apple e, atualmente, administra uma consultoria sobre a experiência do usuário. Ele disse que projetar produtos para clientes "é, na verdade, um ato de comunicação, o que significa ter uma compreensão profunda da pessoa com quem o designer está se comunicando".[9] Para um líder de equipe, de qualquer equipe, poderíamos parafrasear isso afirmando que compreender melhor os clientes, e ter em mente constantemente suas necessidades básicas, ajuda a garantir que os membros de nossa equipe estejam falando seu idioma. Norman cunhou a expressão *design de experiência do usuário*, da qual a *experiência do cliente* foi derivada.

176 A MELHOR EQUIPE VENCE

O argumento central segundo o qual os produtos e serviços devem ser projetados com mais sensibilidade aos usuários não deveria surpreender. Concretizá-lo, entretanto, é um pouco mais complexo do que parece. Os defensores do design focado no ser humano desenvolveram alguns métodos mais eficazes para compreender as preferências dos clientes, aperfeiçoando os métodos tradicionais de grupos de discussão e pesquisas com clientes. Uma das melhores maneiras é criar "personas" dos clientes, um termo que significa montar perfis de clientes individuais, com especificidades sobre quem são eles e os aspectos de suas vidas que ajudarão os colaboradores a atender às suas necessidades e melhorar os serviços. Geralmente, são criados de três a cinco (no máximo) desses perfis, abarcando toda a série de grupos de clientes, divididos por idade, preferências de compra ou outros diferenciadores básicos. Talvez um exercício como este possa parecer exagerado — não é óbvio quem são os seus clientes? Infelizmente, eles podem ser tudo, menos para os colaboradores. Quando perguntamos "Quem você está preocupado em satisfazer?" a grupos de colaboradores, muitas vezes descobrimos que a pessoa com quem eles mais se preocupam é "o chefe" ou, talvez, "o médico" nas equipes de assistência à saúde. Nas equipes de produção ou de engenharia, os colaboradores frequentemente se confundem, sem saber se seu cliente é o revendedor, o usuário final ou ambos.

Vimos inúmeras e excelentes equipes começarem a usar perfis de seus clientes para mobilizar os colaboradores. Uma companhia de seguros que visitamos recentemente resumiu tudo a quatro segmentos principais de clientes — considerando a idade, a renda e outras necessidades. Eles não estavam representados genericamente, mas com um rosto e um nome. Jared era membro da geração milênio, e sob sua foto havia uma lista de preferências. Ele queria, por exemplo, que o seguro de seu carro e seu plano de saúde fossem transmitidos por um aplicativo através de um dispositivo portátil; a acessibilidade e a conveniência móvel eram seus principais motivadores. Susan era dona de uma pequena empresa e precisava de uma cobertura pessoal e empresarial abrangente — oferecida por uma pessoa confiável em um escritório localizado perto dela. Um agente que se dispusesse, de

MAS SEM SE ESQUECER DOS SEUS CLIENTES **177**

fato, a dar um telefonema era mais importante do que o custo para esta integrante da geração do baby-boom, embora ela procurasse serviços com preços razoáveis e um agente com experiência.

Vimos personas como essas criadas por equipes em todos os tipos de indústrias. Claro, elas nunca representarão 100% dos clientes. Isso não seria realista. Mas as personas podem agregar características suficientes para ajudar a humanizar os segmentos de clientes perante os colaboradores, e é por isso que sempre precisamos nomeá-las. De forma geral, os perfis incluem informações demográficas — salário, idade, cargos e assim por diante, mas também metas e desafios que o cliente enfrenta, seus valores e medos, e as melhores mensagens para acessá-los — normalmente, em um breve formato persuasivo. Uma das melhores práticas é incluir algumas citações de clientes reais ao lado dessas personas.

EXPONHA-SE À VIDA REAL

Outra maneira pela qual as equipes focadas no cliente se conectam com as partes interessadas é sair do escritório e observar as pessoas usando seus produtos "na vida real". Qualquer um que desenvolva um novo produto, por exemplo, pode aprender muito sobre problemas com os protótipos construídos observando pessoas tentando utilizá-los em seu cotidiano. Esta é uma das razões pelas quais as empresas de software fazem testes alfa e, em seguida, testes beta para todos os novos produtos — e escutam atentamente os comentários. Grandes líderes de equipe ajudam seus subordinados a desenvolver uma melhor compreensão dos clientes e mais empatia por suas necessidades fazendo com que suas equipes conheçam aqueles que usam seus serviços ou trazendo os clientes até eles, caso a equipe seja muito grande ou esteja muito dispersa.

Os líderes da Johnson & Johnson são especialmente bons nisso. Constatamos isso em primeira mão quando, há pouco tempo, eles nos pediram para conversarmos com a equipe de Aquisições Mundiais. Para encerrar a reunião, os líderes haviam escolhido aleatoriamente uma cliente para falar

178 A MELHOR EQUIPE VENCE

por alguns minutos aos colaboradores. A bem-articulada mulher explicou como um medicamento produzido por uma empresa da J&J estava tratando com sucesso o câncer de seu pai — que, até então, era considerado terminal. Ela derramou algumas lágrimas durante seus comentários e, no fim, ofereceu os sinceros agradecimentos da família à equipe de Aquisições por ajudar a garantir que os materiais para medicamentos vitais continuassem sendo fornecidos e estivessem acessíveis aos pacientes que precisavam deles. A história dessa única cliente tornou muito real o papel que esses profissionais desempenham e o impacto que eles têm sobre os pacientes e suas famílias.

Os bons gestores nos dizem o *que* fazer e *como*; os grandes líderes nos ajudam a ver *por que* fazemos o que fazemos pelos clientes.

MAPEIE AS INTERAÇÕES DOS CLIENTES

Outra forma reveladora de trazer a experiência do cliente à realidade é o método de mapeamento da jornada — criar um gráfico completo das interações que os clientes podem ter com sua equipe e sua organização. Um varejista, por exemplo, pode mapear todos os tipos de conversas e pontos de contato que um cliente pode ter depois de atravessar a porta da loja; um centro de atendimento pode fazer isso com uma pessoa que liga para a central de pedidos.

Considere o caso de mapeamento observado em um banco de médio porte que visitamos. Essa instituição financeira tinha uma forte cultura de divisões. Não se tratava de um isolacionismo por escolha; era, simplesmente, o modo como aquela empresa havia evoluído ao longo do tempo. Cada departamento sentia que estava funcionando em um nível de excelência, e teria sido difícil encontrar um líder de departamento que não enquadrasse seu próprio grupo no quartil superior do desempenho. Porém, por algum motivo — que poucos deles estavam acompanhando de perto —, a empresa não estava crescendo tão rápido quanto os outros representantes do setor. O mapa da jornada contava uma história poderosa. Parte da trajetória

MAS SEM SE ESQUECER DOS SEUS CLIENTES **179**

mostrava uma experiência típica de um valoroso cliente empresarial: esse cliente começara requerendo um empréstimo comercial para expandir seu estoque, e então ele marcou um horário para se encontrar com um agente de empréstimos comerciais no centro da cidade. No caminho para a reunião, ele recebeu uma ligação do departamento de serviços comerciais do banco (em outra parte do país), informando-lhe que uma transação com o cartão de crédito processada na noite anterior por sua empresa havia sido rejeitada. Será que ele poderia investigar isso? Após a reunião com o agente comercial, de regresso ao escritório, ele passou em uma filial do banco para transferir dinheiro para seu filho, estudante universitário em outra localidade, mas os irritantes funcionários dos caixas disseram que ele precisava entrar e conversar com um "banqueiro" (uma daquelas pessoas que ficam nos cubículos), uma vez que a transferência era muito complexa e fugia ao seu escopo. Finalmente, voltando novamente ao escritório, ele passou por um dos outdoors do banco, oferecendo empréstimos hipotecários com juros baixos. Ele lamentou não ter tempo para se sentar com um banqueiro hipotecário e refinanciar sua casa, mas pensou consigo mesmo que nem sequer sabia onde ficavam alguns dos escritórios de registros de hipoteca do banco.

Essa foi uma versão resumida. O mapa fornecia uma abundância visual de informações aos líderes sobre como as experiências dos clientes com o banco poderiam ser aprimoradas e sobre como suas equipes poderiam interagir melhor em conjunto. Qualquer gestor, ao lado de sua equipe, pode montar a sua versão deste exercício de mapeamento para auxiliar os colaboradores a entender os tipos de problemas que os clientes estão encontrando e a pensar em maneiras de atendê-los melhor. Esses atalhos visuais são especialmente importantes para ajudar a perceber os resultados do trabalho que os colaboradores vêm realizando sob a ótica dos clientes, contribuindo para salientar, junto aos seus subordinados, a noção de que os clientes simplesmente não se preocupam com suas disputas internas ou suas divisões de especialidades. Para os clientes, quando eles entram em seu prédio, fazem um pedido on-line, ligam e falam com um colaborador,

180 A MELHOR EQUIPE VENCE

ou têm qualquer tipo de interação direta ou indireta com sua empresa, trata-se de uma equipe unida nos bastidores, executando a sua missão. É totalmente irrelevante para os clientes se a equipe de vendas está em pé de guerra com a fábrica. Eles são indiferentes ao fato de haver atrasos no envio devido a uma falha de comunicação quanto às especificações do produto entre a engenharia e a usinagem. Eles não conseguem entender por que a radiologia não estaria em permanente comunicação com o cirurgião. Ou por que um banco é incapaz de fornecer a experiência de um único contato para ajudar a resolver todas as suas necessidades. Para os clientes, uma organização é uma só entidade. Trata-se de uma grande equipe e, como tal, seus membros, naturalmente, deveriam trabalhar e responder de comum acordo.

FOQUE NAS MICROBATALHAS NOS SEGMENTOS DE CLIENTES

Estruturas burocráticas tradicionais distanciaram grande parte da força de trabalho dos clientes reais. Quando as empresas são jovens e aguerridas, as bem-sucedidas normalmente mantêm um foco acurado no atendimento a clientes — especialmente em segmentos mal servidos, diz James Allen, líder de estratégia global da Bain & Co.

São as startups que costumam fazer isso, e elas se destacam monitorando as respostas dos clientes e experimentando mudanças nos produtos e serviços para melhor atendê-los. "Porém, à medida que as empresas vão ficando grandes e mais burocráticas", destaca Allen, "as questões internas, muitas vezes, roubam a atenção das interações com o cliente. Os executivos seniores passam mais tempo otimizando funções e negociando entre si. As inovações são controladas de forma centralizada, longe dos que estão na linha de frente. Os clientes não se sentem envolvidos nem bem-vindos. E o crescimento diminui ou corre o risco de estacionar."

Para combater isso, os líderes de equipes podem criar metas para suas equipes, ligadas especificamente aos segmentos de clientes. Allen aconselha a formação de equipes multifuncionais, encarregadas do que ele chama de microbatalhas — iniciativas discretas e focadas no cliente, com o intuito de aprimorar os resultados.[10] Considere o caso de um grupo de vendas. O líder da Bain sublinha que a maioria das equipes de vendas apresentará metas de receitas definidas por geografia, categoria, marca ou produto — por exemplo, "aumentar as vendas de equipamentos de jardinagem na Costa Oeste em 4%". Em contrapartida, uma microbatalha definiria as metas mais especificamente — por exemplo, "ganhar uma participação de 50% no negócio de jardinagem do tipo faça-você-mesmo do sul da Califórnia, em lojas de ferramentas cooperativas, superando a Bad Trimmer Co." Essa meta aponta mais especificamente para um tipo particular de cliente em uma área mais circunscrita e inclui informações importantes sobre o tipo de lojas em que eles gostam de comprar e qual o concorrente estabelecido que a equipe precisa vencer.

REINVENTE-SE

É importante lembrar que cada uma das grandes equipes e organizações que estudamos teve de se *reinventar* para garantir que seus subordinados trabalhassem de forma mais multifuncional e se unissem em torno da compreensão das necessidades dos clientes. Aqueles que precisaram visitar a Clínica Mayo lhe dirão que a experiência não é nem um pouco comparável à da maioria das visitas a estabelecimentos de assistência médica.[11] Reprogramados para entregar o que se chama de "medicina do destinatário", especialistas de vários setores trabalham, atualmente, como equipes codificadas para diagnosticar e tratar casos muito graves. E por saberem que, de forma geral, quem chega a Minnesota está lidando com uma questão familiar, a Mayo remodelou seus consultórios para acomodar grupos grandes e fluidos de pessoas que querem bem aos pacientes. Os sofás podem ser expandidos para abrigar meia dúzia de pessoas ao mesmo tempo. Tudo isso coloca "as necessidades do paciente", como diz o lema da Mayo, no centro da experiência.

182 A MELHOR EQUIPE VENCE

Por mais eficaz que a experiência do cliente da Mayo possa ser, ela não foi concebida para ser tão colaborativa assim; eles tiveram de deslocar seu foco em departamentos para o foco em clientes. O mesmo aconteceu com muitas das melhores organizações e equipes que estudamos. O fantástico processo de concepção de produtos da IKEA junta, agora, os membros da equipe com experiência em design, abastecimento, frete, produção e percepção dos clientes em equipes duradouras, que realizam um trabalho extraordinário.

Um exemplo final vem de uma fonte improvável, o Museu de Arte Moderna (MoMA) em Nova York, que abriga obras de arte de *Les Demoiselles d'Avignon*, de Pablo Picasso, até *Gold Marilyn Monroe*, de Andy Warhol.[12] Uma breve introdução, caso você não esteja ciente, é que os museus, algumas vezes, podem figurar entre as instituições com setores mais isolados, com departamentos que funcionam, frequentemente, como se fossem seus próprios museus. Até mesmo dentro de um único departamento, a arte de um período (Idade Média, digamos) pode ter uma curadoria separada do período seguinte (o Renascimento).

Assim, causou espanto quando o MoMA anunciou, no outono de 2016, que havia publicado um dos históricos on-line mais monumentais e abrangentes já disponibilizadas para pesquisadores, artistas, curadores e público. Michelle Elligott, chefe de arquivos, e Fiona Romeo, diretora de conteúdo e estratégia digital, lideraram uma equipe multifuncional de arquivistas que trabalharam juntos por dois anos e meio para derrubar as fronteiras entre os departamentos e integrar dezenas de milhares de prospectos de exposições, criando o que eles chamaram de "arquivo vivo".

Considere esta iniciativa artística do ponto de vista dos clientes. Para eles, pouco importa que muitos museus tenham setores isolados; eles, provavelmente, sequer sabem disso. A maioria não se importa com o modo como esse arquivo on-line se formou. Eles esperam que a experiência de visitar este maravilhoso museu ou acessar on-line e aprender mais sobre suas exposições possa se mostrar um evento homogêneo. E agora a pesquisa de todas as atividades que aconteceram no museu encontra-se unificada, como se tudo fosse narrado por uma única voz.

O mesmo acontece com a sua equipe e os seus clientes. Eles têm todo o direito de presumir que as opiniões, os produtos ou os serviços de um membro da equipe estejam em comum acordo com a organização inteira — todos focados em suas necessidades.

Será que é demais pedirem para nunca ser esquecidos?

CONCLUSÃO

QUEM DEIXOU O PORTÃO ABERTO?

O que é possível aprender com a queda de Constantinopla

No início de 1452, chegou à cidade de Constantinopla um húngaro chamado Orban.[1]

O homem possuía uma habilidade rara em meados do século XV — ele conseguia construir canhões — e ofereceu seu talento na fundição dessas grandes armas de bronze para o imperador bizantino, Constantino XI. O imperador, certamente, ficou curioso. Com os otomanos turcos ameaçando invadir a cidade, seria bom contar com Orban na folha de pagamento; assim, o imperador autorizou uma pequena ajuda de custo para manter o criador do canhão dentro da cidade.

Orban montou uma oficina e, ansiosamente, começou a trabalhar, mas logo ficou claro que as coisas não seriam conforme o prometido. Seus salários, já suficientemente modestos, não eram pagos com regularidade. Recursos prometidos nunca se materializaram. Ele requisitou audiências com o imperador, mas o grande homem não conseguia encontrar nenhum tempo de sobra. O desafortunado fabricante de canhões se sentiu indesejável, negligenciado e, finalmente, empacotou suas ferramentas, saiu da cidade e partiu para o oeste — esperando encontrar o sultão Mehmet II, o governante do Império Otomano recém-coroado, de 21 anos de idade.

Apesar de jovem, o sultão não era tolo. Ele recebeu o húngaro cortesmente. Forneceu ao artesão comida, roupas e abrigo, e depois o entrevistou com atenção. Mehmet perguntou se ele poderia fundir um canhão grande

186   A MELHOR EQUIPE VENCE

o suficiente para derrubar os muros de Constantinopla, a cidade mais fortificada do mundo.

Orban assentiu com a cabeça. "Posso transformar em poeira não apenas esses muros com as pedras expelidas pela minha arma, como também os próprios muros da Babilônia", disse ele.

Mehmet contratou o homem ali mesmo, fornecendo-lhe salários mas também todo o apoio de que ele precisava para prosperar em seu ofício. Orban, por sua vez, cumpriu sua palavra. Ele construiu uma série de armas que o mundo nunca havia visto antes, incluindo um enorme canhão com 9 metros de comprimento. Mehmet ficou empolgado com o trabalho e cobriu o húngaro de atenção e elogios.

Em 6 de abril de 1453, o exército turco chegou às muralhas de Constantinopla com as armas de Orban, e ali, durante 53 dias, Mehmet sitiou a cidade — os grandes canhões reduzindo consistentemente as poderosas defesas.

Então, pouco depois da meia-noite de 29 de maio, o sultão ordenou uma última ofensiva global. Suas tropas conseguiram derrubar os principais muros, mas os bizantinos as fizeram recuar. Justamente quando parecia que Constantinopla nunca iria cair, uma bandeira turca foi vista tremulando perto de um pequeno portão. Parecia que o portão havia sido deixado aberto por defensores que se afastaram para atacar o flanco do exército turco. Alguns homens do sultão tinham conseguido passar pelo portão destrancado e, agora, muitos de seus guerreiros estavam entrando. Em pouco tempo, a cidade foi invadida.

Mehmet ganhou o seu prêmio, que ele rebatizou de Istambul. E, assim, chegou ao fim a grande cidade de Constantinopla — tudo porque alguém deixou o portão aberto *e* porque um fabricante de canhões negligenciado escapou entre seus dedos.

Ao que tudo indica, Constantino XI, guardião da fortaleza mais segura do mundo, não era má pessoa, de modo algum. Ele era apenas um homem ocupado. Ele era um gestor, afinal, e, como qualquer outro líder, seu tempo precisava ser dividido entre milhares de solicitações. Não foi a insensibilidade, a soberba ou a arrogância que derrubou sua cidade. Ele tinha estado apenas muito ocupado para fazer com que um talentoso fabricante de canhões se

QUEM DEIXOU O PORTÃO ABERTO? **187**

sentisse valorizado e, certamente, não tinha tido tempo para explicar aos seus humildes guardas que eles deveriam entender melhor seus papéis.

Avancemos rapidamente quase seiscentos anos. Liderar uma equipe não ficou mais fácil; na verdade, nunca foi tão difícil. Não estamos apenas enfrentando o aumento da volatilidade, incerteza, complexidade e ambiguidade do mercado, mas a composição das equipes também está mudando rapidamente: os membros podem ser oriundos de uma grande variedade de culturas e vir de todas as partes do mundo; alguns trabalham em tempo integral, enquanto outros são temporários; o tempo todo nossas equipes recebem demandas cada vez mais complexas de inovação rápida, mais colaboração multifuncional e aumento da produtividade. Embora a tecnologia tenha ofertado aos líderes de equipe ferramentas mais poderosas para comunicação e análise, os líderes que conhecemos sentem que seu tempo ainda está sobrecarregado apenas pela necessidade de acompanhar o fluxo de e-mails e apagar os incêndios provocados pelos mais recentes problemas. Trabalhar em seus próprios produtos e reportar-se a uma gestão superior tende a prevalecer em relação à intenção de inspirar seus subordinados. Mas há uma lição importante para todos os gestores na queda de Constantinopla. Muitos estão deixando o portão aberto ao não focar de forma adequada nos membros de sua equipe.

Não importa quais ferramentas tecnológicas os líderes de equipe possam usar, não importa o quão ricos sejam os dados que eles tenham para se informar sobre o desenvolvimento de produtos ou o atendimento ao cliente, as maiores recompensas em termos de desempenho virão da aplicação de habilidades interpessoais eficazes na gestão de pessoas.

Pense novamente no Google, um dos principais inovadores tecnológicos do mundo — uma empresa motivada pela missão de usar a tecnologia para resolver problemas de forma melhor, mais rápida e inteligente. Se essa empresa, repleta de engenheiros e programadores especializados no cérebro esquerdo, conclui, após cinco anos de estudo intensivo, que *o* fator mais importante que diferencia as equipes de alto desempenho das equipes de médio desempenho é o uso de habilidades interpessoais pelos gestores, então talvez seja hora de todos nós darmos mais atenção a isso.

188   A MELHOR EQUIPE VENCE

Temos plena consciência do quanto os gestores são pressionados pelo tempo, e é por isso que, ao escrever este livro, trabalhamos arduamente selecionando informações provenientes da melhor produção científica e da experiência prática de pessoas e gestores extraordinários. Inevitavelmente, algumas das práticas específicas que recomendamos serão mais apropriadas ou mais atraentes para alguns leitores do que para outros. Isso é compreensível. Cada gestor deve adaptar a forma de exercer essas cinco habilidades com base em seus próprios estilos pessoais, na composição específica de suas equipes e em suas demandas de trabalho.

Recomendamos integrar sua própria criatividade e sua voz a essas práticas, como fizeram muitos dos gestores apresentados aqui. Enquanto um líder de equipe pode preferir ter discussões sobre o encaminhamento da carreira dentro do escritório, outro, por exemplo, pode optar por sair do escritório e orientar seus colaboradores mais informalmente, caminhando e conversando com eles. Vimos debates formais conduzidos no palco, diante de todos, como se fosse uma demonstração, enquanto outros gestores preferem discussões menos estruturadas e de fluxo livre. Nomear um membro sênior da equipe para orientar colaboradores novos pode ser atraente para alguns gestores, enquanto outros podem encorajar os novos membros da equipe a se orientar mutuamente, de maneiras inovadoras.

Variações nos temas que apresentamos e experimentação com abordagens específicas são absolutamente essenciais. A única coisa que recomendamos é que os gestores considerem seriamente *como* implementar cada uma das cinco habilidades: lidar com as diferenças geracionais; gerenciar de forma personalizada; acelerar a produtividade das pessoas e das equipes; promover a segurança psicológica para se manifestar, debater e inovar; e nunca se esquecer dos clientes. Descobrimos que, com isso, surgirão melhorias na coesão da equipe, na criatividade colaborativa, no engajamento com o trabalho e no desempenho geral.

No ambiente de negócios extremamente competitivo de hoje, algum líder pode realmente se dar ao luxo de não fazer uso dessas habilidades para montar suas equipes? Afinal, a verdade pura e simples é que, no fim, a melhor equipe vence.

PARTE II

A CAIXA DE FERRAMENTAS DO LÍDER

CAIXA DE FERRAMENTAS

101 MANEIRAS DE INSPIRAR SUA EQUIPE

Pequenas ideias que geram grandes resultados

As 101 ideias que se seguem foram extraídas de nossa pesquisa com equipes de alto desempenho e de muitas de nossas entrevistas com os gestores a quem fomos apresentados. Conhecendo a sua equipe como você conhece, você poderá decidir quais funcionarão em sua cultura e quais talvez não funcionem. A ideia não é experimentar todas elas, mas aquelas que você acredita que possam funcionar em sua cultura.

Como sempre acontece com esses tipos de listas, aconselhamos manter a mente aberta. Talvez você se depare com algumas ideias que poderão causar um inevitável estranhamento. Tudo bem, são as ideias que provavelmente não funcionarão em sua equipe, mas elas podem ser de alguma utilidade para outra pessoa. Dito isso, sugerimos sair de sua zona de conforto usual.

E, assim, apresentamos 101 maneiras de inspirar sua equipe:

1. FAÇA COM QUE AS PESSOAS QUE TRABALHAM REMOTA-MENTE SE MANTENHAM FOCADAS. No caso dos colaboradores remotos, os gestores devem estar mais focados em metas e resultados do que nas horas trabalhadas. Carrie McKeegan, cofundadora da empresa Greenback, de elaboração de declaração de impostos, diz que usa atualizações regulares e metas trimestrais para motivar sua equipe de colaboradores remotos.[1] McKeegan confia em duas formas principais para

192   A MELHOR EQUIPE VENCE

mensurar sua produtividade: semanalmente, ela recebe uma atualização de suas realizações ao longo daquela semana e suas prioridades para a semana seguinte; trimestralmente, ela colabora na elaboração de novas metas para ajudá-los a progredir um pouco mais e a permanecer focados e produtivos. **AÇÃO:** Acrescente atualizações semanais individualizadas e estabeleça metas trimestrais para que seus colaboradores remotos mantenham um foco mais apurado (assim como todos os outros integrantes de sua equipe).

2. CONHEÇA AS SUAS HISTÓRIAS. O general Norman Schwarzkopf disse, certa vez: "Vi líderes que ficavam em frente a um pelotão e tudo o que eles viam era um pelotão. Mas os grandes líderes veem um pelotão como 44 indivíduos, cada um dos quais com aspirações, cada um dos quais querendo viver, cada um dos quais desejando fazer o bem."[2] Os grandes líderes fazem um esforço para conhecer pessoalmente os indivíduos que fazem parte de sua equipe. **AÇÃO:** Durante a próxima semana, sente-se com cada um dos seus subordinados diretos por quinze minutos e conheça a sua história — pergunte sobre o histórico da pessoa e suas esperanças e metas para o futuro. Faça anotações.

3. ENCONTRE O SEU FLUXO. Um dos estados psicológicos humanos mais profundamente satisfatórios é chamado de *fluxo*. Ele ocorre quando uma pessoa está tão imersa em uma atividade que não sente o tempo passar. Quanto mais fluxo tivermos em nossos empregos, mais felicidade sentiremos. **AÇÃO:** Esta semana, gaste alguns minutos com cada um de seus colaboradores para identificar as condições mais satisfatórias de seus empregos, as atividades que alimentam suas paixões. Decida se seria possível incorporar mais tarefas desse tipo no trabalho que eles realizam.

4. RECONHEÇA SEUS MVPS. Jake Reynolds, vice-presidente sênior de venda de ingressos e serviços do Philadelphia 76ers, faz com que cada equipe que ele supervisiona apresente um prêmio semanal MVP (Jogador Mais Valioso, na sigla em inglês) da Equipe — escolhido pelos colegas de trabalho. O MVP da Equipe recebe um prêmio rotativo exclusivo, valorizado por aquela equipe (de uma bota dourada a um cinturão de luta livre). Então, dentro do grupo de MVPs da Equipe, escolhe-se um MVP geral para todo o departamento de vendas e serviços gerenciado por Reynolds, e aquela pessoa recebe outro prêmio rotativo — desta vez, um capacete assinado por todos os vencedores anteriores e pelo treinador da equipe de basquete. Os prêmios são entregues semanalmente, sem falhar, e todo o grupo se reúne para ver quem está sendo reconhecido. Jill Snodgrass, vice-presidente, afirmou: "Contamos uma história por meio dos prêmios MVP. Se uma equipe acabou de retomar o árduo trabalho de venda de ingressos para a temporada, podemos dar um destaque a essa equipe. Em outras ocasiões, o MVP pode ser alguém que tenha se revelado um excelente companheiro de equipe ou alguém que não tenha vendido muito, mas que se mostre empolgado — acompanhando o processo, fazendo o trabalho pesado." Esse tipo de história durante as celebrações de reconhecimento ajuda a mostrar que os esforços de todos estão sendo notados e quais comportamentos costumam ser valorizados. **AÇÃO:** Comece a atribuir um prêmio semanal para ajudar a reconhecer os colegas de equipe que se destacam e os que se encarregam do chamado trabalho pesado.

5. DEFINA SEU PROPÓSITO. Robert Frank, professor de economia da Universidade de Cornell, afirmou que uma das dimensões mais importantes da felicidade no trabalho é como uma pessoa se sente em relação à missão de sua equipe ou organização.[3] Em suma, quando as pessoas saem do trabalho todos os dias, elas sentem que melhoraram o mundo de alguma forma? Ou, pelo menos, que não o pioraram? **AÇÃO:** Talvez você não seja capaz de influenciar a missão da empresa como um todo, mas pode reunir seus colaboradores esta semana e definir um propósito da equipe. Se você já tiver um propósito de equipe ou um lema, então se reúna para conversar sobre o que isso significa no seu trabalho cotidiano: Você está vivenciando esse propósito? Onde a equipe está deixando a desejar? O que vocês poderiam fazer para melhorá-lo?

6. DISTRIBUA MELHOR SEU TEMPO. O mundo moderno está fazendo com que os gestores se tornem mais relevantes, e não menos. O professor David Garvin, da Escola de Negócios de Harvard, e a pesquisadora Lynn Levesque estudaram gerentes de lojas varejistas, descobrindo que os mais eficazes entre eles gastam a maior parte do tempo não com a logística ou com os clientes, mas com os colaboradores.[4] Eles reúnem as pessoas certas nos turnos certos e nas equipes certas — montando grupos com potencial para trabalhar bem juntos e transferindo as pessoas conforme necessário; aprimorando individualmente a carreira de cada pessoa; e lidando com os inevitáveis conflitos de personalidade que forem surgindo. Garvin afirmou que o segredo do sucesso dos gestores é o quanto eles conseguem motivar os colaboradores. "Meu trabalho é fazer com que meus gestores e meus colaboradores se empolguem", disse um gerente de loja de alto desempenho da Staples. **AÇÃO:** Ainda hoje, faça um inventário de onde você gasta o seu tempo. É com seus colaboradores, seus clientes, seus chefes ou com a papelada?

7. ENVIE ATUALIZAÇÕES DIÁRIAS. O diretor-executivo da DreamWorks Animation, Jeffrey Katzenberg, produz um enorme senso de transparência e confiança por meio de seus e-mails diários, que atualizam os 2.100 colaboradores da empresa sobre as pessoas com quem ele vem se encontrando e as conversas que vem tendo.[5] "Não esperávamos que um simples e-mail pudesse criar a cola organizacional que uniria as pessoas de uma forma que nem sequer imaginávamos necessária", afirmou Dan Satterthwaite, diretor de recursos humanos. "As pessoas falam sobre isso. Tomando por base nossa pesquisa anual com os colaboradores, eles se sentem mais envolvidos e conectados." **AÇÃO:** Tente colocar essa ideia em prática. Durante a próxima semana, mostre-se muito mais aberto com sua equipe sobre o que você está fazendo nas reuniões e em outras atividades. No fim da semana, solicite os comentários dos membros da sua equipe. Alguém notou alguma mudança? Foi para melhor?

101 MANEIRAS DE INSPIRAR SUA EQUIPE **195**

8. ENTENDA O PODER DE SEDUÇÃO. Os grandes líderes ajudam os colaboradores a entender o que seus clientes consideram atraente nas empresas rivais e em seus produtos: muitas vezes, mostrando abertamente os produtos de seus concorrentes em suas salas de descanso ou salas de crise, e incentivando todos a dedicar algum tempo para identificar as principais características com maior apelo de venda. Ao entender *por que* as ofertas de um concorrente soam atraentes para um cliente, os membros da equipe podem, então, sugerir aperfeiçoamentos em seus próprios serviços. **AÇÃO:** Esta semana, encontre uma maneira de ajudar os colaboradores a entender melhor os produtos de seus concorrentes e, mais importante ainda, promova uma discussão em sua equipe sobre como superar esses rivais.

9. REITERE O PROPÓSITO DE FORMA ALEATÓRIA. Dan Helfrich, executivo da Deloitte, acredita que as equipes se alinham em torno de um propósito; mas, segundo ele, isso só acontece por meio de uma repetição não previsível. "Como líder, você faz aquelas pequenas coisas para introjetar o propósito nas pessoas, mas sem apelar para uma cadência que se torne rotineira. Em determinada semana, eu poderia escrever um e-mail ou mandar o endereço de um blog para a minha equipe, mas esse envio seria imprevisível no ritmo e no formato. Na outra semana, eu poderia fazer um podcast ou enviar uma observação curta para todos. Na semana seguinte, eu poderia mandar o pensamento do dia, ou talvez realizasse uma cerimônia de reconhecimento para recompensar alguém por sua fidelidade ao propósito acordado." **AÇÃO:** Monte um gráfico e considere o que você pode fazer para alterar a forma com que o propósito de sua equipe é comunicado todas as semanas.

10. CRIE UM FUNDO BENEFICENTE. Kim Boerema, diretor de operações da California Pizza Kitchen, disse-nos que o objetivo central de sua organização é a beneficência — voltada para seus clientes, comunidades e, especialmente, colaboradores. "Mantemos um Fundo Beneficente", disse ele. "Ele é custeado pelos colaboradores, e a intenção é ajudar os colegas

196 A MELHOR EQUIPE VENCE

de equipe em momentos de dificuldades financeiras, caso eles precisem de alguma coisa para suas famílias durante tragédias, emergências médicas e outras crises." Há três anos, 10% dos colaboradores participavam do fundo; atualmente, mais de dois terços contribuem para ajudar os seus pares. As equipes da CPK também se esforçam para ajudar outras pessoas da comunidade. "Ontem, Dia dos Veteranos, providenciamos um almoço grátis, algo que fazemos anualmente, com o intuito de apoiar os veteranos e os militares na ativa de nossa nação", afirmou Boerema. "Também delegamos às nossas equipes a decisão do que deve ser feito em suas comunidades sob a perspectiva da beneficência, e elas estão capacitadas para buscar suas paixões e fazer a diferença. Tudo é importante quando se trata de retribuir nossos subordinados e nossas comunidades. Como líderes, é nossa tarefa descobrir o que os membros da nossa equipe valorizam e ajudá-los a perseguir o que mais lhes interessa." AÇÃO: Considere o que os membros de sua equipe podem fazer para ajudar uns aos outros ou sua comunidade. Este mês, coloque um plano em prática para retribuir de alguma forma.

11. RECÉM-CHEGADOS RECEBENDO RECÉM-CHEGADOS. Uma ótima prática que observamos é pedir a um novo colaborador que crie um vídeo explicativo sobre um processo importante para ser exibido na intranet ou, no mínimo, mostrado a outras pessoas novas quando elas forem contratadas. Os vídeos de três a quatro minutos fornecem as informações necessárias para dar a partida e ser bem-sucedido em uma atividade específica. Pedir a um recém-chegado que conduza este projeto irá ajudá-lo a aprender, a crescer e a procurar as pessoas mais experientes da equipe em busca de ajuda. AÇÃO: Esta semana, atribua a um colaborador recém-contratado a tarefa de fazer um vídeo sobre um processo ou uma tarefa.

12. ENCONTRE NOVAS IDEIAS. A Quicken Loans tem uma iniciativa que perpassa a empresa inteira, destinada a encontrar ideias excepcionais e capacitar os membros da equipe a causar um impacto no negócio.[6] Os membros da equipe enviam suas propostas e são, então, selecionados a apresentá-las ao vivo diante de uma plateia de colegas, enquanto o resto da empresa assiste a uma transmissão ao vivo. Aqueles cujas ideias forem eleitas como as melhores recebem férias gratuitas para si e seus respectivos acompanhantes, bem como a oportunidade de implementar aquela ideia; enquanto os segundos colocados recebem US$ 500 em vale-compras. AÇÃO: Este mês, realize um concurso de ideias em sua equipe, premiando as melhores propostas.

13. INCENTIVE OS MEMBROS DA GERAÇÃO MILÊNIO A PARTICIPAR DOS EVENTOS. John Lowery, presidente da Applied Imaging, diz que as reuniões da empresa são uma ótima oportunidade para ajudar os membros da geração milênio a se sentir bem-vindos e incluídos. Em uma reunião realizada durante o verão, Lowery sugeriu a alguns de seus membros da geração milênio e proprietários de antigos furgões da Volkswagen que exibissem seus veículos. Ele propôs que a reunião tivesse como tema os anos 1960, e todos foram vestidos de hippies e fizeram tatuagens de hena. Os colaboradores foram encorajados a mostrar sua própria tatuagem (desde que ela não estivesse localizada em um lugar insólito). "Foi um arraso total", disse Lowery. "Nossos membros da geração milênio se sentiram atraídos para um encontro divertido, mas também se sentiram importantes e ouvidos. E os membros da geração do baby-boom aprovaram o fato de estarmos de volta à década de 1960." AÇÃO: Peça a alguns de seus membros da geração milênio para ajudar a tornar sua próxima reunião mais inclusiva e mais moderna.

14. UMA ROSA COM QUALQUER OUTRO NOME. Quando Dan Johnson assumiu o cargo de diretor-executivo da Innovation Credit Union em Saskatchewan, no Canadá, ele perguntou aos seus membros (isto é, aos seus clientes) quais eram as suas necessidades. "Eles responderam que queriam que tivéssemos mais mobilidade, fôssemos bastante responsivos e capazes de oferecer bons conselhos e orientações", explicou Johnson. O primeiro passo foi incluir esse comentário na visão e na missão da organização e, em seguida, concentrar-se em itens mais sutis, como denominações de cargos, para ajudar os membros da equipe a pensar de formas diferentes sobre os serviços oferecidos. As filiais se tornaram centros de aconselhamento; caixas se tornaram representantes de serviços aos membros; colaboradores se tornaram analistas. "Um nome faz toda diferença", disse ele. "Se você vai trabalhar como colaborador, você trabalha de uma forma; mas se você for um analista, vai também procurar maneiras de aprimorar e solucionar problemas. Isso muda sua atitude." **AÇÃO:** Será que é possível alterar o nome da sua equipe ou de alguns cargos para melhor atender às necessidades de seus clientes?

15. INVENTE UMA CRISE. Scott Weisberg, chefe de equipe da Wendy's, nos disse que, mesmo que os líderes de equipe não passem por uma crise, às vezes eles precisam forjar uma, para que seus subordinados raciocinem de maneira diferente. Weisberg se recorda do início de sua carreira, quando um líder, chefe da cadeia de abastecimento de outro grande empregador, "nos fazia perguntas do tipo: 'E se separássemos a cadeia de abastecimento de nossa empresa e nos transformássemos na Companhia de Abastecimento?' Investimos naquela ideia e isso elevou bastante a produtividade. Ele não queria que nós nos dividíssemos, mas as ideias que surgiram nos tornaram melhores." **AÇÃO:** Se você não estiver enfrentando uma crise, considere qual questão desafiadora você poderia propor à sua equipe para estimular seu raciocínio.

16. UMA HORA POR DIA. Quando comandava o Hospital Presbiteriano do Texas, em Dallas, o diretor-executivo, Britt Berrett, instituiu uma política chamada Sagrados 60 — uma hora por dia, durante a qual os líderes de equipe tinham de sair para dar uma volta com seus colaboradores. Como resultado, o engajamento aumentou mais de 30% nos anos seguintes. Sobre essa prática, um gestor afirmou: "Não devemos ficar grudados no e-mail ou no telefone; usamos o tempo para perguntar (aos nossos colaboradores): 'Como estão as coisas? Existe algo que eu possa fazer por você? Existem

101 MANEIRAS DE INSPIRAR SUA EQUIPE   199

obstáculos que tornam o seu trabalho mais difícil?'" **AÇÃO:** Esta semana, reserve a mesma hora, todos os dias, para silenciar o telefone, desligar o computador, sair do escritório e conectar-se com sua equipe.

17. DEFINA IMPRESSIONAR. Ken Blanchard, autor que escreve sobre liderança, nos conta sobre um Departamento de Veículos Motorizados remodelado por um novo diretor.[7] Esperando um sofrido encontro de três horas de duração, Blanchard se surpreendeu ao entrar e sair em apenas nove minutos. Ele perguntou aos colaboradores o que havia mudado, e eles responderam: "Nosso gestor." Sua mesa estava localizada no meio do piso principal, não em um escritório protegido por paredes. Quando Blanchard conversou com o gestor, ele disse: "Meu trabalho é reorganizar o departamento a cada momento, dependendo das necessidades dos cidadãos." Assim sendo, ele havia levado a cabo um treinamento multifuncional, fazendo com que cada colaborador executasse o trabalho de todos os outros, a fim de que pudessem trocar de posição quando fosse necessário e cobrir os atrasos em determinadas áreas. Eles também mudaram seu horário de almoço, de modo que todos estivessem a postos entre 11h30 e 14h, quando o departamento era mais solicitado. O gestor havia criado um ambiente em que os clientes eram valorizados e os colaboradores sentiam um maior senso de propósito e motivação. **AÇÃO:** Pergunte-se: todos os colaboradores da minha equipe têm um foco claro em nossos clientes? Como é possível esclarecer melhor para minha equipe as necessidades dos clientes e o que significa impressioná-los?

18. CELEBRE AS PEQUENAS CONQUISTAS. Um representante de vendas finalmente agenda uma reunião de prospecção com uma conta difícil de acessar; um recém-contratado consegue apaziguar seu primeiro cliente irritado; a equipe de tecnologia libera uma atualização antes do prazo. Nem todas as celebrações precisam estar relacionadas a grandes conquistas. Na LevelEleven,[8] Brendan Hartt, o executivo de contas empresariais, afirmou: "Adoramos rebater as 'bolas curtas' e comemorar as assistências, as rebatidas simples e as duplas. Não é incomum que nossa equipe se reconheça mutuamente com algumas dúzias de timbits da Tim Hortons nas mãos ao fim de um dia de prospecção. Enviamos e-mails após uma oportunidade de 'fechamento de negócio', com o assunto 'Pontuação — Nova Negociação ganha na empresa XYZ para __ usuários.'" Hartt assegura que o forte reconhecimento imediatamente percebido é ainda mais potente do que a missão original, pois a gratidão dos colegas e da gestão, além de alguns GIFs anexados, faz com que todos fiquem animados. **AÇÃO:** Quando foi a última vez que você reconheceu uma pequena conquista com um e-mail contundente? Se já faz alguns dias, agora é a hora de fazê-lo novamente.

19. CAPACITE SUA EQUIPE. Há uma diferença entre colaboradores capacitados e uma equipe capacitada. Um indivíduo capacitado tem autoridade para tomar decisões sozinho, em vez de precisar de aprovação ou instruções de um gestor. Em uma equipe capacitada, no entanto, cada membro tem algo a dizer nas decisões do grupo, e a equipe coletiva pode fazer mudanças na maneira como os negócios são realizados, de modo a atender melhor aos clientes. Uma organização estruturada em torno de equipes capacitadas constitui uma força poderosa. **AÇÃO:** Avalie se você dispõe de pessoas capacitadas em sua equipe em quem você confia ou se o seu grupo inteiro age como uma equipe capacitada.

20. EXPULSE OS ESPECTADORES. Em equipes de alto desempenho, espera-se que todos os presentes em uma reunião sejam participantes imprescindíveis. Os espectadores não são bem-vindos. Ken Segall trabalhou em estreita colaboração com a Apple durante anos, como diretor criativo de sua agência de publicidade.[9] Ele aprendeu o seguinte sobre como realizar uma excelente reunião: dispense a pessoa menos necessária na mesa, retire-se se a reunião durar mais de trinta minutos e faça algo produtivo durante o dia para compensar o tempo perdido. **AÇÃO:** Em sua próxima reunião, reflita se alguém que está na mesa poderia ser considerado desnecessário. Se a pessoa não deveria estar lá, em vez de expulsá-la, estimule-a repetidamente a se manifestar e a dar sua opinião.

21. USE UM APLICATIVO DE COLABORAÇÃO. Os membros da equipe interna da Salesforce.com colaboram uns com os outros compartilhando ideias por meio de um aplicativo de rede social.[10] No aplicativo, os colaboradores enviam dados para avaliação, comparam rascunhos de documentos e compartilham ideias em tempo real, eliminando a defasagem associada ao e-mail e outros métodos de comunicação. **AÇÃO:** Implemente uma ferramenta de colaboração coletiva para ajudar sua equipe a compartilhar e a se comunicar de forma mais eficaz.

22. AGRADEÇA A TODOS OS CANDIDATOS. KimArie Yowell, diretora sênior de desenvolvimento de talentos da Quicken Loans, nos disse que é importante começar o processo de contratação dos novos colaboradores assim que a pessoa preenche uma ficha de emprego. "Todo candidato que se inscreve na Quicken Loans recebe um telefonema", disse ela, "mesmo que ainda não tenhamos uma posição ou que ele, talvez, não seja adequado ao cargo. Não há exceções, nenhuma desculpa para não se cumprir esta regra. Queremos que você se sinta valorizado." Ela observou que uma de suas atuais colegas de equipe da Quicken Loans havia se inscrito 77 vezes (e recebido 77 telefonemas amigáveis) antes de ser finalmente aprovada, na tentativa de número 78. "Ela agora está trabalhando na empresa e é uma batalhadora que vem gerando um impacto todos os dias. Isso é tenacidade." **AÇÃO:** A começar com a próxima contratação, agradeça a todos os que se candidatarem com um telefonema pessoal, quer eles sejam convocados para assumir o cargo ou não.

23. PRATIQUE A ABERTURA EXTREMA. O fundador e diretor-executivo da Moz,[11] Rand Fishkin, é extremamente aberto com seus colaboradores. Quando ele pediu sua esposa em casamento, publicou isso naquela mesma noite no blog da empresa. Ele divulgou, inclusive, suas

202 A MELHOR EQUIPE VENCE

finanças pessoais aos colaboradores. Porém, a instância mais extrema da franqueza radical de Fishkin está no detalhado relato de seu fracasso em garantir um acordo de capital de risco de US$ 24 milhões para a empresa. Esta afirmação faz parte dos valores da Moz: "Compartilharemos o funcionamento interno de nossa empresa — tanto as coisas boas quanto as más — abertamente", e Fishkin é uma encarnação viva disso. **AÇÃO:** Na reunião desta semana, abra-se e mostre-se vulnerável perante sua equipe em torno de algum tema importante.

24. ENVOLVA OS OUTROS NA TOMADA DE DECISÕES. Para incentivar a colaboração na cabine de comando, a indústria aérea desenvolveu formas de fazer com que os pilotos debatessem toda e qualquer decisão. Quando conversamos com Broc King, primeiro oficial da Southwest Airlines, ele nos disse que, atualmente, os pilotos usam um processo chamado Gerenciamento de Recursos da Tripulação para deliberar sobre decisões e chegar a um consenso usando todos os dados disponíveis, procedimentos, políticas e conhecimento do sistema. "Digamos que estivéssemos nos aproximando de uma grande tempestade", disse ele. "Talvez seja evidente como devêssemos agir, mas o comandante foi treinado para me perguntar: 'O que você acha?' Ele vai ouvir o que tenho a dizer e, juntos, chegaremos a uma conclusão." **AÇÃO:** Pense na maior decisão que você está precisando tomar agora. Reúna alguns colaboradores hoje para refletir sobre as soluções potenciais.

25. ENCONTRE O AJUSTE PERFEITO. Toby Dodd é diretor-executivo de serviços de arrendamentos globais da Cushman & Wakefield, uma empresa especializada em serviços imobiliários comerciais, que conta com 45 mil colaboradores. Para ele, alguém que não represente um ajuste perfeito em sua equipe pode ser bem-sucedido em qualquer outro ambiente de trabalho. "Geralmente, as pessoas sabem quando estão apresentando um desempenho insuficiente em uma equipe", disse ele. "Como resultado, outros membros da equipe acabam sofrendo as consequências e, no fim, culpam a liderança. Minha experiência mostra que, quando transferimos pessoas com desempenhos insuficientes para outras áreas ou equipes, todos ficam mais felizes e obtêm mais sucesso. As pessoas podem pensar que você está sendo indelicado, mas você estará sendo indelicado se as mantiver no mesmo lugar. Sempre buscamos encontrar uma solução em que o indivíduo e a equipe saiam ganhando." **AÇÃO:** Talvez esse assunto seja difícil, mas existe alguém em sua equipe que esteja prejudicando a cultura da equipe? Você conseguiria encontrar uma maneira de lidar compassivamente com a situação, mas de modo firme?

26. TRÊS CONQUISTAS POR DIA. Diariamente, no horário de encerramento do expediente, os colaboradores da equipe de vendas do Philadelphia 76ers são convidados a enviar um e-mail com suas Três Conquistas do Dia. Podem não ser, necessariamente, vendas efetivadas, mas conversas proveitosas, quem sabe ajudando outro colaborador a aprender uma tarefa ou falando sobre como eles lidaram com o processo de vendas. "Desta forma, estamos reconhecendo os aspectos intangíveis todos os dias", disse Jake Robinson, diretor de vendas para grupos. "Tudo é encarado de modo positivo, mesmo que você não tenha realizado nenhuma venda há algum tempo." O gestor responde todos os representantes naquela mesma noite. "Ele elogiará os esforços e poderá encaminhar a resposta para a equipe inteira", acrescentou Robinson. E isso, diz ele, é especialmente bom para os novos colaboradores e para aqueles que estão enfrentando dificuldades. **AÇÃO:** Por apenas uma semana, peça aos membros da sua equipe que lhe enviem suas três maiores conquistas diárias e veja o que acontece.

27. DESCUBRA QUEM SÃO OS QUE JOGAM EM EQUIPE. Na equipe de vendas de Wiley Cerilli na SinglePlatform,[12] ele descobriu alguns atalhos que o ajudam a contratar as pessoas certas. "Para nós, é bastante óbvio se alguém vai se ajustar perfeitamente em nossa cultura, bastando perceber a frequência com que a palavra *eu* aparece nas entrevistas que fazemos com os candidatos, em comparação com a frequência com que mencionam sua

204 A MELHOR EQUIPE VENCE

equipe e quantas vezes os nomes dos membros da equipe são citados", disse Cerilli. **AÇÃO:** Para aferir a abordagem de um candidato ao trabalho em equipe, comece fazendo perguntas pertinentes, tais como: "Em que você pensa antes de ter sua primeira reunião com uma nova equipe da qual você fará parte?", "Qual a sua estratégia se você não concordar com o rumo que a equipe está adotando para resolver um problema?", "Você pode atuar bem em equipe e discordar de seu gestor?"

28. CONECTE-SE COM OS CLIENTES. A empresa do Grupo LEGO nunca perde de vista seu objetivo final — entreter e promover a criatividade nas crianças.[13] É por isso que, a cada semana, a Lego traz um novo grupo de crianças para brincar com novos produtos potenciais. Os colaboradores recebem comentários em tempo real sobre as oscilantes preferências de seu público-alvo. **AÇÃO:** Talvez sua equipe não consiga convidar os usuários finais para oferecer comentários em tempo real sobre seus produtos. Ainda assim, pergunte a si mesmo quando foi a última vez que você e seus subordinados entrevistaram clientes sobre as necessidades que eles possam ter em relação à sua equipe, o que eles apreciam em seus produtos ou serviços e o que os deixa frustrados.

29. ENTENDA OS DESAFIOS. Em uma grande empresa de assistência médica que visitamos, não fazia muito tempo que o diretor-executivo havia passado um dia inteiro com os olhos vendados, para entender melhor o mundo de um deficiente visual recém-contratado como colaborador. Isso não apenas ajudou o líder a avaliar os possíveis desafios enfrentados por aquele indivíduo, como também lhe permitiu valorizar as habilidades e a determinação que aquela pessoa trazia para a organização. **AÇÃO:** Pergunte-se se existe algo mais que você possa fazer para avaliar as perspectivas e as diferenças entre os membros de sua equipe.

30. COMECE COM UM *SIM*. Um dos princípios básicos da improvisação é começar com "sim" — e, ainda mais especificamente, com "sim e". Mark Chapman, diretor de atendimento ao cliente da Tesco, acredita que os líderes de equipe devem começar com um *sim*, e, depois, retornar ao modo *como*. "Se um caixa pedia para folgar no sábado", por exemplo, "a reação costumava ser 'Não dá, porque...'. Agora, começamos com um sim", disse ele. "Talvez seja somente um sábado. Pedimos que eles façam o que consideramos importante: sorrir para cada cliente, perguntar pelo Cartão de Fidelidade. Se não nos importarmos com o que é importante para eles, não conseguiremos nos comunicar. Agora, se a mesma pessoa nos procurar três semanas consecutivas querendo uma folga no sábado, aí é uma conversa diferente. Talvez não consigamos atendê-la, mas podemos nos tratar como adultos." **AÇÃO:** Comece com um *sim* na próxima vez que algum de seus colaboradores lhe fizer um pedido. E, mesmo que você não esteja totalmente de acordo, considere o pedido cuidadosamente e ajude a pessoa a se sentir ouvida e respeitada, debatendo outras soluções em conjunto.

31. USE A HONESTIDADE. Muitos líderes dizem que cultivam uma política de portas abertas, mas quantos realmente estimulam seus subordinados a lhes fazer comentários sinceros? O diretor-executivo da Quicken Loans, Bill Emerson, realiza reuniões presenciais no horário do almoço, todos os meses, com grupos diferentes, compostos por cerca de vinte membros. As reuniões de três horas de duração são discussões sem quaisquer barreiras e sem uma agenda formal. Os colaboradores ficam conhecendo Emerson melhor e, em pouco tempo, estão conversando sobre seus cargos e lançando ideias sobre como melhorar a empresa — desde pequenas coisas até o panorama geral. **AÇÃO:** Esta semana, saia para almoçar com um grupo de colaboradores com quem você normalmente não convive muito e solicite seus comentários sinceros sobre como as coisas estão indo em seus respectivos setores. Se você não aprender algo novo, é porque não está fazendo as perguntas certas.

206 A MELHOR EQUIPE VENCE

32. MONTE UMA EQUIPE PARA SERVIR. John Lowery, presidente da Applied Imaging, construiu uma unidade multifuncional encorajando seus subordinados a prestar serviços à comunidade como equipes durante o expediente de trabalho — e ele os paga para fazer isso. No entanto, existe uma ressalva: cada colaborador tem de escolher pessoas de outras áreas funcionais, ao lado de quem deverá trabalhar. Um vendedor, por exemplo, precisa escolher alguém da área administrativa e alguém da área técnica para sua equipe, e assim por diante. "Quando você passa o tempo dessa forma, enxerga a outra pessoa como ser humano", disse Lowery. "Eles convivem prestando serviços à comunidade. E sabe o que acontece? Desenvolvem uma relação independente de sua atividade profissional. Isso derruba as barreiras que podem existir no trabalho e ajuda a construir uma equipe. Descobrimos que, na próxima vez que eles interagirem no trabalho, a relação desenvolvida fora de nossa empresa terá um impacto positivo na relação que eles precisam estabelecer para ajudar uns aos outros dentro da empresa." **AÇÃO:** Esta semana, descubra uma forma de encorajar seus subordinados a se voluntariar ou a trabalhar de uma maneira igualmente multifuncional.

33. OFEREÇA ALGUM ESTÍMULO NO MEIO DA TARDE. Alguns anos atrás, presenciamos um de nossos exemplos favoritos de formação de equipe, em um grupo de trabalho de concepção de produtos da Microsoft. Todos os dias, às 3 horas da tarde, uma pessoa se inscrevia para colocar uma música que podia ser ouvida em todas as áreas de trabalho. Àquela hora, todos já estavam um pouco cansados e precisavam de algum estímulo extra. Algumas pessoas se levantavam e dançavam, e todos aplaudiam quando a música terminava. Clássicos como *Mustang Sally, Born to Be Wild* e *Living on a Prayer* eram algumas das escolhas mais populares. Para nós, ficou claro que já havia sólidas relações estabelecidas antes disso; só assim esse tipo de divertimento poderia ser aceito e considerado autêntico. **AÇÃO:** Descubra um ritual diário que sua equipe possa adotar para restabelecer os níveis de energia no fim do dia.

101 MANEIRAS DE INSPIRAR SUA EQUIPE 207

34. CONTRATE ALGUÉM QUE SE AJUSTE À SUA CULTURA. Amy Miller, fundadora da franquia Amy's Ice Cream, deixou de abrir inscrições formais para recrutar potenciais colegas de equipe.[14] Em vez disso, agora ela e sua equipe distribuem bolsas de papel. "Você está sendo solicitado a fazer algo criativo com essa bolsa, incluindo ao menos o seu nome e o seu número de telefone", contou Miller. Uma bolsa voltou presa a um balão de hélio, como se fosse a cesta de um balão de ar quente; outro candidato transformou a bolsa em um aquário completo, com peixinhos dourados vivos; outro anexou fotos de suas realizações na superfície externa. "O processo seletivo da bolsa é bastante eficaz para dispensar candidatos que provavelmente não se ajustariam à cultura da empresa", diz ela. **AÇÃO:** Implemente uma maneira criativa de atrair as pessoas certas à sua equipe.

35. ENSINE ENQUANTO SE DIVERTE. Durante a Semana de Engenharia na fabricante de janelas Pella Corporation, os colaboradores e suas famílias foram convidados a desfrutar de um evento no Centro de Ciências, em Des Moines, que incluía um estande onde as crianças eram encorajadas a arremessar uma bola de beisebol contra uma janela para tentar rompê-la. Havia um método nessa loucura: a janela era fabricada com vidro de furacão, que pode até quebrar, mas não estilhaça; e enquanto as crianças (e muitos adultos) faziam seus arremessos, todos aprendiam sobre as vantagens do produto. **AÇÃO:** Pergunte-se: como podemos incorporar um teste de conhecimento ou uma demonstração do produto em nossa próxima atividade de formação de equipes?

36. JOGUE JUNTO. Levando-se em conta que o futebol é um esporte global, e levando-se em conta que a Bain & Company também é uma empresa global, a cada ano, desde 1987, uma cidade diferente tem hospedado o torneio da Copa do Mundo da Bain. Atualmente, mais de 1.200 colaboradores do mundo todo, de todas as áreas, comparecem para jogar, levando seus Messi e Neymar internos para as competições, cuja duração é de três dias. A Bain também tem uma banda de rock em cada uma de

208   A MELHOR EQUIPE VENCE

suas filiais, para que os membros das equipes possam improvisar e tocar juntos. **AÇÃO:** Reúna sua equipe fora do expediente de trabalho para um jogo de boliche, softbol, golfe de disco ou futebol, talvez praticar uma Ragnar (corrida de longa distância) em conjunto ou executar alguma outra atividade divertida em grupo. Recomendamos que você escolha algo em que você — na qualidade de líder — *não* seja bom (caso contrário, não será tão divertido para a equipe).

37. MONTE SUA EQUIPE LOCAL. A maioria dos líderes também tem equipes locais — suas famílias — e precisa lembrar que os jovens membros das equipes locais (as crianças) vão causar confusão. As crianças o encherão de preocupações, não arrumarão suas camas, perturbarão os irmãos, se recusarão a tomar banho, ficarão horas tomando banho, pegarão seu dinheiro e mentirão sobre isso! Ainda assim, não se irrite. Lembre-se: você também já fez essas coisas. **AÇÃO:** Respire fundo e sorria para seus filhos na próxima vez que eles fizerem bagunça. Pode parecer contraditório, mas o que está feito está feito, então de que adianta ficar furioso, como se você fosse um treinador de basquete da faculdade?

38. PROPORCIONE DEBATES SAUDÁVEIS. Nas melhores culturas de equipe, os líderes arranjam algum tempo para permitir que as diferentes opiniões venham à tona — percebendo que, às vezes, os membros precisam discutir um pouco. Ora, não estamos nos referindo ao Sr. Spock e ao Capitão Kirk lutando até a morte com uma arma Vulcan Lirpa, mas falando sobre discussões civilizadas, embora espirituosas, em que os participantes desejam apenas o que é melhor para o usuário final. **AÇÃO:** Lembre-se da última vez que sua equipe participou de um saudável debate profissional. Se algumas semanas já tiverem se passado, pergunte à sua equipe: "Por que não debatemos?" Tente identificar a origem dos problemas.

39. ISOLE-SE DURANTE AS FÉRIAS. Afinal de contas, tempo livre é tempo livre. Não existem prazos, não existem reuniões e não existem números para serem administrados quando você está na praia ou em uma montanha-russa. Quando você desliga seu telefone e seu computador, você mostra aos seus colaboradores que eles também estão autorizados a relaxar nos momentos em que estão longe do trabalho. **AÇÃO:** Fique completamente isolado em suas próximas férias. E, enquanto você estiver de férias, surpreenda seu parceiro (ou seus filhos) se descontraindo dentro dos aviões (haverá atrasos) e relaxando no tráfego.

40. SAÚDE OS SUCESSOS E OS FRACASSOS. A Genentech comemora os esforços diários em seus Encontros Ho-Ho — eventos sociais regulares das sextas-feiras à tarde, em que colaboradores e líderes costumam se vestir com roupas inusitadas. Os sucessos mais significativos (como o lançamento de um novo medicamento) são saudados pelo badalar de um sino, acionado por todos os colaboradores. A empresa também comemora os riscos inteligentes que não resultaram em nada, atribuindo os Prêmios dos Fracassos Incríveis — sabendo que tais esforços ajudarão a impulsionar as inovações futuras. **AÇÃO:** Pergunte-se: quais prêmios informais e formais nossa equipe poderia implementar para reforçar o que é mais importante?

41. POSSIBILITE O MONITORAMENTO. Na KPMG, iniciativas de monitoramento estão disponíveis para todos os colaboradores.[15] Mais de 12.300 de seus colaboradores e parceiros estão envolvidos nessas relações de monitoramento, e os líderes acreditam que esse programa de monitoramento seja um dos segredos para manter um excelente quadro de pessoal. Adoramos isso: todos os anos, as empresas promovem um programa chamado Prêmio Nacional de Monitoramento, para reconhecer as contribuições de mentores excepcionais que se preocupam com o sucesso de seus subordinados. **AÇÃO:** Conecte hoje mesmo alguns de seus colaboradores com mentores em outras áreas da organização. Depois de alguns meses, encontre uma maneira de agradecer publicamente àqueles mentores.

42. CELEBRE AQUELES QUE SE ESFORÇAM. Jack Welch, ex-presidente e ex-diretor-executivo da General Electric, e Suzy Welch, ex-editora chefe

210 A MELHOR EQUIPE VENCE

da *Harvard Business Review*, escrevem sobre a conexão entre reconhecimento e sucesso: "Muitas vezes, perguntamos àqueles que nos assistem se eles acham que suas empresas celebram adequadamente o sucesso, e normalmente não mais do que 10% das pessoas respondem que sim. Que oportunidade perdida! Celebrar as vitórias ao longo do caminho é uma maneira incrivelmente eficaz de manter as pessoas envolvidas durante toda a jornada. E não estamos falando de celebrar apenas as grandes vitórias."[16] O reconhecimento de pequenas e grandes realizações não apenas ajuda a alimentar o orgulho da equipe, mas também contribui para que as pessoas pensem em si mesmas de um modo diferente — como vencedoras. Lembre-se, no entanto, de que as pessoas que mais precisam ser celebradas são, com frequência, aquelas que lutam mais arduamente. AÇÃO: Avalie quais são os membros de sua equipe que precisam ser estimulados e, hoje mesmo, encontre uma maneira de reconhecê-los publicamente por algo que eles estão fazendo bem (mesmo que não haja nada mais em seu desempenho que possa ser considerado perfeito).

43. IDENTIFIQUE SEUS HERÓIS. Um excelente exercício para descontrair sua equipe consiste em pedir a cada pessoa que descreva três de seus heróis — não importa se for uma figura histórica ou sua própria mãe. Em seguida, peça-lhes que enumerem as características que mais admiram nessas pessoas. Um facilitador, então, pode criar uma listagem das características mais comuns dos indivíduos admirados pela equipe. É uma ótima maneira de ajudar as pessoas a compreenderem mais umas às outras e é o início da criação de uma lista de valores ou regras básicas da equipe. AÇÃO: Esta semana, reserve uma hora para fazer este exercício.

44. INVESTIGUE A CONCORRÊNCIA. Vimos líderes enviarem membros da equipe para adquirir pessoalmente os produtos da concorrência, especialmente naqueles setores dedicados aos serviços ou ao varejo. Os gestores podem distribuir uma verba para que todos gastem com seus rivais ou simplesmente pedir aos colaboradores para navegar nos sites, e, posteriormente, todos devem relatar e compartilhar o que ficaram sabendo, sobretudo os aspectos positivos. Uma variação é visitar um comerciante que vende o produto de sua própria empresa lado a lado com o produto da concorrência e observar o que os vendedores dizem sobre cada um. Uma alternativa: os colaboradores visitam anonimamente sua própria empresa e avaliam seus produtos e serviços. **AÇÃO:** Esta semana, trabalhe com seus colaboradores para encontrar uma maneira de investigar a concorrência (mesmo que seja on-line) e use esse novo conhecimento para entender melhor de que modo ela poderá ser vencida.

45. LANCE UMA CAMPANHA PARA PROMOVER A ESCRITA. Frequentemente, perguntamos a grupos de líderes se eles já receberam algum bilhete de agradecimento escrito à mão por algum chefe ou colega e se eles o guardaram. É surpreendente o número de pessoas que admite ter guardado esses escritos por anos. **AÇÃO:** Distribua a cada membro da equipe vários cartões de agradecimento e peça que eles comecem a reconhecer seus colegas de trabalho — usando uma linguagem específica, ligada aos valores de sua equipe — quando virem alguém fazendo algo com esmero. Estabeleça como meta o envio de três cartões por colaborador esta semana.

46. COMEMORE TODOS OS ANIVERSÁRIOS. É triste, mas as pesquisas mostram que quase metade dos homens casados não se lembra da data de seu aniversário de casamento.[17] No entanto, quase todos os homens são capazes de dizer a data exata em que foram contratados por sua organização. Os aniversários profissionais são muito importantes para homens e mulheres. Portanto, comemore cada um deles com a equipe inteira. **AÇÃO:** Talvez sua empresa só possa celebrar aniversários com distribuição de brindes a cada cinco anos; comece, porém, a comemorar todos os aniversários profissionais de cada colega de equipe com uma rápida reunião no ambiente de trabalho daquela pessoa, oferecendo algo para comer e sinceros agradecimentos de sua parte.

47. CRIE RECOMPENSAS FINANCEIRAS COM BASE NA EQUIPE. O diretor-executivo da JELD-WEN, Mark Beck, afirma que, para construir uma equipe multifuncional, é importante estabelecer objetivos muito específicos para cada pessoa, mas também unidades de mensuração, alvos e metas para a equipe como um todo. Quanto às recompensas financeiras — especificamente, os bônus —, ele acredita que "você ganha junto ou morre junto". Quando Beck colocou essa filosofia em prática em uma equipe multifuncional, seus vendedores reclamaram. "Eles disseram que não tinham nenhuma influência sobre a produção. Eles queriam ser pagos se alguém fizesse um pedido", disse Beck. "Respeitei sua contribuição; mas queríamos derrubar os muros. Na verdade, eles *poderiam* fazer com que a fábrica funcionasse melhor. Se fizessem um prognóstico melhor a respeito de seus clientes, a produção poderia ser aprimorada e os custos poderiam cair. Se a equipe de vendas fosse remunerada apenas com base nas comissões, nunca se preocuparia com algo assim." De acordo com Beck, no fim, a equipe começou a crescer e todos aderiram à ideia. "Mas o mais importante", disse ele, "foi que isso nos ajudou a construir o senso de equipe." AÇÃO: Encontre uma maneira de vincular um de seus incentivos financeiros (ou parte de um bônus) ao desempenho global da equipe.

48. EXPLIQUE O PORQUÊ. O general George S. Patton disse: "A liderança é a arte de fazer com que uma pessoa faça algo que você quer que seja feito porque essa pessoa quer fazê-lo." Quando você informa aos seus colaboradores *por que* eles estão sendo solicitados a fazer alguma coisa, isso permite que eles se sintam "dentro" do propósito que rege determinada ação e parte da decisão de seguir adiante. AÇÃO: Pense no último pedido que você fez a um colaborador. Você usou a linguagem do "temos de"? Procure novamente a pessoa e envolva-a mais profundamente no processo de tomada de decisão. E explique o porquê.

49. DIGA VERDADES E UMA MENTIRA. Uma maneira divertida de conhecer novos colegas de trabalho é jogar rapidamente o jogo das Duas

101 MANEIRAS DE INSPIRAR SUA EQUIPE 213

Verdades e Uma Mentira. Cada membro da equipe anota secretamente duas verdades sobre seu trabalho e/ou vida pessoal e uma mentira. Todos se questionam mutuamente sobre essas três respostas. A ideia é fingir que é tudo verdade. Depois de uma breve conversa, o grupo vota naquela resposta que acredita ser a mentira de cada um. Também é uma boa maneira de descobrir quem são os blefadores. **AÇÃO:** Este mês, em um ambiente descontraído, ajude os membros da equipe a aprender mais uns sobre os outros, propondo este jogo ou outro do tipo "conhecer melhor o outro".

50. CELEBRE COM VÍDEO. Para comemorar a vitória de Michael Andersen-Leavey no Prêmio Pinnacle — uma das mais altas honrarias para os colaboradores da American Express, que emprega 55 mil pessoas —, seus colegas de equipe criaram uma paródia do programa Carpool Karaoke, produzindo um vídeo com *Nothing's Gonna Stop Us Now*, e postaram na intranet da empresa, para que todos os colaboradores pudessem ver. De Manhattan à Índia, seus colegas de recursos humanos saíam juntos, cantando letras modificadas ao estilo da banda Jefferson Starship — tudo isso para celebrar a proeza de Andersen-Leavey na implementação de novos processos e políticas e na ajuda para que os grupos internos se submetessem a auditorias. **AÇÃO:** Este mês, comemore a excepcional realização de um colaborador criando um vídeo divertido e postando-o em mídias sociais internas ou externas.

51. EXAGERE NA HORA DE COMUNICAR O PORQUÊ. Dan Johnson, diretor-executivo da Innovation Credit Union, em Saskatchewan, Canadá, diz que um líder deve comunicar excessivamente o *porquê* das mudanças empresariais, e fazê-lo pelo menos semanalmente, sob vários formatos. "São necessárias múltiplas interações para comunicar por que estamos fazendo as pessoas passarem por todo esse incômodo antes que comecem a conectar os pontos", diz ele, "antes que as pessoas comecem a dizer: 'Então eles estão falando sério mesmo.'" Descobrimos que os líderes se cansam de suas mensagens sobre missão, visão e valores muito tempo antes dos seus colaboradores. Normalmente, um tema importante deve ser repetido pelo menos cinco vezes — de várias maneiras e em várias mídias — antes de ser internalizado. AÇÃO: Pergunte-se: o que eu preciso que meus colaboradores entendam agora? Como posso comunicar isso de cinco formas diferentes nas próximas cinco semanas?

52. IDENTIFIQUE AS CAUSAS DA INSÔNIA. Em uma reunião de equipe, uma ótima pergunta que pode levar as pessoas a falar é: "O que faz com que você fique acordado à noite?" Porém, evidentemente, a ideia é abordar preocupações relacionadas ao trabalho, não à situação política atual ou a adolescentes rebeldes (você não tem tempo suficiente para isso!). A parte mais interessante desta pergunta é poder ouvir e oferecer acompanhamento, ajudando seus subordinados a romper as barreiras e a superar os desafios. AÇÃO: Faça essa pergunta aos seus colaboradores na próxima reunião de equipe semanal e monte um plano — com a ajuda de seus subordinados — para fazer alguns ajustes simples.

53. RETRIBUA. Lance Trenary, diretor-executivo da Golden Corral, nos disse: "É nobre fazer parte de algo maior do que você. Nossos colegas de trabalho se empolgam ao saber que, este ano, ajudarão a enviar quase 4 mil filhos de militares lesionados, feridos, doentes e caídos ao acampamento de verão (chamado Camp Corral) e que doamos quase US$ 2 milhões por ano à instituição beneficente DAV (Veteranos de Guerra Norte-Americanos, na sigla em inglês)". Quando um líder consegue expressar com precisão o modo como as crenças e os valores de uma equipe ganham vida (como "retribuir"), essas ideias abstratas assumem um nível de significado totalmente novo. AÇÃO: Escolha uma instituição beneficente para ser apoiada por sua equipe ou alguma outra forma de fazer com que sua equipe possa retribuir coletivamente à comunidade.

54. DESCANSE AO LADO DOS SEUS COLABORADORES. As salas de descanso são uma maneira divertida de ajudar uma equipe a entender a importância da diversidade e da convivência. Quando Greg Piper, diretor mundial de aprimoramento contínuo da Becton, Dickinson & Co., reuniu sua equipe global pela primeira vez, optou por levá-la a uma sala de descanso. "Não ficamos falando pelos cotovelos, mas chegamos perto", disse ele. "Mas o mais importante foi que todos perceberam que cada um de nós contribuía com uma coisa diferente para a equipe — talentos e padrões de pensamento únicos." AÇÃO: Encontre uma atividade externa para realizar com sua equipe, algo que a estimule a conviver e a reconhecer a importância da diversidade.

55. ENVOLVA AS PESSOAS NA REMODELAÇÃO DO TRABALHO. A empresa de consultoria de recursos humanos Morneau Shepell pesquisou o vínculo entre mudança organizacional e absenteísmo.[18] A hipótese dos pesquisadores era que os grandes eventos — fusões, reduções de efetivos, reestruturações — teriam um impacto mais profundo no bem-estar dos colaboradores. Em vez disso, eles descobriram que a remodelação do trabalho individual pode levar à ansiedade e ao estresse, a um sofrimento ainda maior do que as demissões em massa — e ele pode ser suficientemente severo, a ponto de provocar licenças por motivos de saúde. A maioria dos líderes reconhece a necessidade de maior comunicação e apoio para fazer mudanças corporativas de grande monta, mas, muitas vezes, eles não conseguem apoiar adequadamente os colaboradores em mudanças que afetam diretamente suas vidas profissionais cotidianas. Em contraste, descobrimos que as mudanças nos trabalhos individuais podem ser vistas como positivas se o colaborador acreditar que se trata de uma escolha sua ou, pelo menos, se ele tiver voz na forma como as mudanças ocorrerão. AÇÃO: Avalie se você alterou as atribuições profissionais de um colaborador ultimamente. Se tiver alterado, convide essa pessoa a discutir sobre como ela pode adaptar ligeiramente o trabalho para que ele se ajuste às suas motivações e aos seus pontos fortes.

56. INVISTA NA FORMAÇÃO DA EQUIPE. Na varejista on-line Wish, os gestores recebem US$ 100 por trimestre e por colaborador para gastar em uma atividade de treinamento. A verba pode ser gasta indo ao boliche juntos, saindo para jantar, participando de uma partida de paintball ou fazendo uma série de outros passeios. O único requisito é que a atividade deve reunir as pessoas para além daquela configuração de trabalho. As equipes, então, publicam fotos e vídeos no Workplace do Facebook, para toda a empresa ver. Ryan Giles, chefe de talentos, afirmou: "Nosso objetivo na Wish é tornar as compras mais divertidas. Isso será quase impossível se não nos divertirmos uns com os outros. Essas atividades de formação de equipe se tornaram uma ótima maneira de as equipes construírem relacionamentos pessoais fora do escritório e injetar mais diversão em nossa cultura." **AÇÃO:** Neste trimestre, separe US$ 100 por colaborador e leve a equipe para fazer algo fora do expediente de trabalho.

57. LEVANTE E BRILHE. Algumas equipes que estudamos convidam regularmente um membro do grupo dos líderes seniores — de outra área funcional — para fazer uma apresentação durante o café da manhã. Nesses encontros, denominados Levante e Brilhe, os colaboradores bombardeiam o líder com perguntas sobre sua participação na empresa, e o líder conta uma história instrutiva sobre como evoluiu em sua carreira. **AÇÃO:** Esta semana, convide um líder sênior de um departamento diferente para vir até sua equipe e participar de um encontro Levante e Brilhe durante o café da manhã.

58. ISSO FICA AQUI. Quer fazer com que seus subordinados fiquem atentos em suas reuniões de equipe? Use a frase: "Isso fica nesta sala", e todos se animarão. Os membros da geração milênio, especialmente, querem fazer parte de algo maior do que eles mesmos; portanto, aproxime-se de seus subordinados, fornecendo-lhes informações que, normalmente, eles não receberiam: índices de receita, dados da concorrência ou tendências dos consumidores. Esse tipo de inclusão ajuda todos a compreenderem melhor o impacto que seu trabalho está causando para solidificar a marca e afetar o desempenho da organização. **AÇÃO:** Em sua próxima reunião, use essa frase e compartilhe algo que, normalmente, você não compartilharia (sem divulgar coisas que não deveria, é claro). Preste atenção na linguagem corporal dos membros de sua equipe.

59. ADMITA AS FALHAS. Quando os líderes são francos e transparentes em sua comunicação com os colegas de equipe, as pessoas aprendem rapidamente que a palavra deles significa algo. Seus colegas de trabalho são capazes de lidar com a verdade, com o que é bom e com o que é ruim. Fica evidente para os subordinados que um líder que não consegue admitir as próprias falhas precisa constantemente se afirmar e, obviamente, se sente ameaçado pelos erros. **AÇÃO:** Reflita: quando foi a última vez que você admitiu para sua equipe que cometeu um erro? Se já faz algum tempo, é hora de mostrar sua vulnerabilidade esta semana. Admita alguma coisa (mesmo que seja algo no passado) que você tenha feito errado. Deixe as pessoas saberem que não há nenhum problema em assumir riscos inteligentes e fracassar. Isso pode levar a uma boa discussão sobre o que significaria assumir um risco inteligente em sua equipe.

60. DESAFIEM-SE MUTUAMENTE. Existe um velho ditado: se duas pessoas de uma mesma empresa concordam sempre, então uma delas é desnecessária. De forma geral, os colaboradores progridem nas organizações acreditando que o conflito é ruim. Se for esse o caso em sua equipe, é hora de promover certa reeducação. Deixe as pessoas perceberem que um conflito respeitoso em sua equipe é algo que deve ser encorajado. Esse debate precisa ser aberto, não a portas fechadas, e deve focar na resolução de um problema, em vez de humilhar alguém. Além disso, deixe claro para os seus subordinados que você deseja ouvir a opinião de todos, e não apenas de um grupo que detém mais poder. **AÇÃO:** Esta semana, estimule os membros de sua equipe a se desafiarem mutuamente na troca de ideias e na tomada de decisão, em relação a pelo menos um assunto. Talvez você

218   A MELHOR EQUIPE VENCE

precise nomear alguém para desempenhar o papel de radical, para que as coisas comecem a andar.

61. ELABORE UM LEMA. Na hora de criar uma declaração de propósitos da equipe, o primeiro passo é incentivar a contribuição de todos os colaboradores. Pergunte aos seus subordinados: "Por que existimos como equipe?" ou "Qual o trabalho que fazemos para os clientes?" ou "O que faz vocês saírem da cama todos os dias?" Os colaboradores devem elaborar suas respostas de forma independente, e depois o grupo pode decidir em conjunto a melhor terminologia. Combine as ideias mais eficazes em uma declaração atraente, porém breve. **AÇÃO:** Se você não tiver uma declaração de propósitos da equipe, marque uma reunião esta semana e pegue uma caneta e um papel.

62. COMECE POR VOCÊ. Greg Piper, líder de equipe da Becton, Dickinson & Co., realiza quinzenalmente uma sessão de avaliação contínua e individual (por trinta minutos) com cada um dos membros da equipe do mundo inteiro. Ele começa todas as sessões com a pergunta: "Sobre o que você quer falar?" **AÇÃO:** Esta semana, dê início a esse processo, reunindo-se individualmente com os membros da sua equipe para conversar sobre seus projetos, metas e tarefas. O que você pode fazer para ajudar? Comece com aquilo que aflige os colaboradores.

63. FAÇA COMENTÁRIOS CONSTRUTIVOS. Uma pergunta importante a ser feita aos recém-contratados é: "Como você gosta de receber comentários?" Os gestores competentes explicam a seus subordinados que pretendem focar em seu aperfeiçoamento e em seu crescimento e, como tal, fornecerão comentários contínuos sobre como seu desempenho está evoluindo, mas que isso precisa feito da forma mais eficaz possível. Afinal, vários colaboradores ouvem "Quero lhe fazer alguns comentários" e entendem "Quero derrubá-lo". É importante deixar claro que essa é a última coisa que você deseja. **AÇÃO:** Esta semana, faça essa pergunta a alguns de seus subordinados — aos recém-contratados e aos que já estão no cargo há mais tempo — e perceba se os seus comentários estão sendo feitos da melhor forma para cada indivíduo. Em seguida, promova uma troca de ideias para se aprimorar.

64. ADOTE A LIDERANÇA ROTATIVA. Quando estão em voo, os gansos alternam a posição de liderança com frequência. Da mesma forma, em grandes equipes, não é incomum que um gestor promova a rotatividade dos líderes de vários projetos, com base no trabalho que precisa ser executado e nas habilidades e motivações das pessoas envolvidas. **AÇÃO:** Pense no próximo projeto que sua equipe vai desenvolver. Quem não lidera um projeto há algum tempo? Quem poderia crescer com essa oportunidade de liderança e, ao mesmo tempo, fornecer uma sólida orientação no cumprimento da tarefa?

65. APROXIME-SE DOS COLABORADORES VIRTUAIS. Existem algumas regras gerais na gestão de uma equipe com colaboradores remotos. Primeiro, assegure-se de que os colaboradores remotos compreendem o propósito. Isso significa elucidar claramente não apenas as tarefas que eles e a equipe precisam realizar, mas como, para quem e por quê. Em seguida, comunique exageradamente. Isso significa falar com todos os membros da equipe todos os dias (não importa em que parte do mundo eles estejam), por telefone ou pelo site do projeto. Finalmente, isso implicará ouvir atentamente e perceber quaisquer mudanças no tom ou no nível de engajamento dos colaboradores remotos. Nesses momentos, pergunte ao colaborador remoto: "O que está havendo?" **AÇÃO:** Estabeleça como meta se conectar com cada um dos colaboradores remotos todos os dias no próximo mês, mesmo que seja uma conexão rápida. No fim do mês, pergunte aos membros de sua equipe se eles acham que sua relação melhorou, se é a mesma ou se piorou em comparação a um mês atrás.

220 A MELHOR EQUIPE VENCE

66. CRIE UM ESQUADRÃO DE DIVERTIMENTO. Há muito tempo os gestores da Ben & Jerry's reconheceram a importância de o ambiente de trabalho ser um lugar agradável para se passar o dia.[19] A empresa possui um Grupo de Animação rotativo, responsável por planejar o que eles chamam de Eventos Alegres. Isso já incluiu Concursos de Adivinhação, em que os colaboradores trazem fotos antigas de si mesmos para que seus colegas adivinhem quem é quem; os Dias de Barry Manilow, em que o aniversário do cantor é celebrado colocando suas músicas em alto volume nos alto-falantes da empresa; e os Dias de Cão do Verão, em que os colaboradores levam seus animais de estimação ao trabalho, onde eles são tratados com banhos e todos os brinquedos e petiscos imagináveis. **AÇÃO:** Selecione um esquadrão de divertimento em sua equipe, com o objetivo de tornar seu ambiente de trabalho um pouco mais feliz. Informe que essa tarefa durará seis meses e que, depois, outros colaboradores assumirão o posto.

67. SAIA DE CENA. Com o objetivo de estimular o tipo de criatividade que leva à verdadeira inovação, não é incomum que os gestores da Nike retirem seus colaboradores do escritório e os coloquem em um ambiente que desperte a mentalidade criativa. As equipes podem participar da Maratona de Boston ou do Jogo All-Star da Liga Nacional de Hóquei para observar o que os fãs de esportes costumam usar; outros podem perceber as tendências de vestuário frequentando um parque de skate na cidade de Nova York ou pegando ondas com os surfistas de Redondo Beach. Uma equipe também pode fazer algo aparentemente desconectado do mundo dos esportes: alguns membros já visitaram estúdios de filmes, enquanto outros escalaram a Ponte da Baía de Sydney. **AÇÃO:** Nesta tarde de sexta-feira, tire sua equipe da rotina habitual visitando algum lugar que possa despertar a criatividade (e que não seja um bar!).

68. FALE POR ÚLTIMO. Na década de 1950, os designers apresentaram o Edsel à sua equipe executiva.[20] Descerrou-se uma cortina para revelar o protótipo, e por quase um minuto inteiro a plateia ficou sentada em atordoante silêncio. Finalmente, de acordo com os relatos, o presidente do conselho começou a aplaudir. Logo depois, um aplauso entusiasmado irrompeu o ambiente, quando a multidão de executivos expressou sua aprovação, agora de maneira bastante inflamada. Evidentemente, no início os consumidores receberam o Edsel praticamente da mesma forma que a equipe executiva. Eles ficaram desapontados. Os primeiros relatos sugerem que imperou a mentalidade de grupo quando o bem-intencionado presidente começou a aplaudir entusiasticamente, e isso impediu as discussões produtivas sobre o potencial obstáculo que tinham diante de si. O ponto importante para nós: os líderes devem falar por último, deixando que os outros se manifestem livremente. AÇÃO: Passe a deixar seus comentários para o fim dos debates com sua equipe.

69. ESTIMULE O AUTOCUIDADO. As pessoas estão se tornando cada vez mais conscientes de sua saúde. No entanto, em uma pesquisa recente, menos da metade dos colaboradores afirmou que suas empresas apoiam o bem-estar de seus subordinados e ajudam a manter um estilo de vida saudável.[21] Os grandes líderes de equipe estão cientes de que o estresse nos ambientes de trabalho é um dos maiores problemas de saúde que os colaboradores enfrentam; por esse motivo, eles tentam criar ambientes mais saudáveis. Eles estocam alimentos saudáveis nos ambientes de trabalho; realizam reuniões esporádicas durante caminhadas e investem em itens como bolas de equilíbrio ou alguns pesos livres para que as pessoas desfrutem de alguma pausa e evitem ficar sentadas o dia todo. AÇÃO: Esta semana, encontre uma maneira de ajudar seus subordinados a ficarem mais saudáveis.

70. PROMOVA VISITAS VIRTUAIS. Uma nova equipe virtual que conhecemos promovia reuniões entre seus membros por videoconferência, e eles se revezavam para mostrar seus ambientes de trabalho uns aos outros, em rápidas visitas. Ao girar lentamente a câmera ao redor da sala, eles mostravam aos seus colegas remotos seus ambientes de trabalho. Alguns

222   A MELHOR EQUIPE VENCE

prestavam atenção em itens pessoais, enquanto outros se fixavam em coisas que poderiam distraí-los ou perturbá-los, como colegas de trabalho sentados em um ambiente aberto, ou uma fotocopiadora ou um bebedouro por perto. Após essas rápidas visitas, os membros da equipe disseram que se sentiam mais capazes de interpretar e entender as atitudes e os comportamentos dos colegas distantes. **AÇÃO:** Em sua próxima reunião, faça com que seus colaboradores remotos se reúnam por videoconferência e peça para fazer uma visita virtual aos seus ambientes de trabalho.

71. INSTITUA UM PROCESSO SELETIVO. O Philadelphia 76ers emprega critérios específicos para contratar novos vendedores. Eles buscam paixão e o que chamam de três Cs: competitividade, capacidade de preparação e curiosidade. Como parte do processo seletivo, eles também aplicam um teste de personalidade composto de trinta perguntas — comparando os resultados dos candidatos com os dos vendedores que trabalham para os compradores de elite. **AÇÃO:** Com a ajuda dos membros da sua equipe, defina as melhores perguntas que você pode fazer — e os processos a seguir — para contratar as pessoas certas e garantir seu sucesso.

72. ESTABELEÇA REGRAS BÁSICAS. Toby Dodd construiu equipes de sucesso na Cushman & Wakefield em três países. Sua cultura de equipe está concentrada em torno de três princípios orientadores: transparência, colaboração e diversidade de opinião. Contudo, ele enfatiza que essas serão apenas palavras se o líder não as incorporar em todas as suas ações. Na equipe de Cingapura, por exemplo, um colaborador foi pego enviando cartas abusivas para outros colaboradores. Em 24 horas, Dodd consultou o departamento de recursos humanos bem como os conselheiros externos e internos, e demitiu o indivíduo. "Uma vez que nossa empresa estava apoiada nesses princípios, era essencial mostrar inequivocamente à equipe que esta era a nossa cultura. Incluímos a equipe de liderança na decisão e, depois, conversamos com todo o escritório para responder perguntas e ajudá-los a entender a importância de continuar em frente quando nossa cultura está ameaçada." **AÇÃO:** Em sua próxima reunião de equipe, pergunte e defina em conjunto: "Quais são as nossas regras básicas ou princípios orientadores?"

73. TRABALHE MULTIFUNCIONALMENTE. Já faz mais de cem anos que os ícones empresariais Thomas Edison e Alexander Graham Bell dispuseram os colaboradores em unidades funcionais permanentes, denominadas departamentos — Finanças, Vendas e assim por diante. No fim, a maioria das empresas seguiu o exemplo. Ao longo do percurso, alguns líderes começaram a fomentar rivalidades entre os grupos para incentivar a concorrência. Eles argumentavam que isso extrairia o que houvesse de melhor nas pessoas. Embora essas competições possam ter proporcionado alguns ganhos em curto prazo, muito mais comuns foram as rivalidades que evoluíram e trouxeram à tona o que havia de pior nos departamentos. **AÇÃO:** Ainda hoje, pergunte à sua equipe: "Estamos concorrendo com outras equipes da nossa própria organização?" Se a resposta for sim, estabeleça um plano para entender melhor os desafios desse departamento e como sua equipe e a dele podem trabalhar juntas de forma mais colaborativa.

74. ABRA SEU AMBIENTE. Mark Zuckerberg, diretor-executivo do Facebook, trabalha em uma mesa comum, compartilhada com outros cinco colaboradores.[22] Ele observa: "Toda a ideia aqui é que um espaço aberto, em que as pessoas trabalham umas perto das outras, pode ajudá-las a compartilhar e a se comunicar sobre o que estão fazendo, possibilitando uma maior colaboração. Consideramos isso fundamental para prestar melhores serviços à nossa comunidade." **AÇÃO:** Encontre uma maneira de romper quaisquer barreiras físicas em seu ambiente que possam estar impedindo seus subordinados de se comunicar abertamente.

75. INTEGRE OS RECÉM-CONTRATADOS. Dave Checketts, um dos sócios fundadores e membro da diretoria da JetBlue Airlines, nos disse que é fascinado pelos membros da geração milênio. Sua empresa está re-

224 A MELHOR EQUIPE VENCE

pleta deles. E uma das maneiras pelas quais a JetBlue integra os membros da geração milênio na equipe desde o primeiro dia é convidando todos os recém-contratados — independentemente de onde eles estejam alocados — para uma sessão de orientação na Flórida, com duração de dois dias. Jovens técnicos de manutenção esbarram com pilotos experientes; comissários de bordo são apresentados aos manipuladores de bagagem. A equipe executiva frequenta todas as sessões de orientação, semanalmente. O diretor-executivo fornece um histórico da empresa e detalha a importância da cultura. Esse foco na orientação às pessoas e na confluência das gerações ajuda todos os recém-contratados a se sentirem imediatamente parte da equipe, a entenderem a missão da empresa (inspirar humanidade) e a reconhecerem os cinco valores (segurança, cuidados, integridade, paixão e divertimento). **AÇÃO:** Elabore um processo de orientação formal para os recém-contratados, ajudando-os a se sentir parte da equipe desde o primeiro dia.

76. CRIE UM INCENTIVO PARA A EQUIPE. A cada trimestre, a Sturm, Ruger & Co. aloca 15% dos lucros antes dos impostos para a participação nos lucros. O diretor-executivo, Mike Fifer, afirmou: "No primeiro ano não ultrapassou os 5% do salário, mas (...) hoje em dia a cifra já está em mais de 30%, e todos estão prestando atenção e trabalhando em prol desse mesmo objetivo." Evidentemente, isso só pode ser implementado se você tiver o poder de fazê-lo — se você for diretor-executivo ou proprietário de uma pequena empresa, por exemplo. Porém, a maioria dos líderes de equipe deveria ser capaz de encontrar uma maneira de implementar algum tipo de incentivo ou recompensa coletiva. O diretor-executivo da Fifer disse: "Esse tipo de incentivo leva alguns anos para criar raízes em uma organização. Como gestor, você sabe que a estratégia está começando a funcionar quando um colaborador júnior toma uma iniciativa independente de cortar gastos ou promover uma maior eficiência."[23] **AÇÃO:** Hoje mesmo, proponha uma discussão sobre como você poderia criar um incentivo ou recompensa para a equipe. Há alguém que você precise envolver no planejamento ou na aprovação?

77. AVALIE O CHEFE. No Google, os colaboradores avaliam regularmente seus gestores.[24] Eles respondem perguntas como "Seu gestor lhe faz comentários de forma responsável?", "Você se sente microgerenciado pelo seu gestor?" e "Seu gestor promove discussões significativas com você sobre a progressão na carreira?" Chefes que exibem resultados insatisfatórios recebem treinamento adicional, e a empresa afirma que cerca de 75% melhoram dentro de poucos meses. **AÇÃO:** Peça à sua equipe para responder avaliações anônimas completas sobre o seu desempenho como gestor. Depois de avaliar os resultados, informe as pessoas sobre o que você ficou sabendo a respeito de si mesmo e mostre-se verdadeiramente agradecido pelos comentários! Em seguida, coloque um plano em prática para melhorar os aspectos que precisam ser melhorados.

78. FAÇA REFEIÇÕES EM CONJUNTO. Dana Marlowe, diretora da Accessibility Partners, disse: "Uma maneira de motivar meus colaboradores é experimentar novos restaurantes. Meus colegas e eu estamos sempre testando os restaurantes recém-abertos em nossa área. Isso nos dá a oportunidade de promover almoços de trabalho enquanto exercitamos nossos paladares. Na próxima semana, provaremos um novo estabelecimento mexicano no feriado de Cinco de Maio."[25] O simples ato de partir o pão regularmente pode unir as pessoas. **AÇÃO:** Durante os próximos meses, todas as semanas, convide sua equipe inteira para almoçar e experimente um lugar novo a cada vez.

79. FAÇA EXPOSIÇÕES BREVES & DEMONSTRAÇÕES. Anand Sanwal, cofundador e diretor-executivo da CB Insights, disse que sua equipe se dedica trimestralmente a dias de Exposições Breves & Demonstrações, ausentando-se três dias do escritório — uma vez a cada trimestre — para testar novas ideias ou projetos sugeridos pelos membros da equipe. "Qualquer um pode propor uma ideia e colocá-la em prática", disse ele. **AÇÃO:** Neste trimestre, dedique apenas um dia para se desligar do ambiente de trabalho e promover seu próprio dia de Exposições Breves &

226 A MELHOR EQUIPE VENCE

Demonstrações. Solicite as ideias dos colaboradores de antemão e passe um tempo com eles aprimorando essas ideias.

80. GENTILEZA ESPONTÂNEA. Lembre-se do astronauta Chris Hadfield. Cada membro de sua tripulação fazia um ato de gentileza espontânea todos os dias para todos os outros membros da tripulação, e muitos desses atos eram anônimos: alguém poderia preparar uma refeição fora de seu turno de trabalho; outra pessoa poderia arrumar o dormitório para um colega de tripulação compromissado com seus afazeres. Essas ações faziam com que o foco de cada colega da equipe estivesse em servir os outros. **AÇÃO:** Implemente essa ideia em sua equipe. Talvez você prefira simplificar o requisito um pouco mais: uma vez por semana, todos executam um ato de gentileza espontânea para todos os outros membros da equipe. Após algumas semanas, informe os resultados na reunião de grupo.

81. ESTALE OS DEDOS PARA SEUS COLEGAS. Em um centro de atendimento que visitamos, os colaboradores reconheciam mutuamente o excelente trabalho de todos, não por meio de aplausos, mas pelo estalar dos dedos. Era a poesia dos anos 1960 em todo o seu frescor. Se um colaborador fizesse algo considerado bom, um colega de trabalho o elogiaria na reunião diária da equipe e todos o cumprimentariam estalando os dedos. Eles chamavam esses momentos de reconhecimento de SNAPS: Coisas Muito Legais e Positivas (na sigla em inglês). **AÇÃO:** Institua um ritual divertido e exclusivo em sua equipe para reconhecer a excelência do trabalho realizado pelos colaboradores.

82. PREPARE SEUS LÍDERES. Recentemente, quando estávamos no Kuwait, descobrimos uma prática sensacional em um dos maiores bancos do país. Se um executivo sênior fosse visitar uma filial ou equipe, era tarefa do gestor da filial ou da equipe enviar-lhe previamente uma lista dos colaboradores que haviam acabado de receber prêmios de reconhecimento. Dessa forma, o executivo chegava ao local informado sobre as coisas boas que estavam acontecendo ali e podia cumprimentar de forma personalizada os membros da equipe que haviam conseguido se superar. **AÇÃO:** Esta semana, convide um líder sênior para visitar sua equipe e prepare-o para o sucesso, informando-o sobre as pessoas que conseguiram realizar algo excepcional.

83. ATUALIZE SUA TECNOLOGIA. Na gigante de inovação 3M, os líderes acreditam que gerar sentimentos de segurança em suas equipes é a base para fazer avanços criativos.[26] A liderança de equipe é uma ciência, tanto quanto aquela praticada por seus químicos ou engenheiros. Espera-se que os líderes desenvolvam suas habilidades interpessoais: serem respeitosos e acolhedores com os colaboradores, manterem suas promessas e envolver seus subordinados na tomada de decisões — além de se mostrarem disponíveis e exibirem integridade em tudo o que fazem. Descobrimos que parte da criação de ambientes seguros significa estar atento ao que é aparentemente prosaico; por exemplo, saber se seus subordinados dispõem da tecnologia de que precisam. **AÇÃO:** Hoje mesmo, converse com cada um de seus subordinados e pergunte se eles possuem as ferramentas necessárias para serem bem-sucedidos ou se algum equipamento requer mais atenção.

84. REDUZA A ANSIEDADE. Hoje em dia, os níveis de ansiedade dos jovens são mais altos do que os observados em qualquer outra geração em oitenta anos.[27] Os níveis de estresse dos membros da geração milênio são ainda mais altos do que daqueles que lutaram na guerra. Um amigo nosso é ministro de uma congregação que reúne jovens adultos solteiros, todos com menos de 30 anos. Ele nos contou que sua maior contribuição como líder desse grupo foi conseguir fazer com que essa geração se sentisse aceita, segura e tranquila. "Eles são tão sérios, tão duros consigo mesmos", disse ele. "Se não estiverem fazendo algo incrível com suas vidas aos 25 anos, eles se sentem fracassados." **AÇÃO:** Esta semana, procure cada um de seus colaboradores pertencentes à geração milênio, a fim de ajudá-los a

228 A MELHOR EQUIPE VENCE

entender seu valor para a equipe, e explique claramente as etapas que eles precisariam seguir para progredir ainda mais em suas carreiras.

85. PERGUNTE POR QUE CINCO VEZES. Na Qualtrics, um multibilionário negócio de softwares, o diretor-executivo e fundador Ryan Smith, afirma que as equipes fortes podem e devem discordar.[28] Ele chama esse processo de "sinceridade radical", que deve começar com amizades verdadeiras (e não postiças) — quando os companheiros de equipe sabem que seus colegas se preocupam genuinamente com eles e com seu sucesso. Nesse tipo de equipe, "a crítica que você faz nunca é gratuita, mas sempre pensando no interesse *deles*", disse Smith. "Isso significa que você sabe que seus colegas querem que você seja bem-sucedido e que, ganhando ou perdendo, vocês estão juntos. Com essa mentalidade, você saberá que qualquer crítica provém de uma tentativa de estímulo, pois todos estão trabalhando para o objetivo comum de criar algo excepcional, que realmente ajudará os outros." **AÇÃO:** Em vez de encarar a próxima discussão em sua equipe como algo negativo, aceite-a e use o debate como uma oportunidade de melhorar. Faça pelo menos cinco perguntas começando com *por que* para aqueles que estão discutindo, a fim de determinar a verdadeira causa da desavença.

86. ACRESCENTE UMA TAREFA MOTIVANTE. Quando Jane Hutcheson ocupou o cargo de vice-presidente de aprendizagem e desenvolvimento do TD Bank Financial Group, um colaborador de sua equipe já estava trabalhando no banco há três décadas.[29] Ele era um elemento importante, mas nunca se manifestava. Em uma conversa aspiracional focada no desenvolvimento, ela descobriu que sua paixão era falar em público, mas seu trabalho não envolvia nenhuma apresentação. Ela lhe atribuiu a tarefa de visitar as faculdades para conversar com grupos de alunos sobre seus potenciais encaminhamentos profissionais. Depois que essa pequena nova tarefa foi adicionada, o colaborador conseguiu aumentar seu engajamento geral no trabalho. Descobrimos que, quando os membros de uma equipe percebem que o líder está atento às suas metas na carreira, eles geralmente se sentem mais estimulados. Quem não se sentiria? **AÇÃO:** Antes do fim deste mês, encontre uma nova tarefa (mesmo que seja pequena) que possa ser acrescentada às atribuições profissionais de cada um dos colaboradores e que possa lhes parecer motivante.

87. COMO VOCÊ ESTÁ? Uma pergunta simples, feita pelos grandes líderes, é: "Como você está?" Sabemos que isso parece básico, mas não estamos falando de um "Como você está?" rápido, enquanto o gestor cruza com um colaborador no corredor, sem nunca diminuir o passo. Não, os líderes interessados na experiência de seus colaboradores passam o tempo que for necessário ao lado de seus subordinados, perguntando, com toda a atenção: "De verdade, como você está?" Isso é especialmente importante quando um líder percebe uma mudança na disposição de uma pessoa, em suas interações com os outros ou em sua produtividade. O gestor, então, escuta silenciosa e empaticamente as respostas. Esses bate-papos devem ser presenciais ou por telefone/videoconferência se a pessoa estiver em um local remoto, e não por e-mail, mídias sociais ou mensagens de texto. **AÇÃO:** Esta semana, faça essa pergunta com sinceridade a cada um dos membros de sua equipe.

88. COMO POSSO AJUDAR? A próxima pergunta relevante que os grandes líderes fazem é: "Como posso ajudar?" Quando os gestores usam o seu tempo para criar um ambiente solidário — e se mostram dispostos a arregaçar as mangas para ajudar —, os membros da equipe começam, enfim, a compartilhar as dificuldades que estao enfrentando em seus projetos e, até mesmo, em suas vidas pessoais. Os líderes, então, constroem relações genuínas com seus subordinados. Talvez um chefe não consiga resolver o problema do filho adolescente e inconstante de um colaborador — além de oferecer um simpático "Sinto muito... Você vai superar isso." Mas uma coisa que eles normalmente podem fazer é ajudar com os desafios do trabalho. **AÇÃO:** Esta semana, faça essa pergunta a cada um de seus subordinados diretos.

230 A MELHOR EQUIPE VENCE

89. ESCOLHA MELHOR OS COLABORADORES REMOTOS. Mark Beck, diretor-executivo da JELD-WEN, nos disse que, ao contratar colaboradores remotos para sua equipe, ele se certifica de que eles sejam movidos pela *autonomia*. "Algumas pessoas exigem uma constante orientação do chefe", disse ele. "São as pessoas erradas para serem contratadas para os postos remotos. Buscamos aquelas que têm espírito empreendedor; pessoas que gostem de ter liberdade." Em nossa experiência, também achamos importante que os colaboradores remotos tenham interesses alheios ao trabalho, um modo de desligar e de relaxar, criando importantes conexões sociais, como aquelas observadas em ambientes de trabalho colaborativos. AÇÃO: Anote algumas perguntas inteligentes que você pode fazer para melhorar o processo seletivo dos membros da equipe remota.

90. DESESTRESSE. Sonia Boyle é vice-presidente de recursos humanos da General Electric do Canadá.[30] Segundo ela, sua empresa descobriu que "o estresse era a razão número um para a procura aos nossos programas de assistência aos colaboradores e aos familiares". Diante disso, a GE introduziu iniciativas para ajudar, incluindo treinamento específico para gestores sobre como fazer com que seus colaboradores obtenham o apoio de que precisam, sem medo de serem estigmatizados. Os gestores da organização inteira também compartilham as melhores práticas entre si sobre como criar um ambiente de trabalho psicologicamente saudável, e os colaboradores da GE se ofereceram para servir como "aliados da saúde mental". Eles não se presumem conselheiros, mas tentam fornecer suporte para seus colegas. De acordo com Boyle, tem havido, em termos gerais, uma diminuição do número de pessoas ausentes do trabalho devido a questões psicológicas. **AÇÃO:** Considere como você pode encorajar e exemplificar as práticas de bem-estar em sua equipe — oferecendo às pessoas pausas diárias, proibindo o envio de e-mails tarde da noite, criando um ambiente mais empático e assim por diante.

101 MANEIRAS DE INSPIRAR SUA EQUIPE 231

91. PERSONALIZE O RECONHECIMENTO. Os bons gestores aprenderam a celebrar as conquistas de seus colaboradores, mas estão cientes de que, para produzir maior efeito, os prêmios devem ter um significado pessoal. O fato é que, como gestor, a melhor maneira de saber o que os seus colaboradores valorizam é perguntar-lhes diretamente. Isso pode significar mudar o seu sistema de recompensa para incorporar dias de folga, eventos com roupas menos formais, reuniões semanais para o reconhecimento da equipe ou agradecimentos públicos em redes sociais. Quando você inclui coisas que eles realmente desejam — apresentadas de uma forma agradável —, os membros da equipe se mostram muito mais propensos a fazer um esforço extra no futuro. **AÇÃO:** Este mês, promova um encontro de reconhecimento com cada um de seus subordinados. Pergunte-lhes quais foram os melhores momentos de reconhecimento em suas carreiras — o que eles receberam, como foi apresentado, perante quem, e assim por diante. Em seguida, elabore um breve perfil para o reconhecimento de cada pessoa.

92. SELECIONE TRÊS ORIENTADORES. O autor Bruce Tulgan não está brincando quando diz que um gestor deve se preparar para o primeiro dia de trabalho do colaborador da mesma forma que um pai faria em uma festa de aniversário de seu filho.[31] Não é que você deva recebê-lo com balões e palhaços, mas é interessante se planejar com antecedência para *saudá-lo* e fazer com que seu primeiro dia seja um grande dia para a equipe. Ele escreve sobre uma empresa de consultoria que resolveu designar não apenas um único orientador no primeiro dia, mas três orientadores, que continuaram acompanhando estreitamente um novo contratado ao longo dos primeiros meses — ajudando o recém-chegado a aprender como provocar impacto, assegurando que as tarefas e as metas estivessem alinhadas com os princípios e ajudando-o a se sentir aceito e valorizado na equipe. Depois de um tempo, o colaborador estaria apto a escolher um dos três, mantendo-o como orientador de longo prazo. **AÇÃO:** Experimente isso com a próxima pessoa a ser contratada. Não designe apenas um, mas três orientadores.

232   A MELHOR EQUIPE VENCE

93. INCENTIVE A DESCONEXÃO. A gigante de consultoria McKinsey sugere que "os ambientes de trabalho multitarefas e ininterruptamente operantes estão matando a produtividade, diminuindo a criatividade e nos tornando infelizes".[32] Uma das descobertas mais significativas nas pesquisas com colaboradores de grandes e pequenas organizações é que eles têm dificuldade em se desconectar do trabalho. Estar sempre *ligado* é uma mentalidade perigosa e improdutiva. Até mesmo os atletas de elite precisam de tempo para descansar e se recuperar. **AÇÃO:** Seja bastante claro sobre o momento em que você espera que os membros da equipe (e você mesmo) se envolvam, dentro do escritório ou virtualmente, e seja bastante claro e explícito sobre o momento de *não* se envolver. Coloque imediatamente em prática a política de não enviar nenhum e-mail após as 8 horas da noite ou nos fins de semana, por exemplo.

94. ACRESCENTE UMA GARGALHADA. As reuniões de equipe não precisam se resumir a slides do PowerPoint e a gráficos circulares que provocam bocejos. Acrescente um pouco de diversão ao trabalho. Em sua próxima reunião de equipe, insira um quadrinho do Dilbert ou um vídeo divertido do YouTube que reforce um ponto que você esteja tentando defender. Antes de uma reunião da empresa Innocent,[33] do Reino Unido, formulou-se uma pergunta aos colaboradores: "O que vocês fariam com US$ 1.000?" A questão não era hipotética; na reunião, os cinco colaboradores com melhor rendimento tiveram cinco minutos para expor seus sonhos para o restante do grupo. O vencedor do prêmio em dinheiro seria escolhido por votação. Vimos outras equipes participando de jogos ao estilo Ganhe em um Minuto no início das reuniões: dura apenas sessenta segundos, faz com que todos se envolvam e pensem criativamente. **AÇÃO:** Os estudos mostram que a diversão é um fator fundamental para aumentar a criatividade e estimular a cooperação. Considere o que você pode fazer para adicionar alguns minutos de diversão à sua próxima reunião de equipe.

101 MANEIRAS DE INSPIRAR SUA EQUIPE 233

95. TRÊS COISAS BOAS. Martin Seligman, professor de psicologia da Universidade da Pensilvânia, desenvolveu muitas das ideias utilizadas atualmente no campo da psicologia positiva.[34] Ele criou um exercício chamado Três Coisas Boas. Seligman sugeriu que todas as noites, antes de dormir, as pessoas anotassem três coisas boas que aconteceram naquele dia — e, especialmente, como elas contribuíram para que aquelas coisas boas acontecessem. Essas memórias positivas são, então, processadas durante o nosso sono REM, e a teoria sustenta que acordaremos com mais otimismo e confiança. **AÇÃO:** Faça isso por duas semanas e perceba os efeitos causados em sua atitude no trabalho e em casa.

96. FAÇA-SE PRESENTE. Poucas coisas frustram mais um colaborador do que declarações vagas de um chefe, como: "Não era bem isso, mas saberei identificar quando eu vir." Nesta categoria de liderança vaga, também estão agrupados os "gestores ausentes", aqueles que nunca parecem estar disponíveis para responder perguntas ou tomar uma decisão em tempo hábil. Em nossa pesquisa, os grandes líderes gerenciam se fazendo presentes. Descobrimos que, nas equipes de melhor desempenho, os gestores gastam uma média de 75% do tempo treinando individualmente os colaboradores e visitando as instalações para garantir que seus subordinados recebam o apoio necessário para lidar com as demandas de seus cargos. **AÇÃO:** Esta semana, estabeleça como meta gastar três quartos de cada dia com seus subordinados.

97. DÊ O DEVIDO CRÉDITO. Talvez você se lembre de Larry Tate, do programa de televisão *A Feiticeira*. Larry fazia uma série de coisas irritantes — como levar pessoas indesejadas até a casa de James e Samantha para jantar —, mas a mais imperdoável de todas era receber regularmente o crédito pelas ideias criativas de James. Voltando ao mundo real: em nossas pesquisas, descobrimos que o motivo mais frequente que os colaboradores dão para desconfiar de seus líderes é: "Ele recebeu o crédito pelo meu trabalho." E muitos desses líderes não são tão charmosos quanto Larry!

234 A MELHOR EQUIPE VENCE

Grandes líderes apoiam suas equipes quando as coisas vão bem, permitindo que seus subordinados brilhem. E quando as coisas vão mal, é aí que os grandes líderes assumem a dianteira e se responsabilizam. **AÇÃO:** Hoje mesmo, reúna seus subordinados e dê o devido crédito — a algum de seus colaboradores, por uma ótima ideia ou conquista.

98. ACREDITE NELES NOVAMENTE. Alguns anos atrás, conhecemos Ty, representante de vendas que trabalhava na mesma empresa há vinte anos. Uma nova orientação estratégica de vendas o deixara perdido. Ty já não era mais um dos dez melhores vendedores e havia passado para as últimas dez posições; enquanto isso, a equipe de liderança acreditava que ele não conseguiria mais sair daquela situação. Nós argumentamos: "Ele ainda é capaz de vender; as pessoas não perdem essa habilidade. É preciso apenas fazê-la vir à tona." Os líderes do departamento de vendas tentaram novamente. Eles deixaram claro para Ty que se importavam com ele e acreditavam nele; ouviram atentamente suas preocupações e começaram a encontrar meios para que ele pudesse vender naquele novo mundo — valendo-se de seu potencial. Dois anos depois, Ty voltara a ser o número um na empresa (em meio a mais de cem vendedores). **AÇÃO:** Você tem um colaborador antigo passando por dificuldades? Hoje mesmo, expresse confiança nessa pessoa e faça com que ela saiba que, nos próximos meses, você dedicará mais tempo para ajudá-la.

99. CELEBRE INTERNAMENTE. No Boyd Auto Group, líderes seniores desafiaram todos os seus gestores a eleger dez experiências dignas de celebração todos os dias com suas equipes. Cada gestor recebeu dez fichas de celebração, e eles deveriam começar seu dia com as fichas no bolso esquerdo, todas as manhãs. Quando tivessem uma experiência positiva e reforçadora com um membro da equipe, eles eram instruídos a transferir uma das fichas do bolso esquerdo para o bolso direito. Ao fim do dia, todas as dez fichas deveriam ter sido transferidas de um bolso para outro. Descobrimos que quando os líderes começam a valorizar mais o que está

101 MANEIRAS DE INSPIRAR SUA EQUIPE **235**

dando certo em seus ambientes de trabalho, e menos o que está dando errado, eles reforçam uma cultura que se traduz em uma experiência positiva para os clientes. **AÇÃO:** Tente fazer isso hoje. Coloque dez fichas no bolso esquerdo e transfira-as para o bolso direito depois de cada interação positiva com seus colaboradores.

100. PERGUNTAS PARA O NONAGÉSIMO DIA. O limiar de três meses é importante para os recém-contratados. A essa altura, eles já devem sentir que estão começando a se ajustar e a fazer contribuições importantes. Recomendamos que as seguintes perguntas sejam formuladas após noventa dias para avaliar a adaptação de um novo colaborador: "O trabalho é o que você esperava, e você enfrenta algum obstáculo para atingir seus objetivos?", "Você está recebendo todas as informações e o treinamento de que precisa?", "Qual foi a melhor coisa que aconteceu com você até agora neste trabalho?", "Você notou algo que poderíamos melhorar, talvez uma ideia que tenha sido eficaz em outros lugares em que você trabalhou?", "O que o anima a vir aqui trabalhar todos os dias e o que faz você querer pressionar o botão soneca?" Não se trata de uma avaliação de desempenho; é um momento de ouvir as pessoas que talvez ainda estejam tentando se encontrar. **AÇÃO:** Faça essas perguntas aos seus recém-contratados e escute com atenção.

101. ENCONTRE TEMPO. Durante uma visita à gigante da locação de automóveis Avis Budget Group, descobrimos que os líderes tinham uma prática maravilhosa de enviar eletronicamente, no início de cada dia, uma história recente de atendimento ao cliente, falando sobre como um de seus colaboradores (ou equipes) "Esforçava-se Mais". Um gestor que conhecemos levava a ideia ainda mais longe, enviando textos encorajadores no início de cada dia para seus subordinados. Esses pequenos lembretes sinalizavam à equipe que o gestor estava torcendo por eles e pensava neles. Era um simples ato aleatório de gentileza, mas que significava muito para pessoas que limpavam os carros e cuidavam do serviço burocrático. **AÇÃO:** No

236 A MELHOR EQUIPE VENCE

próximo mês, uma vez por semana, descubra uma excelente história de atendimento ao cliente realizada por sua equipe e envie por e-mail para todos os colaboradores.

Além dessas, uma ideia a mais:

102. RECONHEÇA ALEATORIAMENTE. Em uma equipe de futebol profissional que visitamos, todos os colaboradores deveriam comparecer às reuniões gerais mensais pensando em alguém que eles admiravam, alguém que, preferencialmente, trabalhasse nos bastidores e que não fosse saudado com frequência. O gestor perguntaria aleatoriamente a um ou mais colaboradores quem eles gostariam de agradecer na equipe. A pessoa que eles escolhessem receberia um vale-compras em um restaurante local. **AÇÃO:** Coloque isso em prática em sua equipe. Ofereça aos seus subordinados a oportunidade de destacar alguém e preparar essa pessoa para o sucesso com um prêmio a ser atribuído em todas as reuniões mensais. Você descobrirá que as pessoas durante todo mês buscarão uma chance de alegrar o dia de outra pessoa.

AGRADECIMENTOS

Devemos agradecer a muitas pessoas por seu incansável trabalho e apoio para nos ajudar a lançar este livro. Ao nosso agente Jim Levine e à sua equipe na Agência Literária Levin Greenberg Rostan, por nos auxiliar a resumir nossa mensagem. A Emily Loose, por absorver nossas complexas ideias e nos forçar a tornar o livro eminentemente assimilável e útil. Ao nosso editor, Ben Loehnen, e à equipe da Simon & Schuster, por sua crença neste projeto e seu apoio para trazê-lo ao mundo. À nossa equipe da The Culture Works: Paul Yoachum, Lance Garvin, Christy Lawrence, Chris Kendrick, Dan Cook, Oz Yosri, Brody Wright, Brianna Bateman, Mark Carpenter e nossos parceiros de treinamento, incluindo a equipe da Rideau: Peter Hart, Jean-Francois Grou, Jennifer Lumba, Mark Lindsay, Gord Green, John Mills, Meena Kahn e muitos outros. Ao nosso parceiro no LinkedIn, Chip Cutter. Àqueles que apresentaram argumentos de pesquisa: Alden Durham, Glen Nelson, Anthony Gostick e Scott Christopher.

Um agradecimento especial àqueles que nos permitiram acessar suas organizações, sem nenhuma ordenação específica: na American Express, David Kasiarz, Lauren Rosenhaft, Carter Elton e Jose Maria Zas. Nos Sixers, Jake Reynolds, Scott O'Neil, Ben Cobleigh, Zack Robinson, Evan Ostrosky, Craig McClure, Michael Drobnick, Eric Cole, Braden Moore, Jill Snodgrass e Leo Cardenas. Na Ganassi, Erin Brothers e Scott Harner. Na The Wendy's Company, Frank Leary, Diane Weed e Scott Weisberg. Na California Pizza Kitchen, G.J. Hart, Dave Dodson e Kim Boerema. Na JetBlue, Dave Checketts e Nancy Elder. Na Tesco, Matt Davies, George Gordon, Mark Chapman e Karl James. Na Danaher Corporation, Tom Joyce, Angie Lalor, Melissa Aquino, Nicole Gavros, Danielle Rouleau e Mark Hamberlin. No Conference Board, Rebecca Ray e sua incrível equipe.

238 A MELHOR EQUIPE VENCE

Na Deloitte, David Dye, Sasha Rosen Brecher, Jodi Simco e Dan Helfrich. Na Fluke, Kim Cochran. Na JELD-WEN, Mark Beck. Na Quicken Loans, KimArie Yowell. Na Bell Helicopter, Mitch Snyder, Robert Hastings, Brian Chase, Scott Drennan, Allison Hansen Mullis e Martha Vandeveerdonk. Na Skanska EUA, Rich Cavallaro e Nicole Didda. Na Amazon, Tanner Elton. Na Applied Imaging, John Lowery. Na Cushman & Wakefield, Toby Dodd. Na Golden Corral, Lance Trenary e Shelli Blackwelder Buck. Na Becton, Dickinson & Co., Greg Piper. Na TCC, Ryan McCarty. Na Wish, Ryan Giles. Na Innovation CU, Dan Johnson. Na Michigan Medicine, John Charpie, Jane Pettit, Whitney Williams, Sonya Jacobs, e os MicroMentors Phyllis Blackman, Maria Ceo, Linda Grosh, Hinke Jansen, Musty Habhab, Karen Lang, Linda Peasley, Stephanie Schroeder, Ann Smith e Heather Wurster.

Como sempre, dedicamos este livro àqueles que nos dão seu amor e apoio eternos, nossas famílias: Jennifer, Tony e Heidi; Cassi e Braeden; Carter, Luisa e Lucas; Brinden; e por último, mas não menos importante, Garrett. Estas são as melhores equipes das quais participamos, e nos sentimos abençoados por isso.

NOTAS

As pessoas citadas neste livro foram entrevistadas pelos autores, a menos que haja alguma indicação em contrário nas notas abaixo.

INTRODUÇÃO: SOLUCIONANDO OS PROBLEMAS MODERNOS DO TRABALHO EM EQUIPE

1. Conhecemos Chris Hadfield quando dividimos o palco na conferência Greatness, em Lethbridge, 2016. A maioria de seus comentários provém dessa interação, mas o material adicional foi extraído de *Maclean's*, "The Wonder of Chris Hadfield", de Kate Lunau, 28 de maio de 2013. E o encorajamos a conhecer mais Hadfield no seu fascinante livro *An Astronaut's Guide to Life on Earth* (2015), Back Bay Books.

2. A referência a 80% dos dias dos colaboradores serem gastos no trabalho em equipes está em "Collaborative Overload", *Harvard Business Review*, janeiro-fevereiro de 2016, de Rob Cross, Reb Rebele e Adam Grant. E a pesquisa da Deloitte com 7 mil executivos foi citada na coluna Schumpeter — "Team Spirit", em *The Economist*, 19 de março de 2016.

3. Estudos que mostram o quanto as equipes mais eficazes têm mais inteligência coletiva, são mais eficientes e mais felizes no trabalho provêm da *Psychology in Spain*, 2011, vol. 15, nº 1, "Work Team Effectiveness, A Review of Research from The Last Decade (1999-2009)", de Ramón Rico, Carlos María Alcover de la Hera e Carmen Tabernero, citando os estudos da Universidade da Flórida Central e do Exército dos EUA. Nesse mesmo parágrafo, os dados sobre acidentes de menor gravidade e custos de saúde provêm de "Proof that Positive Work Cultures Are More Productive", de Emma Seppala e Kim Cameron, *Harvard Business Review*, 1º de dezembro de 2015.

4. Quanto às equipes que geram mais criatividade e inovação para os clientes, e também quanto à questão da diversidade, existem várias boas fontes para esses assuntos, incluindo: "Creativity and The Role of the Leader", *Harvard Business Review*, outubro de 2008, de Teresa Amabile e Mukti Khaire; e "How Diversity

240 A MELHOR EQUIPE VENCE

Makes Us Smarter", *Scientific American*, 1º de outubro de 2014, de Katherine Phillips.

5. Os 96% foram citados no blog da Salesforce.com em 12 de setembro de 2012, por Nick Stein, "Is Poor Collaboration Killing Your Company?" Os dados da Deloitte/Facebook vieram da Deloitte University Press, "The Employee Experience: Culture, Engagement, and Beyond", 28 de fevereiro de 2017, de Josh Bersin, Jason Flynn, Art Mazor e Veronica Melian.

6. O melhor resumo do trabalho do Projeto Aristóteles no Google foi encontrado no artigo de Charles Duhigg publicado no *The New York Times*, "What Google Learned from Its Quest to Build the Perfect Team", 25 de fevereiro de 2016.

7. O estudo do MIT e da Union College foi publicado na *Science* em 29 de outubro de 2010, "Evidence for a Collective Intelligence Factor in the Performance of Human Groups", de Anita Williams Woolley, Christopher Chabris, Alex Pentland, Nada Hashmi e Thomas W. Malone.

8. Os dados sobre permanência no emprego foram retirados do site de Ryan Jenkins, em que a fonte original era referida como Pay Scale/Millennial Branding.

9. John Chambers foi citado em "Team Spirit", *The Economist*, 19 de março de 2016.

10. Os dados de que 37% dos colaboradores são remotos ou se correspondem pela Internet provêm de *Entrepreneur*, "6 Characteristics of Successful Remote Employees", de Anna Johansson, 17 de fevereiro de 2017, e servem de base para uma pesquisa da Gallup sobre os colaboradores norte-americanos.

11. Os dados sobre os 93% de colaboradores da economia ativa provêm do artigo de Dan Schwabel publicado em 1º de novembro de 2016 na *Forbes*, "10 Workplace Trends You'll See in 2017".

12. O estudo de Stanford está no artigo de Behnam Tabrizi, "Cross-Functional Dysfunctional". A citação de Rick Lash e os dados do Hay Group são de "HR's Hard Challenge: When Employees Lack Soft Skills", de Mark Feffer, 1º de abril de 2016, no site da Society for Human Resource Management SHRM.org. O trabalho de David Deming foi citado a partir de "Research: Technology is Only Making Social Skills More Important", na *Harvard Business Review*, 26 de agosto de 2015, de Nicole Torres.

13. As informações da pesquisa do Hay Group de 2016 foram retiradas da *Forbes*, "Five Key Challenges Facing Global Firms Over the Next Five Years", de Karen Higginbottom, 22 de abril de 2015.

NOTAS 241

14. A informação de que 70% dos espaços de escritórios são abertos está em *Inc.* "9 Reasons that Open Space Offices Are Insanely Stupid", de Geoffrey James, 25 de fevereiro de 2016.

15. As alegações sobre a mudança da Zappos para a holacracia se baseiam nas opiniões de Jennifer Reinhold, na *Fortune*, em 4 de março de 2016. Seu artigo intitulava-se "How a Radical Shift Left Zappos Reeling".

16. Os dados sobre a progressão na carreira como a principal causa da rotatividade provêm do *Chicago Tribune*, "Career Development is Top Priority for Employers Seeking to Retain Talent", de Alexia Elejalde-Ruiz, 29 de março de 2016.

17. Os dados de 70% da Gallup estão em "Employees Want a Lot More from Their Managers", no *Gallup Business Journal*, de Jim Harter e Amy Adkins, 8 de abril de 2015. Nesse mesmo parágrafo, a pesquisa da Universidade de Stanford e da Universidade de Utah foi citada em "Who's the Boss", em Slate.com, em 12 de outubro de 2012, por Matthew Yglesias.

18. A história da Caterpillar foi encontrada em "The DNA of Engagement" (2014), de Rebecca Ray, Patrick Hyland, David Dye, Joseph Kaplan, Adam Pressman, e no 2014 Research Fellows of The Engagement Institute, do The Conference Board. O resultado de 40% foi extraído do relatório de 2015 dos mesmos autores, sob o mesmo nome.

1. COMPREENDER AS GERAÇÕES

1. Joan Kuhl foi citada em "What Happens When Millennials Run the Workplace", de Ben Widdicombe, *The New York Times*, 19 de março de 2016.

2. O artigo da *Time*, assinado por Joel Stein e intitulado "Millennials: The Me Me Me Generation", foi capa da edição de 20 de maio de 2013.

3. Os dados sobre as divisões geracionais são, em grande parte, de "Here is When Each Generation Begins and Ends, According to Facts", de Philip Bump, *The Atlantic*, 25 de março de 2014.

4. A informação de que em 2020 quase metade dos colaboradores faria parte da geração milênio provém do artigo "Maximizing Millennials in the Workplace", de Jessica Brack e Kip Kelly, da Escola de Negócios Kenan-Flagler da Universidade da Carolina do Norte.

5. As estatísticas referentes a um terço e a 66% dos membros da geração milênio são de "The 2016 Deloitte Millennial Survey".

242 A MELHOR EQUIPE VENCE

6. O declínio nos índices de aquisição de casa própria foi mencionado em "Homeownership Rates Are Falling, And It's Not Just a Millennial Problem", de Shreya Agarwal, *Forbes*, 6 de maio de 2016.

7. Os dados sobre o aumento da idade de casamento são de "5 Good Reasons to Get Married While You're Young, According To Research", de Kelsey Borresen, *Huffington Post*, 14 de novembro de 2013.

8. Os dados da Pew são de "Why 25% of Millennials Will Never Get Married", de Belinda Luscombe, 24 de setembro de 2014, na *Time*.

9. A pesquisa da *Time* sobre o modelo de casamento de dois anos foi citada em "The Beta Marriage: How Millennials Approach 'I Do'", de Jessica Bennett, 25 de julho de 2014, na *Time*.

10. Os dados complementares apresentados sobre a gestão dos membros da geração milênio foram recolhidos do site de Ryan Jenkins e de seu artigo no mesmo site, "A Guide to What Motivates Millennials at Work".

11. Os dados sobre dormir com o telefone provêm de *Apartment Therapy*, Taryn Williford, "Why 83 Percent of Millennials Sleep with their Phones", 24 de setembro de 2010.

12. Os dados da SHRM provêm de "Generation Gap Causes Conflict in Some Workplaces, SHRM Poll Shows", publicado no site SHRM.org em 29 de abril de 2011.

13. A citação sobre a escassez de pesquisas para nos orientar a respeito dos membros da geração milênio provém de um artigo de Rodney Deyoe e Terry Fox, "Identifying Strategies to Minimize Workplace Conflict due to Generational Differences", no site do Academic and Business Research Institute.

14. O conceito de *cowboys* e *colaboradores* foi encontrado no artigo "Maximizing Millennials in the Workplace", de Jessica Brack e Kip Kelly, da Escola de Negócios Kenan-Flagler da Universidade da Carolina do Norte. Os autores também sustentaram o argumento de que os colaboradores mais jovens desejam que seus gestores sejam seus mentores.

15. A ótima observação sobre o relatório da UCN (do colaborador que é membro da geração milênio) vem de "The 8 Greatest Strengths of Generation Y", em OnlineCollege.org, publicado em 9 de janeiro de 2012.

16. Os cem reforços positivos por minuto dos videogames são do blog positioningsystem.com, publicado em 14 de setembro de 2009, "Positive and Negative Reinforcement — Oops", citando Aubrey Daniels, do livro *OOPS!*

NOTAS 243

17. Erin Reid foi citada a partir de seu artigo na *Harvard Business Review*, "Why Some Men Pretend to Work 80-Hour Weeks", 28 de abril de 2015. Marianna Virtanen é citada em outro artigo da *Harvard Business Review*, "The Research Is Clear: Long Hours Backfire for People and for Companies", 19 de agosto de 2015, de Sarah Green Carmichael.

18. Os dados (14%) sobre o impacto do reconhecimento provêm do artigo "Recognition Programmes, Are They Important", no site Deloitte.com.

19. Entrevistamos Joe Badaracco, de Harvard, e o citamos em nosso livro *The Integrity Advantage*, Gibbs Smith (2003).

20. A informação sobre o papa Francisco foi extraída do *The Washington Post*, "Pope Francis Wants 'Absolute Transparency' as He Pushes Vatican Reform", de David Gibson, 12 de fevereiro de 2015.

21. Os dados sobre as cozinhas abertas provêm de "Let's Be Real: Why Transparency in Business Should be the Norm", de Robert Craven, *Entrepreneur*, 31 de março de 2015.

22. Bill Emerson, da Quicken Loans, foi citado pela Bloomberg, em "This CEO Gives Every Employee His Cell Number (Seriously)", de Venessa Wong, 8 de novembro de 2012.

23. A informação 70:20:10 provém de TrainingIndustry.com e do artigo "The 70:20:10 Model for Learning and Development".

24. A menção à DreamWorks teve origem no artigo de Todd Henneman publicado na *Workforce*, "DreamWork Annimation's Cultivates a Culture of Creativity", 4 de agosto de 2012.

25. A citação de Nietzsche está em "Die Götzen-Dämmerung — Twilight of the Idols", 1895, traduzido por Walter Kaufmann e R. J. Hollingdale, e encontrado em Handprint.com.

26. A informação sobre Oprah foi obtida em *Oprah Winfrey: Global Media Leader* (2008), USA Today Lifeline Biographies, de Katherine E Krohn.

2. GERENCIAR DE FORMA PERSONALIZADA

1. Carson Tate foi citada com base em seu artigo na *Harvard Business Review*, "Differing Work Styles Can Help Team Performance", 3 de abril de 2015.

2. Sarah Perez foi citada em "The ROI of Talent Development", no site da Escola de Negócios Kenan-Flager da UCN, publicado em 26 de junho de 2014 e escrito por Chad Vamos.

244 A MELHOR EQUIPE VENCE

3. Eric Clayberg foi citado com base em "How Google Sold Its Engineers on Management", de David Garvin, *Harvard Business Review*, dezembro de 2013.

4. Waldroop e Butler foram citados no artigo "Job Sculpting: The Art of Retaining Your Best People", na edição de setembro-outubro de 1999 da *Harvard Business Review*.

5. Os dados de que entre 60% e 70% dos empregadores usam avaliações de personalidade são provenientes do TheGlassHammer.com e do artigo "Better Leadership: Managing and Leading Different Personalities in the Workplace", de Nicki Gilmour. Ela cita Bersin por meio da Deloitte.

6. Dados e citações sobre avaliações de desempenho foram encontrados no artigo do *The Washington Post* "Study Finds that Basically Every Single Person Hates Performance Reviews", de Jena McGregor, 27 de janeiro de 2014. E, ainda, no artigo do *The Wall Street Journal*: "Human-Resources Executives Say Reviews Are Off the Mark", de Joe Light, 7 de novembro de 2010. Além disso, foram usadas referências de "The Push Against Performance Reviews", de Vauhini Vara, *The New Yorker*, 24 de julho de 2015; e "Should Performance Reviews Be Firerd?", Knowledge@Wharton, 27 de abril de 2011.

7. Richard Clark, da USC, foi citado com base em seu artigo "Fostering the Work Motivation on Individuals and Teams", 2003.

8. Os dados do BetterWorks foram citados com base em "Why The Annual Performance Review is Going Extinct", de Kris Duggan, *Fast Company*, 20 de outubro de 2015.

9. Susan Reilly Salgado foi citada a partir de seu artigo na *Inc.*, "Why You Shouldn't Treat All Employees the Same", 29 de outubro de 2014.

10. Aprendemos mais sobre os IDPs no TheBalance.com e no artigo "Individual Development Plan (IDP) Samples for Busy Managers", de Dan McCarthy, 12 de outubro de 2016.

11. Catherine Cole foi citada em nosso livro de 2012, *All In*.

3. ACELERAR A PRODUTIVIDADE

1. A estatística sobre os 39% de recém-contratados provém do artigo publicado no site SHRM.org "Majority of New Hires Say Job is Not What They Expected", de Steve Bates, 28 de maio de 2013.

2. A estatística de 86% foi extraída da *Forbes*, "Why Your New Employee's First Six Months Matter Most", de Darren Dahl, 14 de maio de 2013.

3. Mais dados sobre novas contratações vieram do ActiveCollab.com e do artigo "A Systematic Approach to New Employee Onboarding". Também tivemos conhecimento dos exemplos da Square e da Infusion.

4. O artigo publicado em *The Economist*, anteriormente citado, também incluía dados sobre os 73% dos voos oriundos do NTSB.

5. Keith Rollag et al. foram citados na *The MIT Sloan Management Review*, "Getting New Hires Up to Speed Quickly", de Keith Rollag, Salvatore Parise e Rob Cross, inverno de 2005.

6. Hylke Faber e Vijay Govindarajan foram citados a partir de "What FDR knew about Managing Fear in Times of Change", *Harvard Business Review*, 4 de maio de 2016.

7. Aprendemos mais sobre a Netflix no artigo da *Harvard Business Review*, "How Netflix Reinvented HR", de Patty McCord, 1º de janeiro de 2014.

8. Doug Soo Hoo foi citado no artigo da *Harvard Business Review*, "Get Immediate Value from Your New Hire", de Amy Gallo, 15 de abril de 2010.

9. As sugestões e dicas do MIT para como receber os recém-contratados estão em Welcome.mit.edu e no artigo "Onboarding Buddy Suggestions and Tips".

10. Embora os pesquisadores não tenham encontrado algo parecido nas obras de Antoine de Saint-Exupéry, uma história interessante sobre os desdobramentos da citação pode ser encontrada em QuoteInvestigator.com e no artigo "Teach Them to Yearn for the Vast and Endless Sea".

11. Ed Catmull, da Pixar, foi citado com base no artigo da *Harvard Business Review*, "How Pixar Fosters Collective Creativity", de Ed Catmull, setembro de 2008.

12. Alex Pentland foi citado a partir do site connection.mit.edu e do artigo "The New Science of Building Great Teams", de Alex Sandy Pentland, abril de 2012.

13. Informações sobre a pesquisa da Gallup acerca da amizade no trabalho podem ser encontradas no *Gallup Business Journal*, 26 de maio de 1999, "Item 10: I Have a Best Friend at Work".

14. Os números de 64% e 24% provêm de benefitspro.com, "Work Friends Increase Engagement", de Dan Cook, 29 de setembro de 2014.

15. O exemplo TED vem do TEDBlog, "8 Tips for Virtual Collaboration From TED's Tech Team", de Haley Hoffman, 4 de maio de 2015.

246 A MELHOR EQUIPE VENCE

16. Os retornos dos acionistas da Danaher foram observados em Bloomberg, "What Makes Danaher Corp. Such a Star", de Justin Fox, 19 de maio de 2015.

4. DESAFIAR TUDO

1. A manchete sobre a Lamborghini e sua citação se baseiam no artigo da *Luxury--Launches*, 23 de março de 2017.

2. Amy Edmondson foi citada principalmente por conta de seu artigo de 15 de março de 2002, "Managing the Risk of Learning: Psychological Safety in Work Teams".

3. Ricardo Semler é citado com base em "Managing Without Managers", da edição de setembro-outubro de 1989 da *Harvard Business Review*.

4. Ray Dalio é citado com base na CNBC.com, "Why Hedge Fund Titan Ray Dalio Says You Shouldn't Pull Punches When You Criticize Your Boss", de Kathryn Dill, 29 de abril de 2017.

5. Steve Jobs foi citado com base na D8 Conference 2010. Sua entrevista inteira pode ser encontrada no YouTube, postada em 8 de setembro de 2016.

6. O trabalho de Geert Hofstede pode ser encontrado em Geert-Hofstede.com.

7. Aprendemos sobre *arbejdsglæde* em Whattheckisarbejdsglæde.com.

8. Outros dados sobre a Dinamarca vieram do artigo da *Fast Company*, "5 Simple Office Policies that Make Danish Workers Way More Happy Than Americans", de Alexander Kjerulf, 15 de abril de 2014.

9. Linda Kaplan Thaler foi entrevistada e citada em nosso livro de 2008, *The Levity Effect* (Wiley).

10. Hackman foi citado com base no artigo "Why Teams Don't Work", de maio de 2009, na *Harvard Business Review*.

11. A citação de Tom Kelley foi retirada de *The Ten Faces of Innovation* (2005), Doubleday.

12. Wayne Sales foi entrevistado e citado em nosso livro *The Integrity Advantage* (2003), Gibbs Smith. Um artigo sobre a questão do hodômetro foi incluído no *Los Angeles Times*, "Iacocca Admits Mileage Tampering Was 'Dumb': Apologizes for Chrysler's New Car 'Test-Drives' by Its Managers with Odometers Disconnectetd", de James Risen, 2 de julho de 1987.

NOTAS **247**

13. As citações de Jeffrey Gitomer vieram do prefácio que ele escreveu para nosso livro *A Carrot a Day* (2004), Gibbs Smith.

14. O prêmio Tata foi mencionado no artigo da *Inc.*, "Removing Your Organization's Fear of Failure", 23 de setembro de 2013.

5. MAS SEM SE ESQUECER DOS SEUS CLIENTES

1. Informações sobre estudos dos corais são originárias da *The Atlantic*, "Why Some Coral Reefs Are Thriving", de Ed Yong, 15 de junho de 2016.

2. Ficamos sabendo sobre o trabalho voltado para a diversidade da P&G na FoxBusiness.com e no artigo "Why Procter & Gamble, McDonald's, and Ford are Catering to the Black Consumer", de Linda Bell, 12 de outubro de 2015. E, também, a partir da TargetMarketNews.com, que replicou um artigo de Cliff Peale para a *Cincinnati Enquirer*, 25 de fevereiro de 2007, e do seu artigo "Procter & Gamble Advertising Targeting African-Americans has Paid Off".

3. O estudo da Kellogg foi citado no *Kellogg Insight*, "Better Decisions Through Diversity".

4. Haas e Mortensen foram citados em "The Secrets of Great Teamwork", na *HBS*, em junho de 2016.

5. Patty McManus foi citada com base em seu artigo na *Fast Company*, 22 de julho de 2014, "3 Types of Dysfunctional Teams and How to Fix Them".

6. A história do cliente Derek Koss, dos Sixers, foi retirada de "How Woeful Sixers Woo Courtside's Upper Crust", de Jane Von Bergen, 1º de abril de 2016, na Philly. com.

7. Ficamos sabendo mais sobre a caminhonete F-150 da Ford na *Success*, "5 Inspiring Companies That Rely on Teamwork to Be Successful", de Jim Motavalli, 16 de fevereiro de 2016.

8. A estatística da Deloitte & Touche sobre o foco no cliente propiciar lucros está em "Customer-Centric Companies Boost Profits by 60% — and Programmatic CRM Has a Big Role", no VentureBeat.com, 2 de dezembro de 2016.

9. Donald Norman foi citado com base em *The Design of Everyday Things* (2002), Basic Books.

10. Informações sobre as microbatalhas são provenientes do artigo de James Allen no *The Wall Street Journal*, 1º de junho de 2016, "The Case for Companies to Focus on Micro Battles".

248 A MELHOR EQUIPE VENCE

11. A informação sobre a Clínica Mayo provém de "Customer Service Can't Just be Two-by-Two: Lessons from Four Seasons to Mayo Clinic", de Micah Solomon, 14 de outubro de 2012, na *Forbes*.

12. Aprendemos mais sobre o projeto MoMA no *The New York Times*, "MoMA Will Make Thousands of Exhibition Images Available Online", de Randy Kennedy, 14 de setembro de 2016.

CONCLUSÃO: QUEM DEIXOU O PORTÃO ABERTO?

1. As informações sobre Orban e a queda de Constantinopla foram extraídas do brilhante livro *1453*, de Roger Crowley (2006), Hachette Books; do artigo de Crowley, de setembro de 2007, na revista *Military History*; bem como de "The Fall of Constantinople", em *The Economist*, 23 de dezembro de 1999.

CAIXA DE FERRAMENTAS: 101 MANEIRAS DE INSPIRAR SUA EQUIPE

1. Carrie McKeegan, da Greenback, foi citada no Remote.co, "Remote Work at Greenback Expat Tax Services".

2. Schwarzkopf foi citado com base em *The Military Leader*, "Grow Yourself... Grow your Team".

3. A pesquisa de Robert Frank (sobre fluxo e felicidade) foi citada em seu artigo do *The New York Times*, "The Incalculable Value of Finding a Job You Love", 22 de julho de 2016.

4. Garvin e Levesque são citados a partir de seu artigo na *Harvard Business Review*, "The Multiunit Enterprise", edição de junho de 2008.

5. As informações sobre a DreamWorks foram extraídas do site SHRM.org, "DreamWorks Fosters Creativity, Collaboration, and Engagement", de Nancy Davis, 5 de julho de 2012.

6. A informação sobre as ideias excepcionais da Quicken Loans foi obtida em seu perfil on-line na Great Place to Work.

7. O vídeo de Ken Blanchard sobre o Departamento de Veículos Automotivos pode ser encontrado no YouTube, atualizado pela última vez em 16 de maio de 2011.

8. A informação sobre a LevelEleven provém do site da empresa e de "Does Your Sales Team Celebrate the Small Wins", de Brendan Hartt.

NOTAS 249

9. Ken Segall foi citado no Fastcodesign.com, "Meetings Are a Skill You Can Master, And Steve Jobs Taught Me How", publicado em 6 de junho de 2012.

10. A informação sobre a Salesforce.com provém da Staples.com e do artigo "Cultivate a Positive Company Culture: 5 Examples to Emulate".

11. A informação sobre a Moz provém de "Built, Not Bought", em Referral Candy. com.

12. Wiley Cerilli foi citado no Mashable.com, "5 Startup Founders Reveal Their Best Company Culture Trips", de Dani Fankhauser, 9 de agosto de 2013.

13. Informações sobre a LEGO provêm do blog 6Q e do artigo "A Great Company Culture Example: LEGO".

14. Amy Miller foi citada em nosso livro *The Levity Effect*, de 2008.

15. As informações sobre a Genentech e sobre a KPMG estavam no perfil Melhores Empresas para Trabalhar.

16. Os Welch são citados com base em sua coluna da Bloomberg, "Keeping Your People Pumped", 17 de setembro de 2007.

17. Os dados de que a metade dos homens não se lembra de seu aniversário de casamento provêm de "Half of Men Don't Know the Date of Their Wedding Anniversary (And One in Four Buy Their Flowers at a Petrol Station)", no *Daily Mail Reporter*, 29 de abril de 2011.

18. Os dados sobre a Morneau Shepell provêm do *The Globe and Mail*, "Sudden Change in Job Functions Can Take Toll on Employees' Mental Health", de Virginia Galt, 11 de fevereiro de 2017.

19. O exemplo da Ben & Jerry's foi encontrado em Evancharmichael.com, "Lesson #2: Remember That Happy Workers are Harder Workers".

20. Sobre o Edsel: citamos a *Entrepreneur*, "3 Questions Leaders Should Ask Their Team", de Mario Moussa e Derek Newberry, 29 de agosto de 2016.

21. Os dados de que menos da metade dos colaboradores acredita que suas empresas apoiam um estilo de vida saudável provêm do site da American Psychological Association e do artigo "Workplace Well-Being Linked to Senior Leadership Support, New Survey Finds", 1º de junho de 2016.

22. Informações sobre o ambiente de trabalho do Facebook e as respectivas citações são da *Business Insider*, 15 de setembro de 2015, "Mark Zuckerberg shows that he works at the same kind of desk as everybody else", de Rachel Gillett.

250 A MELHOR EQUIPE VENCE

23. Mike Fifer, da Strum, Ruger & Company, foi citado em "Master Class: America's Top CEOs On The Secrets Of Motivating Employees", de Meghan Casserly, na *Forbes*, 15 de outubro de 2013.

24. Tomamos conhecimento do processo de avaliação de gestor do Google por meio de "Google's Quest to Build a Better Boss", de Adam Bryant, em 12 de março de 2011, no *The New York Times*.

25. Dana Marlowe foi citada no Tech.co e no artigo "41 Startups Share How They Motivate Their Teams". Anand Sanwal também foi mencionado nessas mesmas fontes.

26. Informações sobre a 3M podem ser encontradas em seu site e na página "Respectful Workplace Principle".

27. As estatísticas sobre a ansiedade dos membros da geração milênio provêm do artigo de Karol Markowicz, 20 de março de 2016, no *New York Post*: "'They Can't Even': Why Millennials are the 'Anxious Generation'".

28. Ryan Smith foi citado com base em seu artigo na *Fortune*: "It's Time to Stop Making Fake Friendships at Work", 20 de junho de 2016.

29. A história de Jane Hutcheson foi contada em nosso livro de 2014, *What Motivates Me* (The Culture Works).

30. Sonia Boyle, da GE, foi citada no *The Globe and Mail*, "Sudden Change in Job Functions Can Take Toll on Employees' Mental Health", de Virginia Galt, 11 de fevereiro de 2017.

31. Bruce Tulgan foi citado com base em seu livro de 2016, *Not Everyone Gets a Trophy* (Jossey-Bass).

32. A McKinsey foi citada com base no artigo de Derek Dean e Caroline Webb em McKinsey.com, "Recovering from Information Overload".

33. A Innocent foi citada a partir de nosso livro *All In* de 2012 (Simon & Schuster).

34. Encontramos o exercício de Martin Seligman em happierhuman.com e no artigo "Three Good Things, a Small Gratitude Exercise for a Large Boost of Happiness".

best.business

Este livro foi composto na tipografia Minion Pro, em corpo 11/16,
e impresso em papel off-white no Sistema Cameron
da Divisão Gráfica da Distribuidora Record.